图说名人

《图说名人》编委会 编著

贝多芬

乐 圣

Beiduofen
Yue sheng

南海出版公司

图书在版编目（CIP）数据

乐圣——贝多芬 /《图说名人》编委会编著. -- 海口：南海出版公司，2015.9（2024.8重印）

ISBN 978-7-5442-7941-3

Ⅰ. ①乐… Ⅱ. ①图… Ⅲ. ①贝多芬，L.V.（1770～1827）-传记 Ⅳ. ①K835.165.76

中国版本图书馆CIP数据核字（2015）第204809号

YUESHENG——BEIDUOFEN
乐圣——贝多芬

编　　著	《图说名人》编委会
责任编辑	张蕾
出版发行	南海出版公司　电话：（0898）66568511（出版）（0898）65350227（发行）
社　　址	海南省海口市海秀中路51号星华大厦五楼　邮编：570206
电子信箱	nhpublishing@163.com
经　　销	新华书店
印　　刷	天津旭丰源印刷有限公司
开　　本	787毫米×1092毫米　1/16
印　　张	7
字　　数	80千
版　　次	2015年12月第1版　2024年8月第3次印刷
书　　号	ISBN 978-7-5442-7941-3
定　　价	36.00元

南海版图书　版权所有　盗版必究

前言 TUSHUOMINGREN

路德维希·凡·贝多芬（1770—1827）是德国著名作曲家、维也纳古典乐派代表人物之一，对世界音乐的发展有着举足轻重的作用，人们称他为"乐圣"。

贝多芬于1770年12月16日出生于莱茵河畔非常美丽的小城——波恩。他的祖父是波恩宫廷乐团的指挥，父亲是一个宫廷男高音歌手，母亲是一个女佣。贝多芬自幼就显示出非凡的音乐天赋，父亲想把他培养成像莫扎特一样的神童，从小就逼着他学习钢琴和小提琴。八岁的时候，贝多芬就已经开始在音乐会上表演并尝试作曲。

1787年，贝多芬到维也纳去请教莫扎特，而莫扎特听过他的音乐之后就预言，有朝一日，贝多芬将会震惊全世界。

如莫扎特所预言的一样，贝多芬成为世界音乐史上最伟大的作曲家之一。他的创作体现了他坚强的意志和性格，反映了那个时代的进步思想，具有浓烈的英雄主义情感，激奋人心。他的作品既壮丽宏伟又极朴实鲜明，它的音乐内容丰富，同时又容易被听众接受和理解。

贝多芬的创作道路是非常艰难坎坷的。他从1796年起听力便开始下降，直到1801年，当他确信自己耳疾无法医治时，才把这件事情告诉他的朋友。后来，他的耳朵完全聋了，只能靠笔和别人交流。

贝多芬于1827年3月26日在维也纳辞世，虽然当时没有一个亲人陪伴在他身边，但是在同月29日下葬时却有许多人来为这位音乐大师哀悼，约有两万群众护送着他的灵柩，他的墓碑上铭刻着奥地利诗人格利尔巴采（1791—1872）的题词："当你站在他的灵柩跟前的时候，笼罩着你的并不是志颓气丧，而是一种崇高的感情。我们只有对他这样一个人才可以说：他完成了伟大的事业……"

目录

CONTENTS

天才少年的坎坷命运

音乐世家 / 1

天才少年 / 5

拜访莫扎特 / 9

在波恩的爱情和友情 / 12

独特的音乐探索期

在维也纳的日子 / 19

音乐的探索之路 / 36

不向命运低头的巨人

耳疾 / 41

巨大的成就 / 54

对歌剧的初步尝试 / 63

失败后的创作 / 70

创造了宗教音乐新领域 / 75

创作新高峰

烦闷中找寻出路——奏鸣曲 / 81

《弥撒祭曲》之轶事 / 87

《第九交响曲》的辉煌 / 93

英雄的凄苦

卡尔自杀的打击 / 97

音乐巨星的陨落 / 105

天才少年的坎坷命运

音乐世家

波恩是一个坐落于德国西部、拥有两千多年历史的文化名城。公元1世纪初，罗马军团曾在波恩设立兵营，"波恩"意即为"兵营"。13世纪至18世纪，作为科隆选帝侯国（即有权选举帝王的侯国）的首府长达五百年之久。波恩曾经一度被法国占领，于1815年并入普鲁士。波恩是世界音乐史上著名的胜地。我们所讲的主人公——贝多芬就出生于这个到处充满音符的城市里。

贝多芬的全名是路德维希·凡·贝多芬，他于1770年12月16日出生在波恩的一个破旧阁楼中。但

※ 波恩的今天

◇ 图 说 名 人 ◇

名人名言

把"德行"教给你们的孩子：使人幸福的是德行而非金钱。这是我的经验之谈。在患难中支持我的是道德，使我不曾自杀的，除了艺术以外也是道德。

——贝多芬

※腓特烈大帝

是他的家庭却是音乐世家。

当时，腓特烈大帝登基的时候，贝多芬的祖父和父亲都是宫廷音乐师。他的祖父路德维希·贝多芬担任宫廷歌咏队的指挥和低音歌手，他的父亲约翰却只是才能平庸的宫廷男高音和音乐教师。

贝多芬的祖父在1733年就是一位音乐造诣颇深的风琴家，同时还是一位知名度很高的歌唱家。老路德维希最初是从列日来到波恩，在科隆宫廷的乐队中任职，并在教堂和歌剧院中主唱男低音。老路德维希在波恩生活五个月后就爱上了一位十九岁的德国姑娘，然后他们闪电般地结婚，并且定居在了波恩。

但是，老路德维希的前两个孩子在出生后不久便夭折了，这让他十分担心。直到第三个孩子约翰·凡·贝多芬（即贝多芬的父亲）出生并且健康地活下来，老路德维希这才摆脱了心理上的阴影，又潜心投入了他所热爱的音乐之中。让人有些遗憾的是，在贝多芬的家庭史中，并没有留下关于贝多芬祖母的多少记载，人们只知道她的名字是玛丽娅·约瑟夫·波儿，还知道她的嗜好是喝酒。当贝多芬的祖父去世后，贝多芬的祖母就被儿子约翰送到波恩的一座教堂里生活。因为约翰和他母亲一样也是一个酒徒，这一嗜好使得贝多芬的家庭经济每况愈下，约翰也就无法满足母亲的需要，只能将她送进教堂。

约翰从小就跟随父亲学习演唱和音乐。但在这种父子之间的教学活动中，约翰却没有像他父亲一样表现出很高的音乐天赋。约翰十六岁时才被允许进入宫廷，在合唱队中担任男高音，或在歌剧中饰演配角。父子俩经常同台演出。但约翰的表现平平，就连老路德维希

乐圣——贝多芬

知识链接

腓特烈大帝

腓特烈二世，史称腓特烈大帝。他是普鲁士国王（1740年5月31日—1786年8月17日在位）。在他的统治时期普鲁士军事大规模发展，领土扩张，文化艺术也有长足的发展，这使普鲁士在德意志逐渐取得霸权。腓特烈二世是欧洲历史上最伟大的军事家之一，而且在政治、经济、哲学、法律，甚至音乐诸多方面都颇有建树。

腓特烈二世是一个著名的军事家。腓特烈少年时代是一个热爱自由、喜欢文学艺术、反感专制和服从、充满叛逆性格的人。但是他的父亲对他的管教十分严厉。少年腓特烈经常遭到父亲的棍棒殴打和言语刺激。十八岁时为抗拒父亲为他安排的婚姻，计划同几个同伴出逃，结果被关进监狱，还被安排了观看同伴被砍头的悲惨场面。

在狱中，腓特烈开始变得深沉而理智，家族的传统开始在他身上出现。在此后的日子里，他对政治和军事都表现出了浓厚的兴趣，并参加了波兰王位继承战争的实践，初步建立了一套军事理论。1740年，他继承了王位同时也统领了一支八万多人的训练有素的军队，并继续扩充这支军队，使之达到二十多万人，成为实践他的理论"政府的基本法则都是扩张领土"的工具。

腓特烈不但是一个杰出的军事统帅，还是一个睿智的军事理论家。他创立了著名的"斜进战斗队列"的理论，其要点是将本方作战队的一翼缩回，加强准备进攻的另一翼，使之在局部上形成优势而攻击敌方的侧翼，适用于以少打多的情况，在敌方大部队未投入战争之前就取得一个决定点上的胜利。他还确立了许多著名的作战原则，如"保护你的侧翼和后方、迂回敌人的侧翼和后方、以歼灭敌方有生力量为主要目标"等。

在最后都否认约翰是自己的儿子。当然，这不是一种血缘关系上的否认，而是对约翰音乐天赋的否定。在音乐界，也没有人承认过约翰的才华。约翰的一生都是在酒杯、无为中度过的。

※科隆大教堂

1767年,当约翰提出要和一个来自爱伦白拉特斯坦的女子凯宛丽丝结婚时,遭到了老路德维希的强烈反对。他声言经过自己的调查,发现凯宛丽丝曾经做过侍女。老路德维希大声地斥责自己的儿子。但是这并未让约翰动摇,他毅然在1767年11月12日和凯宛丽丝结婚。

其实,贝多芬的母亲——凯宛丽丝的命运十分坎坷。十七岁时她嫁给了一个男仆,没有多久,丈夫就死了。艰难的生活迫使她改嫁。但和约翰的婚姻也并不完美,婚后不久,她的父母相继去世。

凯宛丽丝似乎瞬间就看清了自己的生活,自己不过是一个外表漂亮的、却没有生活能力的宫廷歌手之妻。而约翰每次从酒店里回来时,总是将钱花得一分不剩。凯宛丽丝陷入了一个十分艰难的生活境地。她既要维持小家庭的生计,又要应付财主和杂货店频频送来的账单,而更难以应付的是生儿育女。从1769—1781年的这十二年时间内,她曾先后生育了六个孩子,但只有三个活了下来。

第一个孩子出生于1769年4月2日,教名为路德维希·马利亚,他只活了六天。第二个孩子生于1770年12月16日,这个孩子就是贝多芬。

但是关于贝多芬的出生却有很多的疑问。

其一是关于他出生时间的争议。贝多芬自认为,他出生的时间是1772年12月,而不是1770年12月,贝多芬一直认为,那些证明他受洗年份的证书是他哥哥路德维希·马利亚的。但是有人认为这是贝多芬的幻觉。

其二是关于他双亲的争议。在1810年的报纸上出现一些传说,有人说贝多芬是一位普鲁士君王的私生子。

乐圣——贝多芬

天才少年

贝多芬慢慢地长大，约翰越来越发现难以控制小贝多芬的行为了，所以，他决定将小贝多芬送入宫廷乐队去演奏。当时的乐队总指挥是路奇雪，是一位音乐造诣颇深的音乐家，但是他并不把贝多芬放在眼里。

贝多芬八岁的时候跟随宫廷风琴家艾登学习，艾登是一位年过花甲的老音乐家，他启发了贝多芬对乐器奥妙的了解。当贝多芬长到能用手触摸到琴键并用脚踩到风琴踏板时，他就转到波恩的一座修道院，接受科学的音乐指导；另外，还接受修道院另一位风琴师的指导。这里的风琴比他以前用过的风琴都要大，这让贝多芬十分感兴趣，此时，贝多芬才十岁。

贝多芬的学习是刻苦的，他对音乐学习的欲望似乎永远没有止境，有的课程他甚至早早地就学完了。

在乐器方面，贝多芬不是十分喜欢独奏乐器，他钟情于钢琴、配器、和声等复杂的东西。在对各门功课有了更多的了解后，贝多芬将更多的精神投入到创作中。

贝多芬曾经说过："我

钢琴

5

※贝多芬的父母

并不是没有犯过错的,因为从孩提时代起,我就非常敏感,往往当灵感到来时,我还不知道,一旦记录下来,才发觉是十分美好动听的音律。"

后来他在柴撒的门下做学生时,创作了一首风琴曲,令柴撒十分震惊。因为像他这样年龄的儿童,对于创作还处于"无知"期。

艾登去世以后,由歌·尼法任宫廷风琴师。他在1780—1781年担任贝多芬唯一的作曲指导老师,一直到贝多芬离开波恩为止。尼法对贝多芬的影响很大。

尼法很早就看出了贝多芬的天赋,并加以指导,又把他自己最早的专业经验传授给他。他训练贝多芬成为主力宫廷风琴师,并且在1782年6月就让他暂时代理职务;没有多久,他就把"键盘音乐师"的职位交给了这个年仅十二岁的学生来接替。这个职位的任务是要带领管弦乐队演奏,并且要看着乐谱立即演奏出来。尼法十分关心贝多芬,他还为贝多芬早期的作品安排出版,并且在1783年3月2日写了一篇通讯稿给《音乐杂志》,公开介绍贝多芬,称"他(贝多芬)必定会成为第二个莫扎特"。

尼法教给了贝多芬许多宫廷中学不到的东西,如依·巴赫的奏鸣曲、萨·巴赫的序曲和随想曲。尼法还曾鼓励贝多芬创作了三首钢琴奏鸣曲。一年后,尼法受皇帝之

乐圣——贝多芬

命，创作一幕歌剧。这段时间里，贝多芬就协助尼法进行歌剧创作。

在此期间，老皇帝驾崩，新皇位成为各派政治力量争夺的目标。1780年，马克雪比林·弗朗兹在他的母亲皇妃玛丽亚·茜丽莎策动下，被选为科隆的公爵。他首先进了科隆的一所教会学校，仅经过了三个星期的短暂培训，就成为一位虔诚的教士。1784年圣诞之夜，弗朗兹在波恩的法格林教堂里，披上了庄严的礼服，正式接受洗礼之后，名正言顺地登上了皇位。

弗朗兹皇帝对艺术十分重视，他把维也纳的流行音乐带到了波恩，使波恩从此成为世界闻名的音乐之城。在执政时期，他为了拓展艺术事业，倾尽全力，创办了一个国立图书馆。在他的倡导下，整个波恩都被音乐陶醉了。贝多芬在这样的氛围中汲取了丰富的音乐营养。弗朗兹皇帝所做的另一件事情就是了解宫廷中每一位乐师的才干，并调查他们各方面情况。在男高音歌手约翰·贝多芬的档案中，如此写着："他的声音能持续很久，并在宫廷中已表演多年；家境困

❈ 贝多芬雕像

苦，但其为人正直，举止端庄。"

当时，贝多芬已是宫廷乐队中第二风琴师。在他的档案中，有如下记载："路德维希·贝多芬，年龄十三岁，生于波恩，在宫廷中已服务两年，尚无薪金；在乐队指挥缺席时，由该人顶替，很有才干，乐队中，数他年龄最小，举止文雅，但家庭较为贫困。"

后来尼法被辞退，其理由是："此人并不熟悉风琴的演奏。"因为尼法是个外国人，还是一个偏激分子，被当局认为是不必要的人物，因而设法由贝多芬取代了他的位子，以节省宫廷开支。不过，弗朗兹皇帝得知这一情况后，挽留了他，但是将尼法的薪水减为原来的一半。而皇帝特意把贝多芬父亲的薪金，拨了三分之一给贝多芬。

虽然贝多芬当时只有十三岁，但他在音乐上所表现出来的造诣却很惊人。贝多芬在风琴或钢琴独奏中，表现得十分潇洒而流畅，很少有失误。因此，他对自己充满自信。他认为，自己的才干要远远超过他所担任的职位。而目前的所为，则是屈尊而就，这让他无法再忍受下去。于是在演奏中，他有时会擅自修改曲谱，即兴变奏，把自己的创作渗入到作品中去。

韦革勒说：在这一年圣诞礼拜演奏时，贝多芬大胆地将弗·海勒的《依里米亚之悲哀》的旋律进行了修改。演奏时，音乐似乎是从天空中倾泻下来，让人听得如痴如醉。但是这让海勒很不高兴，他去觐见了皇帝，对贝多芬的随意修改提出了抗议，他讥讽这种修改为"小聪明"。贝多芬的学生兼朋友安东·辛德勒后来这样记载："皇帝颇为宽宏地指责了贝多芬，不允许他今后再即兴演奏了。"然而就是这一次，贝多芬的天才如金子般闪出夺目的光彩。

1781年，英国驻德国宫廷大使格里桑纳去世，贝多芬专为他写了一首哀乐，因为他是贝多芬家的好友。宫廷乐队指挥路奇雪完全被这支曲子吸引了。大提琴家莫勒说："在第一次公开演奏时，贝多芬新颖的创作引起了极大的震动；经过几次演奏后，他的名气大增；最后，他赢得了观众的所有欢呼和掌声。"

在当时，十三岁的贝多芬还享有了一种皇室所给予的特殊荣誉——他可以吻皇帝的手。他颇以这种新的社会地位为荣。此时，他的外表看上去，已经有了一个宫廷乐师的样子：上身海青色的大礼服，下身是带扣子的绿色齐膝的短裤，腰上佩戴着一把宝剑，头上戴着一顶三角形的帽子。

拜访莫扎特

1787年的春天,贝多芬沿着莱茵河去荷兰旅行。后来,贝多芬又前往维也纳,拜访莫扎特,想把自己的演奏展示给莫扎特。这是贝多芬生命中极为重要的一刻,但是历史资料中对这次伟大的会见却记述得十分简单。或许是因为那时的贝多芬还没有多大的名气,所以当时的人们对他会见莫扎特并没有投入特别大的关注。

但是贝多芬的父亲——约翰却对此事充满了期待,他希望莫扎特把贝多芬当作少年音乐家来对待。

莫扎特接见了贝多芬,并请他弹奏了几首曲

※ 莫扎特雕像

子,但是之后莫扎特的反应却很冷淡,而贝多芬也明显地感受到了莫扎特对他的冷淡。贝多芬被自己敬仰的大师轻视了,自尊心受到了伤害,心中十分难受。于是他又提出请莫扎特给他一个主题,让自己即兴演奏。而贝多芬在受到伤害时,往往演奏会更加出色。莫扎特给了他一个主题。于是,美妙的音符从他的手指中快乐地飞扬,仿佛有着某种魔力深深地吸引着他。他的即兴曲使莫扎特十分震惊。奏乐完毕,四周安静无声。莫扎特对在场的几位朋友脱口而出:"注意!这个孩子日后将让世界震撼。"

但是贝多芬在维也纳并没有待多久,因为一个月后,贝多芬就收到了父亲的一封信,急匆匆地回家了。他的父亲来信通知他,他的母亲得了肺病,并且日益严重,终日躺在床上不能动弹,而家中的钱根本不够给母亲治疗,家中的东西大多也典当了出去。

于是,贝多芬从维也纳空手而归。回到家中,他看到了奄奄一息的母亲,而年仅一岁的妹妹玛格丽斯睡在摇篮中细声地啼哭着,也病得十分厉害。房间十分的昏暗脏乱,无人打扫。他的父亲和两个弟弟在一旁长吁短叹,不知道怎么才能弄到钱。

贝多芬的母亲一生都在穷困和抑郁中生活,严重的营养不良、过度的操劳、多次的生育都影响了她的健康。

1787年7月,病魔夺走了贝多芬母亲的生命。接着,他的妹妹又在同年的11月25日死去。

贝多芬的母亲去世后,全家的重担都落在了贝多芬的身上,这让不满二十岁的贝多芬感觉非常沉重。

因为贝多芬的父亲约翰的余生是在酒精中度过的,而他的母亲死后,约翰利用贝多芬的怜悯和内疚更进一步地控制贝多芬的生活,也因此,贝多芬对父亲的抵触意识越来越强烈。

在母亲死后的一年里,贝多芬心中有着更强烈的愿望,他即兴演奏的天才让所有人都感到吃惊,更重要的是,他开始把自己对音乐的灵感和追求完全表现在纸上了,没有多久,他就获得了比宫廷副琴师更好的职位。这样贝多芬就有了更多的经济来源支撑自己的家庭。

当然贝多芬也是十分幸运的。因为弗朗兹皇帝对音乐的痴迷,所以整个皇宫迅速变成了一个艺术中心,许多的资本都被运用到了音乐艺术上。弗朗兹皇帝设立了一个大型的歌剧团,演员和演奏者都要经过十分严格的挑选。在经过这样严格

乐圣——贝多芬

近。贝多芬为有这些各种特长的朋友而兴奋，并且从他们那里学习到了更多的有关乐器方面的知识。因此，贝多芬在音乐方面也取得了长足的进步，这为他日后的音乐创作打下了坚实的基础。

弗朗兹皇帝十分喜欢莫扎特的歌剧，如《茜拉尔的私奔》和《费加罗的婚礼》等。而贝多芬在这些剧目中担任乐队的中提琴手。每次演出，他都能从中学习到很多东西。

当贝多芬的音乐知识积累得越来越丰富的时候，他写了两首歌谣，又创作一首芭蕾舞曲《骑士舞曲》。《骑士舞曲》是受华尔特斯坦公爵之托而秘密创作的，是贝多芬为数不多的舞台音乐作品之一。但是十分可惜的是，这些曲子后来都遗失了。后来贝多芬一直忙着写一些小曲目。他写的一些钢琴曲目多是变奏曲、歌曲和室内乐曲。当时，这些曲目还没有出版。到后来，因贝多芬的弟弟卡尔的帮助，这些曲目才在波恩出版。

※贝多芬十六岁时的剪影

的筛选重新组织后，贝多芬的地位和作用就显得格外突出。他俨然是一位宫廷的钢琴家、音乐家，而尼法却反而成了伴奏者。

贝多芬在歌剧院和乐队里经常担任中提琴手，他与乐队的演奏员相处得十分融洽。乐手安特里阿斯精于小提琴、贝哈特精于低音提琴，两人都是作曲家；安东·洛卡担任笛手，也精于作曲，年龄也与贝多芬相

在波恩的爱情和友情

1791年的11月,贝多芬与宫廷的其他三位音乐家兰兹、朗博、辛姆洛克一起去阿雪芬堡拜访当时非常著名的钢琴家艾比·斯图加。艾比·斯图加为他们表演了自己所特有的、愉快而明朗的曲子。贝多芬听得入了迷。在艾比·斯图加表演完以后,贝多芬请求他让自己试着弹奏一会儿。艾比·斯图加发现,贝多芬所弹的变奏曲是自己喜欢和熟悉的、并且是他认为最难演奏的曲子。贝多芬还弹奏了许多其他的变奏曲,并即兴加入了一些新的内容。

在贝多芬的音乐中,温情和良知开始表现出

※ 波恩风光

乐圣——贝多芬

来。他喜欢沉思。尽管环境对他的思想有所影响，但是他理想化的意念却一定要获得一些确切的、认同的回应。他在音乐的世界中自由地成长。他需要有人来拓展他的认识空间，而不是在一个小圈子中打转。

贝多芬开始扩大自己的交友范围，并将交友的时间延长，朋友们所具有的特点都极大地丰富了贝多芬的心灵，他汲取了更多的精神营养。友情的滋养，使贝多芬渐渐改变了害羞的性格，并极大地扩展和充实了他的才能和智慧。我们曾经说到，由于弗朗兹皇帝热爱艺术的原因，波恩已经变成了音乐的海洋。当地的居民经常举办一些有特色的艺术活动：音乐演奏会、诗歌朗诵会、哲学讨论会……贝多芬积极热情地参加了这类集会，并结交了许多的新朋友。他和蔼的态度、得体的衣着很快就得到了人们的好感。贝多芬很快就发现自己已经被波恩那些有修养的音乐家、艺术家所看重。

贝多芬在出席这类活动的时候，常会表现出一种异乎寻常的兴奋：他自己在激情四溢地演奏，而将陪奏者置于一边，并以个人演奏的特征而即兴发挥成一首极为美妙的旋律……随之而来的是不断的喝彩和掌声。

在贝多芬的生命中，有两个家庭对他的影响很大。其中一个就是冯·勃朗宁夫人家。这个家庭中有四个孩子，这四个孩子中需要一提的是艾兰诺拉。因为从十五岁时开始，贝多芬就开始教艾兰诺拉学习弹钢琴。

贝多芬在家中尽职尽责，他尽力保护年幼的弟弟妹妹，让他们尽可能地在无忧无虑中度过。

贝多芬家庭生活的许多转变都是他们的房东——冯·勃朗宁对他们悉心照料的结果。

冯·勃朗宁在二十七岁的时候，即1777年失去了丈夫——伊迈纽·冯·勃朗宁——他是在一次宫廷失火中丢掉性命的。由于那时的消防设施还很落后，所以大火一直没有被扑灭。烧到第二天夜里，伊迈纽眼看就要烧到宫廷机要文件室了，就和一群市民志愿者去救火。但在救火中，一堵烧红的墙坍塌了，砸在他们的身上，无一幸免。年轻的冯·勃朗宁夫人带着四个年幼的孩子生活着。她把所有的精力都放在孩子的身上，并没有感到孤独。她的哥哥亚伯拉罕·冯·凯利舒是波恩的一个牧师，他常去她家；她将丈夫的兄弟洛朗士（也是一位牧师）介绍给了凯利舒。他们很快就变成了朋友，而他们两人的品德都十分的高尚。

贝多芬十分愿意和他们相处。韦格勒写道："贝多芬很快就变成了冯·勃朗宁夫人家中的一员了。不仅白天常和他们在一起，有时在晚上也会和他们愉快交谈。他在这里觉得自由、轻松和快乐。洛朗士牧师以最浅显的句子来读荷马和柏露泰舒的诗给孩子们听，贝多芬这时也会交叉着手、静静地听着，似乎想从中学习到什么……"

这一段时间，贝多芬的生活格外地愉快和充实，他还汲取了许多知识营养。他对文学的认识逐步加深，知道并了解许多的散文和诗歌，他开始尝试创作一些短歌剧，还能用德文讲述席勒、莱辛、莎士比亚或谢立丹的戏剧。

当时，贝多芬还担任管风琴师聂费的助手，并跟随他学习音乐。聂费是一个很有修养的人，他足以成为贝多芬在品德上崇拜和学习的楷模；他也是一位拥有多方面天赋的音乐家。他扩大了贝多芬的艺术视野，使贝多芬熟悉了德国古典艺术的一系列代表人物和代表作，并巩固了贝多芬对崇高目的的理解，坚定了他的信念。他又是一个言辞风趣的人，经常引导贝多芬以游历的方式来结交朋友，增长见闻和积累知识。

贝多芬在波恩的十年中（1782—1792），他的创作还处于一种尝试期，其作品大都是些小型的钢琴曲、重奏曲、歌曲等。这一时期，可以说他正经历着学习音乐知识、积累生活感受与心理准备的过程。在这一时期，贝多芬广泛接触了许多著名的学者、作家、音乐家，感受到了时代的变化，受到了"狂飙运动"思潮的影响；而1789年法国资产阶级革命的思想意识又给了他更多的启发，使他的世界观获得了一种可贵的、阶段性的进步，让他有了这样的意识：深信人类平等，追求正义与个性自由，憎恨封建制度的压迫。

在这段时间中，贝多芬并不是特意营造"浪漫"这一种意境。他的音乐创作风格和作品演奏技巧是趋向于诗一般的热情，旁人很难用语言进行描绘。正是有着这种浪漫的情感，他的作品才异常闪亮。他有着让人不可思议、强大的内在力量。看到一个题目，贝多芬能够立刻领悟。他没有花费多少时间，就懂得了荷马的光荣业绩，了解了莎士比亚辉煌人生的奥秘，看到了歌德善于为自己辩护的个性，把握了他们伟大的人格特征并将其融会于自己的音乐创作中。

冯·勃朗宁夫人十分爱护贝

乐圣——贝多芬

多芬，把他看成了自己的孩子，让他在自己的家里感到极大的自由和愉快。受到这种影响和感化，贝多芬有时也会对女性表现出兴趣。冯·勃朗宁夫人只比贝多芬的母亲小四岁，由于注重健康和保养，所以冯·勃朗宁夫人看上去依然十分年轻。

冯·勃朗宁夫人会尽可能提供贝多芬所需要的一切。这对于生活一直艰苦的贝多芬来说无疑是非常幸福和幸运的。因为在十七岁的时候，贝多芬还时常地将自己关在想象中，而当他得不到某种适当的解释时，他就会发很大的脾气。对于父亲轻贱母亲的行为，贝多芬是不能原谅的。母亲去世给他的心灵留下了创伤和阴影，如同浓雾一般。他总是对别人说起自己的伤感

※ 贝多芬广场

和忧郁,即使是对他深爱的人也不例外。

当贝多芬从对音乐的陶醉转入沉静的思索时,冯·勃朗宁夫人就会温柔地说上一句:"看,老脾气又上来了。"这个简单的、被重复了很多次的动作让贝多芬终生难忘。冯·勃朗宁夫人高尚的道德情操使贝多芬终身受益。辛德勒在贝多芬回忆录中写道:"到后来,他仍称冯·勃朗宁夫人家的每一个成员为保护神;同时还记得冯·勃朗宁夫人无数次劝导他的愉快情形。"

随着年纪的增长,贝多芬的爱情也如期而至。由于冯·勃朗宁夫人家经常有贵客来访,贝多芬也就有机会和年轻的女士见面。他常被她们美丽的容貌所吸引,于是他改变了少言和怕羞的习惯,经常主动、风趣地讲述自己的故事。在韦格勒的记述中,贝多芬恋爱以后的热情十分地高涨:"他热爱蒂洪娜丝小姐和韦思特·荷尔特小姐的程度,从年轻时一直延续到成年。贝多芬总是在渴望着爱情的到来,并愿想尽一切办法得到它,但往往事与愿违。"

蒂洪娜丝是艾兰诺拉的好朋友,她从科隆来到波恩,准备在冯·勃朗宁夫人家住一星期。韦格勒说:"她极为美丽、活泼,肤色很柔和,受过良好的教育。她非常喜爱音乐,且声音十分的悦耳。"贝多芬经常陪着她。蒂洪娜丝在回科隆前,曾经为贝多芬唱了一首悲哀的小曲,以表示他俩分离的苦楚远远超过她内心所能忍受的程度。蒂洪娜丝的离开给贝多芬带来许多惆怅,但是后来蒂洪娜丝却和一位科隆的军官恋爱了。

而韦思特·荷尔特小姐是贝多芬的钢琴学生,一位宫廷退休参事的掌上明珠,她有一头长而黑的卷发。兰兹说,贝多芬对于韦思特·荷尔特的爱是"疯狂"的,但在1790年,她却和一位男爵结婚了。

后来,贝多芬又追求一个地主的女儿科舒,但同样是无果而终。

而贝多芬和艾兰诺拉看起来十分的自然:师生之谊、年龄只相差两岁,足可以使双方都有进一步地表示,但是这段爱情依然以失败告终。

在移居维也纳时,贝多芬和艾兰诺拉发生了争执,甚至使得他与冯·勃朗宁夫人家的关系不得不宣告破裂。而其中的原因却是今人仍无法弄明白的。后来,在冯·勃朗宁夫人的调解下,艾兰诺拉和贝多芬的关系曾经和好,艾兰诺拉还送了一条丝围巾作为和好的礼物给贝多芬。贝多芬也深感懊悔,写了一首变奏曲给她,并写道:"当这条由你亲手织成的围巾送到我手上时，这让我感到极大的惊异。它使我从悲哀的情绪中惊醒了。它让我感到极度的欢乐，它使我回忆起往事。而你宽大、仁慈的态度使我感到羞愧。我没有想到你能再次记起我。噢，假若你能够看见我昨天为了这件事而受到的打击的话，你一定会责备我是夸张了。我坦白地告诉你，我能够出现在你的记忆中使我感到十分的难过。我的朋友！我已忍受太多了，现在仍在忍受着这难忍的苦楚——失去你们的友谊。我将不会忘记你及你的母亲，你是如此的忠诚；我知道我的过错和你对我的感情！"

但是这一次两人的感情却没有维持多久。在某一天，当贝多芬在维也纳再次见到冯·勃朗宁夫人和艾兰诺拉时，双方的情绪十分紧张。后来，人们才知道，贝多芬对此十分悲伤。他突然觉得自己不应当受到她家的恩惠，便说了一些比较失礼的话，但等到他察觉到这些时，已经晚了。他的某些言语在真诚的友谊面前是难以得到宽恕的。尽管他在初到维也纳的第一年里是如此骄傲。此刻，他才真正地发觉了自己的错处：对性情优良的人缺乏忠实的情感，尤其是对艾兰诺拉这样的女性。为此，贝多芬曾经向艾兰诺拉表示了忏悔和内疚。他给她写了一封信。信是这样开头的："我最美好的朋友艾兰诺拉：维也纳，1793年11月2日。我在维也纳住了一年了，但只收到过一封信。然而，我是时常想念着你的。我常常跟你

※ 贝多芬故居就位于这条小巷

谈话，涉及你的家庭，但大部分的时间中，我的头脑无法安静，而我正需要安静。之后，就发生了那场可怕的争吵，我不应该将那种生硬态度表现出来。我怎样才能改变以前的那种不良态度？它与我的性格是矛盾的。环境上的许多隔阻，使我们之间有了很大距离。我想，这完全是因为我们谈话时过于客套，所以才不能真正地修好。你和我都相信自己是被对方所说的真理而征服了。虽带有一些怒意，但我们被骗了过去。你那温驯而自信的性格对我而言的确是一个保证，而你则是一定能宽恕我的。"

在波恩时，贝多芬有很多身份显耀的朋友。弗朗兹皇帝对他的天赋也特别地赞赏。当宫廷钢琴师告诉大家将有贝多芬的音乐会时，便立刻就会听到众人的喝彩。有着奥地利血统的华尔特斯坦公爵也十分喜爱这个青年。1788年6月17日，弗朗兹皇帝在他的办公室工作完毕后，让人送了一架钢琴到温萨尔加沙的一间小屋里去，他想经常听听贝多芬的演奏。华尔特斯坦也经常送钱给他花，因此贝多芬的生活有了很大的改善。

1792年，贝多芬去维也纳时，华尔特斯坦公爵又请求皇帝允许贝多芬不因离开职位而停领薪金，这样才使得贝多芬在举目无亲的维也纳避免了受冻挨饿的威胁。

1790年，海顿应邀前往英国访问，返回途中路过波恩，便小作盘旋。海顿被邀请到歌德斯堡参加了皇家音乐会。贝多芬在这时将他所写的一首圣歌拿给海顿看，海顿颇为震惊。经过短暂的思考，海顿决定收贝多芬为学生。这正是年轻的贝多芬求之不得的。他希望从海顿的身上学到更多的音乐艺术的精髓，自然不会放弃这个千载难逢的机会。

华尔特斯坦公爵看出了贝多芬今后的发展方向，他在离开波恩时，曾让一位朋友向贝多芬转交了一张留言，叮嘱他以后应做的那些事情："亲爱的贝多芬：你应当到维也纳去实现你的抱负了……经过海顿的教诲，你再找一个适当的合作者，有了这些人的热心帮助，你将从海顿的手中接过莫扎特的精神。你的忠实朋友华尔特斯坦于波恩。"

贝多芬是在1792年11月离开波恩前往维也纳。贝多芬当时的想法是，在维也纳学成之后，再返回波恩，在波恩的音乐界担任一个领导地位，但是，他始终都没有实现这个愿望。

1790年的贝多芬已经心怀远大的目标，他将开始灿烂而曲折的音乐人生。

在维也纳的日子

独特的音乐探索期

贝多芬于1792年11月从波恩出发。当时法国爆发了战争,战事逐渐蔓延到莱茵州。军队向前线行进,许多贵族已在撤退了,包括科隆的皇帝。宫中的一切贵重财物都被转移到了杜塞尔多夫,为的是不遭到战争的破坏和劫掠。但是贝多芬却并不在意,他在科朴伦斯遇到的混乱情形,才使他注意到莱茵州也爆发了战争。

贝多芬在经过爱伦白拉特斯坦(他母亲诞生的市镇)时,对美丽的莱茵河投下深情的一瞥。随后他经过巴伐利亚,跨过纽伦堡,到达了奥地利边境的巴萨、多瑙河的林堡。一周后,他抵达了维

※ 当年贝多芬常去的咖啡馆

◇ 图 说 名 人 ◇

名人名言

涓滴之水可磨损大石,不是由于它力量强大,而是由于昼夜不舍地滴坠。只有勤奋不懈地努力,才能够获得那些技巧。

——贝多芬

也纳。

贝多芬为了节省经济上的开支，在阿尔萨郊外的一个印书店主施特劳斯家里住了下来。施特劳斯的家接近古城堡。城堡的墙高达16米，站在这里可以俯瞰维也纳城。这让贝多芬十分地惬意。

而当时已经二十二岁的贝多芬已经不会轻易产生自卑感，语言表达也更加的流畅。他能很自信地出入显贵的家庭，使人对他产生兴趣和好感。华尔特斯坦没有写引荐信给自己在维也纳的任何朋友，而是让贝多芬自己去努力打开局面。

贝多芬初来维也纳时，外衣和裤子都是灰黄色的，脸上长着红红的青春痘，围巾也不时髦，而且十分不搭配，衣着虽然有所改变，但仍显得寒酸。不过，贝多芬却不认为自己穿了廉价的毛衣和讲一口土气的莱茵话而产生羞怯。他头上戴着黑亮而蓬松的假发，这对于二十二岁的年轻人来说多少是让人觉得可笑的。但是在这副外表下隐藏的巨大的音乐灵魂，却是让所有人都佩服的。当时，他为赚取一些生活上的费用，便开始担任钢琴师，但这只是他的权宜之计。

在维也纳居住一年以后，贝多芬在给艾兰诺拉的信中说回波恩的可能已经很渺小了："我的生活已渐趋佳境，幸福将扫去过去一切可怕的回忆。"贝多芬与劳欣谈及这一年中所见到的、感受到的华丽而罗曼蒂克的生活。的确，在维也纳，贝多芬享受到了在波恩没有过的幸福。

据贝多芬的朋友们说，他在维也纳，除了偶尔发脾气外，其余的时间则全部忙于音乐。韦格勒在1794年来到了维也纳。他在法国军队攻入莱茵河谷之前来此避难，科隆王国被永远地消灭了。他对贝多芬在维也纳的生活感到十分惊异：贝多芬虽然失去了波恩方面支付的每月生活费用，但他已经在经济上自立了。

贝多芬在维也纳还不到一个月，他的父亲约翰就去世了。他的父亲是于1792年12月18日因脑出血去世的。弗朗兹皇帝的信札中记载了此事：因为贝多芬的离去，父亲的酒钱再也没有着落，所以，他便在抑郁中亡故。后来，贝多芬请求支领父亲的薪水。贝多芬被允诺每月1日领取一部分父亲的薪水。但是在1793年5月24日，贝多芬收到补发的薪水后，再也没有领取薪水的记录。也许是停发了，也许是由于战争而使得财政发生困难而无法发薪。

于是，贝多芬只能靠自己的收

乐圣——贝多芬

※ 大自然是贝多芬获取灵感的地方

※贝多芬蜡像

入以及在维也纳所认识的朋友的善意援助才得以生活下去。后来,波恩当局曾警告他,如果一直在维也纳居住,他的薪水也会停发,于是贝多芬靠着自己的能力一直居住在维也纳。

不久,贝多芬的弟弟卡尔和小约翰也来到了维也纳。但是他们并没有依赖哥哥贝多芬生活,而是彼此协作,共同劳动,克服困难:小约翰去当了一名药剂师,卡尔也想成为音乐家。在韦格勒的眼中,三兄弟的生活还十分不错,而贝多芬的穿着亦比较入时,与两个弟弟也相处得融洽。当时贝多芬已经搬到了年轻的音乐爱好者卡尔·里区诺斯基王子的住宅里。

里区诺斯基王子既会拉小提琴又爱弹钢琴。他的兄弟莫里兹是莫扎特的学生。他的妻子玛丽·克里丝蒂娜也是一名钢琴家,她的父亲是弗朗兹·约瑟夫·冯·生公爵。

音乐是里区诺斯基王子的最大爱好,也是他生命中最重要的东西。他在音乐上花费了大量的金钱和精力。每天,在里区诺斯基的家里都会举行大大小小的音乐会,而

乐圣——贝多芬

维也纳的音乐家都会在这些音乐会上出现。

贝多芬到达维也纳后，曾在每个周五的晚上，在他家举行弦乐四重奏：第一小提琴手是由十六岁的依格拉斯·休本柴担任。1792年，贝多芬和他相识。依格拉斯·休本柴是一个非常厉害的少年，他曾指挥过奥加登的音乐会，且相当成功。第二小提琴手由路依丝·辛纳担任，中提琴手是由十五岁的弗朗兹·魏斯担任，低音提琴手是由尼古拉斯·克莱夫特担任，这几个少年的年龄相差无几。有时，里区诺斯基王子自己来代替第二小提琴手；有时，柴姆斯加尔调换克莱夫特的位置；更有趣的是，克莱夫特的父亲也担任过这一乐手。安东·克莱夫特是一个出色的大提琴家，并与埃斯特海兹和海顿的配合非常默契。有了这么多的优秀演奏者，每一次四重奏都十分有趣。

由于组成这四重奏的团员都是年轻的音乐家，因此容易与贝多芬自由发表意见。而贝多芬每次都是静心地倾听着他们的演奏，尽管对于三重奏或二重奏的钢琴部分他可以充分地胜任，但他还是学习着。

贝多芬是里区诺斯基家中的重要成员之一。贝多芬曾献给他作品十三号钢琴奏鸣曲（悲怆）和作品十六号奏鸣曲。

里区诺斯基的住宅是贝多芬居住得最久的地方。约瑟夫·金斯基王子也成了他的忠实支持者。富裕的埃斯特海思·弗朗兹公爵也帮了他不少的忙。宫廷顾问冯·基斯每星期在他的住所中举办两次音乐会，海顿、史特思道夫也聚集在那边听他们的交响曲。而贝多芬在进

※贝多芬铜像

知识链接

二重奏

二重奏是音乐名词。同等重要的二人所奏的乐曲，不论有无伴奏，都称作二重奏。器乐的二重奏是任何两种器乐联合演奏，不论有无钢琴伴奏，都称为二重奏。例如小提琴二重奏，其中钢琴部分不过是和音而已，勃拉姆斯的作品102、小提琴与大提琴双协奏曲、巴哈的d小调小提琴双协奏曲都可算特别重要的作品；又如钢琴二重奏，即供两人同时弹奏的音乐，不管是同在一架钢琴上，还是分别在两架钢琴上。前者又称为"四手联弹"，后者又叫作"钢琴二重奏"（钢琴双奏）。

演出了。有钱的显贵们的家中常雇有三十人以上的乐队，若还想扩大队伍的话，只要到邻居家叫来几个人，一场交响音乐会或宗教音乐会即可进行。在维也纳，八个人就可以举行一场用管弦乐器演奏的八重

行交响曲创作时，他的这些朋友都很乐意帮助他。

在维也纳，音乐会是从不间断的，这为好学的贝多芬提供了许多积累经验的好机会。歌剧演出通常是豪华、声势浩大的；每一座大厦里都有一些与音乐有关的陈设；即使一个男仆或者一位听差，只要会拉四弦琴或吹笛子，那么他就有可能被派去参加一些简单的音乐

乐圣——贝多芬

奏午餐音乐会，三四个人能进行一场三重奏或四重奏。

维也纳的贵族们为贝多芬提供了必需的生活来源以及音乐方面的许多经验和足够的成长条件。勃朗宁和华尔特斯坦公爵提携了他，并引导他走上了正确的道路。在维也纳，他生活圈子里的贵族为他提供的方便就更多了：供给他各种费用，还有额外的帮助，而里区诺斯基王子还给了他一个每年可以挣600弗洛

※维也纳的美泉宫

※维也纳的河畔夜景

林的职位。贝多芬为了报答他们的恩惠，创作了大量的乐曲，甚至超出了他们所提出的要求。这似乎也是贝多芬的一种义务。

而维也纳的民众也注意到了贝多芬的生活和成长，他们对他的尊敬和他伟大的音乐才能使他的社会地位显著提高。因为已经有莫扎特和海顿这两位天才为民众对音乐的热爱和对音乐家的尊重铺平了道路，音乐氛围的形成已超越了其他的世俗观念，几乎达到了狂热的程度。音乐最先促成了绅士的风流，超过了其他事物和习俗对这一些人的影响；他们之间甚至彼此以高水平的音乐会来竞争，而不论其代价如何。

从波恩来的音乐家也无需出示他们的资历证书和介绍信，他们所要做的，就是在钢琴的键盘上充分地展示自己的水平。维也纳的浓厚音乐氛围使得贝多芬的性格变得十分平和、温顺；在这里，他受到了众人的尊重，各方面的发展都很顺利。所有事情都按照贝多芬的意愿

乐圣——贝多芬

发展下去,他充分享受着音乐给他带来的充实生活,既演奏又创作,还能培养音乐新人。

贝多芬在维也纳表现出来的也多是绅士的风采。他接受公开的喝彩远比他得到的钱财更多。这种喝彩养成了他的自尊;他若单纯地自高自大而没有真正的音乐技能的话,是不可能获得如此的成功的。

在维也纳,贝多芬开始走向一条成功之路。

而贝多芬和波恩也依旧有着联系。1797年,他的堂兄朗堡到维也纳来拜访他,跟他住在一起,共同参加音乐会的演出,然后相互讨论。兰兹·冯·勃朗宁也一同到达维也纳城。兰兹和司蒂芬停留很长时间才离开。贝多芬对他们依赖颇多。1798年,兰兹的去世带给贝多芬沉重的打击。

贝多芬在宫廷中很受尊敬。冯·勃朗宁在1796年也到了维也纳,在写给家人的信中,有这样的记载:"我发现贝多芬有一股比坚强更强大的力量……这恐怕是因为他具有超人的智慧和力量吧!自从他到了维也纳后,他赢得了大量的朋

※ 不同时期的贝多芬

※ 工作中的贝多芬

友……他不再像从前那样羞怯了，能与各方面的人交往，而且很容易和他们成为好朋友；他周旋于维也纳的很多音乐家之间，学习一些处世之道，并能用于生活之中。"

勃朗宁所说的贝多芬具有"一股比坚强更强大的力量"，并不是说有人跟他对立。维也纳人温文尔雅和殷勤的态度对于贝多芬是有益的。他对品德高尚的优秀艺术家十分尊重。但是也有一些音乐家会自视甚高，会对他进行公开地抨击。但是所有伟大的人物都有对他敌视的人，这就可以从侧面反映出伟人的伟大，小人的渺小。

贝多芬和知心朋友在一起时，会抛掉一切礼仪。大多数朋友对他这种亲热的方式都持一种欢迎的态度。贝多芬与劳勃高维、里区诺斯基、休本柴是最要好的朋友。宫廷秘书柴姆斯加尔很热心地帮助他们。有一件关于他们之间的趣事：柴姆斯加尔并不是贵族，而贝多芬却给他冠以"光荣的男爵"或"音乐的伯爵"之名，使他自己也变得糊涂起来。柴姆斯加尔将贝多芬的许多潦草的乐谱收藏起来，以使其得以永久地流传下去。他有"公爵中的普通人""最高贵而性情最好的人""可爱的公爵"等尊称。

贝多芬有时会用一种高傲自负的举止来让自己感到伟大。他在给柴姆斯加尔的信中写道："昨天听到你喋喋不休的话语，我非常悲伤。魔鬼好像抓住了你，我不再要你的修身之道。力量就是一个人的道德，它笼罩一切，而这力量也就是我。"这种高傲的态度是一个艺术家凭借自己的魄力创造出一个非凡世界的表现。贝多芬相信自身内在的力量。他很自信地说："即使在陌生人面前，我也没有必要像普通人那样保持一种虚假的谦虚态度。"一次，他曾在里区诺斯基家中对一个陌生人说："我希望找一

乐圣——贝多芬

个永久性的出版商，能够有永久的收入，那么，我就可以随心所欲地作曲了。"他曾相信，歌德和亨德尔所生活的那个时代就有这样的安排。曾有一个老者握着贝多芬的手说："亲爱的年轻人，你没有必要诉苦，你既不是歌德，也不是亨德尔，也不必妄想成为两者中的一位。因为如此伟大的人物是不会再出现第二个了。"贝多芬听了以后，变得沉默和严肃起来。后来，里区诺斯基安慰他说："我是这样看的，往往有些人只知道眼前，却无法预测未来。"

"有很多人说了我的坏话。"贝多芬说道，"他们不相信我，那是因为我还没有成名。我现在当然无话可说了。"他说得是如此的自负。

其实，这是贝多芬单纯的真诚：他深信伟大的音乐离自己已经不再

※ 歌德雕像

遥远了。正是有了这样坚定、自信的直觉，贝多芬终于崛起，他实现了在音乐上旁人无法企及的成功。

这种感觉越来越真实，贝多芬能够十分容易地调配音乐世界里的一切，但是对于应付各种小事，他却没有耐心，所以，他有时看上去是一副怒气冲冲的样子。对别人说好话，在贝多芬看来是一种虚伪的行为。因此，我们可以想象得到，贝多芬似乎在自己周围筑起了猜疑的墙，但那些喜欢围绕在"名人"周围、喜欢"溜须拍马"的人却时常来干扰他的独立生活。他只好用比较粗鲁的态度和言行来阻止这类干扰。他不像一般的名人那样擅长使用"小礼貌"来作为防御物；至于如何取悦他人，对贝多芬来说，更为不屑。

贝多芬认为音乐是从人类的感情冲动中流淌出来的最真挚的表现。他对成功寄予着巨大的期待，甚至就如同放在他面前，只待他伸手去抓住它一样。贝多芬赢得了朋友的热情，并从其中获得了许多安慰，从而得到一些短暂的休息。朋友们变成了他音乐的最佳听众。

他们看到了贝多芬坦率、毫不做作的举止。那是一种对艺术的忠诚，以及一种博大的胸怀。能看到他这些优秀品质的人都能理解并尊重他。当他们之中的某一位挚友被贝多芬指责时，他们知道，贝多芬会在事后为自己的唐突而感到追悔莫及。

有几封信记载着贝多芬常常在事后感到懊悔。

1799年的一天，十七岁的钢琴家赫梅尔收到贝多芬的两封信，它们是在同一时刻收到的。第一封信写的是："你不会再到我这里来了。

知识链接

第一小提琴手

管弦乐队就像一个合唱队一样，弦乐是乐队的主要部分。我们都知道合唱队中分高声部和低声部及各种和声声部，而管弦乐队也是一样的，它通过不同乐器的不同音色分为：弦乐部分、管乐部分和打击乐部分。在弦乐中，小提琴部分也要分为三个和声部分，即：第一、第二、第三小提琴。整个管弦乐的主旋律就是由第一小提琴演奏的，所以在第一小提琴中担任演奏员的都要具备很高的演奏水平，第一小提琴手就相当于合唱队中的主唱，所以非常重要。

乐圣——贝多芬

你简直是一只叛逆的狗,希望有人将叛逆的狗丢掉。"而第二封信的内容却为:"赫梅尔,你是一个忠诚的伙伴,现在我知道你是对的,请你于今天下午到我这里来;在这里你可以见到休本柴,我们将让你感到愉快。你的朋友贝多芬。"

而贝多芬写给韦格勒的信(大约在1795年)中说:"最亲爱的!最美好的朋友!你在我面前所发出的光彩是多么让人讨厌啊!我承认我没有好好保持我们的友谊,你是如此的高贵,如此地合乎理想,当我第一次和你做比较时,我觉得跟你差距太大了!啊,我竟然让你感到不快足有七天之久,你可以想象得出我的心里是多么的痛苦。但我得感谢上天,幸而我不是故意做了对你不应该做的事,那是因为我缺乏必要的判断力,使我不能看清楚真实的那一面。我在你的面前感到多么惭愧啊!在此,我恳求你,让我们和好吧。啊,韦格勒,你基本上从幼年时代就了解我,一直到现在你都是我最知心的朋友。哎,让我为自己辩白几句,我有很善良的一面,而且常想使我的行为正直而忠诚,否则,你怎么会爱我呢?在这个短暂的时期内,我真的变得如此的可怕?不会的,这种善良的感觉和真实的爱好,在这一刹那间几乎让我失去自我。不,绝不,韦格勒,我最亲爱的,请你再冒一次险,张开双臂来迎接我,信任你所发现的、那个有善良品质的'他'。让我们恢复友谊吧!啊,韦格勒,请你不要拒绝我的修好请求。啊,上帝!我将重新和你拥抱,请接受我这个朋友,你的宽宏大量将使我永远不会遗忘!"

韦格勒是贝多芬的至交好友,

※贝多芬塑像

从这封信中我们可以看到贝多芬对他们之间友情的重视。

和贝多芬友情深厚的另一个人就是卡尔·阿蒙达。卡尔·阿蒙达于1798年到达维也纳。当时他是一个二十六岁的、刚毕业的神学院学生。他是一个极佳的小提琴手。他衷心地希望能和贝多芬接触并了解他,所以,他在筹划着如何结识贝多芬,然而,他十分害羞。他知道,只有音乐才能使自己和贝多芬相识。

一次,阿蒙达在一位朋友家举办的四重奏音乐会中充任第一小提琴手;当一个陌生人走近他,为他翻乐谱时,他很是惊慌,因为此人就是贝多芬。次日,朋友就去问阿蒙达:"你到底演奏了什么?你已赢得了贝多芬的注意了!他说你和你的演奏使他感到愉快!"这让卡尔·阿蒙达十分高兴,便赶到贝多芬的住处,请求贝多芬与自己一同演奏。过了几小时,贝多芬送他回家。而在阿蒙达的家,音乐又再度响了起来。最后,贝多芬打算回家,又对阿蒙达说:"你愿意和我一起到我那儿去吗?"阿蒙达答应了。两人在贝多芬住所一直待到傍晚。贝多芬再次将阿蒙达送回家。

卡尔·阿蒙达和贝多芬经常这样相聚,并且经常相互访问。以至于朋友们在街上或某个场所只见到他们之中的一个人时,便会有人问:"另一个人去哪儿啦?"他们相互信任对方,彼此倾吐心言,这对于贝多芬而言,很少能有人可以赢得他这份友情。一年后,卡尔·阿蒙达离开了维也纳,回到了他的故乡——巴尔底海岸的考尔兰特。

辛德勒说,音乐家法拉特罗斯基、约翰·威尔士·斯特舒、卡尔·史高尔都教过贝多芬,让他研习簧箫、铜号和笛子的结构、特色以及乐谱的书写方法。这样一来,贝多芬的音乐知识结构就更加完整了。

贝多芬与低音提琴家特拉格莱蒂也有许多次交往。特拉格莱蒂

知识链接

大提琴

大提琴是管弦乐队中必不可少的次中音或低音弦乐器,属提琴族乐器里的下中音乐器,音色浑厚丰满,具有开朗的性格,擅长演奏抒情的旋律,表达深沉而复杂的感情,也与低音提琴共同担负和声的低音声部。它也是非常为人们所喜爱的独奏乐器。

乐圣——贝多芬

在他面前演奏了几个曲子。听完之后，贝多芬狂喜得与特拉格莱蒂拥抱。从那以后，贝多芬对低音提琴的演奏部分也就谱写得更生动了。

在维也纳的第一年，唯一让贝多芬不满的是，他没有得到女性的崇拜。

兰兹写道："贝多芬时刻准备接受女性对自己所表示的崇敬，有一次，我与他谈及征服一个漂亮女人的事，他认为可以维持相当长的时间，而结果呢，却只维持了七个月。"

贝多芬经常用缓和的慢板来表现自己的某种情绪。贝多芬的感情比他的心愿要清晰得多。他不是一个优秀的音乐老师，因为他常对自己的学生漠不关心，厌恶有人来打扰他的音乐思绪，更不愿意亲手去纠正学生们对音乐的某些迟钝的反应和回答在他看来是愚蠢的问题。

伯蓓拉·凯格丽维克丝是一位匈牙利公爵夫人，她十分美丽。贝多芬曾经送她题赠曲——《降E大调奏鸣曲》（作品第7号）和《C大调钢琴协奏曲》（作品第15号）。

茜丽莎是奥地利皇帝最宠爱的妹妹。她的个性十分的温顺。十八岁的时候，她的父亲去世。她对音乐、诗歌和文学有浓厚的兴趣，而

母后又非常关心她们的学习；1799年5月，母后将她们姐妹、两兄弟送到了维也纳的一家大旅馆里居住。这一年，茜丽莎正满二十四岁，约瑟芬二十二岁，弟弟弗朗兹二十岁，卡洛林十七岁，都是音乐爱好者；特别是两个年长的姐姐贝比和泰茜都是钢琴家。她们的演奏才能在维也纳也得到了极好的证明。她们在维也纳听到了许多有关贝多芬的趣闻，但是贝多芬却不是呼之则来、挥之则去的音乐大师。

遵照公爵夫人的意思，三姐

※贝多芬雕像

33

妹召开了一个音乐会,茜丽莎、贝比、泰茜选了贝多芬作的一个曲子,边走边演奏着,进入了音乐厅。"像一个小孩刚开始学习似的,"她这样写了下来,"亲爱的,伟大的贝多芬是多么友好啊!他如此彬彬有礼地听着。过了一会儿,他将我带到钢琴前,我立刻开始弹奏,弹得非常的猛烈,由大提琴和小提琴伴奏着。"

贝多芬并没有为她们的音乐才华感到多少的惊奇,但是还是很高兴同她们交往,并且平静地听完她们所演奏的三重奏。

"他非常愉快地答应我们,每天到我们住的旅馆去一次。他没有食言。但他时常在我们这儿停留四五个小时……有一天,已经是下午5点了,我们都觉得有些肚子饿了,我们就请他同母亲一起进膳,但旅馆里的人都发脾气了。"

贝多芬每天都替她们安排功课,却很为难。因为这三姐妹住在维也纳的时间实在是太短了,而且还有许多社交活动要参加——赴约、乘车、去舞会、参加晚宴,这样的活动真是让人很难选择。如果她们去参加那些活动的话,贝多芬就被独自扔在旅馆。贝多芬对这种情形很是不满,狂怒地将乐谱撕成了纸片,并抛在地上。泰茜是她们姐妹中比较细心的一个。她也就不再外出,努力地练琴,以解决这一难题。

但是后来,旅客却发怒了。大家的愤怒都集中在贝多芬一人身上。这件事情所引发的痛苦简直让贝多芬不能忍受下去。

除了贝比和泰茜两人崇拜贝多芬之外,她们的弟弟弗朗兹也非常崇拜贝多芬。他们一家都喜欢和贝多芬相处,而贝多芬也对这个家庭充满了热爱和温情。他们之间的关系日益亲密起来。

1800年,贝比的母亲要将她嫁给年已五十岁的冯·但姆伯爵。这让贝比十分的痛苦。她和伯爵毫无感情,而她喜欢的人是贝多芬。她的眼里流露出无可奈何和对贝多芬的渴望。

也就是在年底,吉丽达进入了贝多芬的情感世界里。对于吉丽达·瓜茜阿蒂,贝多芬总觉得她是一个很温柔的女孩。1800年她十六岁时,第一次从里阿斯德来到了维也纳,经她堂兄冯·勃朗斯维克的介绍,她认识了贝多芬。勃朗斯维克从小就受过良好的教育,他有机敏的性格和聪明的头脑,是一位天赋极高的人。吉丽达也是第一个引起贝多芬注意的女性。她们一家人于三个月之前从玛东伐沙搬到维也

乐圣——贝多芬

纳来。他们住在祖先遗留下来的别墅中。贝多芬经常去拜访他们。

吉丽达虽然只有十六岁，却是一个颇令人心醉的小姑娘：娇嫩而漂亮的外表、细长而卷曲的黑发，只是美中不足，有点驼背。约瑟芬虽然也很美丽，但她还是不能与吉丽达相比。

此时，贝多芬就被吉丽达迷住了，虽然他新收的几个学生都深爱着他，但吉丽达的美却是贝比和泰茜所没有的。后来，他向吉丽达表达了爱意。

贝多芬在1801年11月写给韦格勒的信中倾吐了自己沉浸在爱河中的甜蜜心情，这是关于吉丽达的内容："我的生命又显得快乐了，更为充实……因为我混入了社会，这个变化是一个可爱的、富于魅力的女孩子带给我的；她爱我，我也爱她。"

贝多芬认为结婚"是快乐的道路"，但他没有实现自己结婚的理想，因为吉丽达也只不过是他生命中的过客。

贝多芬在1802年将《升C小调奏鸣曲》送给了吉丽达。许多人都认为这首奏鸣曲就是人们所熟知的《月光奏鸣曲》。本来，贝多芬是献给她一首G调慢板曲的，后来又收了回来，换成了这首。此曲又称《升C小调第十四钢琴奏鸣曲》，

优美的旋律如同在月光下，泛舟于清澈的湖上，令人迷醉。但后来，吉丽达碰到了加伦堡伯爵，立刻就忘记了贝多芬，并于1803年嫁给了伯爵。伯爵的年龄和地位都与她相称，他又自称为音乐家、作曲家。但是他同贝多芬比较起来却是那么的渺小。

在吉丽达结婚的那个晚上，贝多芬写下了悲伤的句子："这是生命中多么可怕的时刻！但我却不得不接受它！"但是吉丽达的婚姻是不幸的。1823年，贝多芬在与辛德勒的交谈中还谈及："吉丽达非常爱我，甚至超过了对她丈夫的爱。"辛德勒写道："他显然不是故意谈及这些的。"后来，吉丽达回到了贝多芬的身边，向他倾诉，但是被贝多芬拒绝了。

贝多芬去世后，人们找到了一块刻有吉丽达肖像的金牌——贝多芬一生中所保存的仅有的一幅女性像。尽管后来，贝多芬在茜丽莎·冯·勃朗斯维克的油画上也题赠着这样的句子："此致无与伦比的天才——伟大的艺术家——上帝的女儿——茜丽莎·冯·勃朗斯维克。"

许多的证据表明，在贝多芬的心中，吉丽达留给他的记忆是深刻的；比他日后爱上茜丽莎·冯·勃朗斯维克的感情更深刻。

音乐的探索之路

贝多芬在维也纳不断地充实着自己。因此，他的作品颇丰。贝多芬到维也纳时所带的草稿本都是一些作品的构想，如第1号作品《三首钢琴三重奏》就可能是从波恩带来的。在他对新学习到的东西做出适当的安排后，下一步就是将其写在纸上了。1796年，贝多芬送给艾兰诺拉的一篇奏乐曲只有两个乐章。从这里看出，贝多芬那时还没有达到那种自负自傲的地步，但是要承认，这两个乐章也还是十分优美而轻松的。而这个奏乐曲，一半像海顿、一半像贝多芬。若将它放在第1号作品旁，它就显得没有分量了。

辛姆洛克在波恩从事出版事业。他接到过几首贝多芬所作的变奏曲，但直到1795年才在维也纳接到他真正的第1号作品，以后又陆续接到一些，到1798年，贝多芬的作品号数已经增加到第9了。

从1798年到1801年，贝多芬将作品交给了阿尔泰利亚，并委托给更多的出版商，如玛罗、艾达、脱拉格，在莱比锡也有两家——克恩、白兰特托夫和哈代尔。贝多芬在那一年中写到："我有六个或是七个出版商，若我愿意的话，还可以多选几个。"他的这些话无疑显示了贝多芬正在积累的地位和在音乐方面长足的发展。而

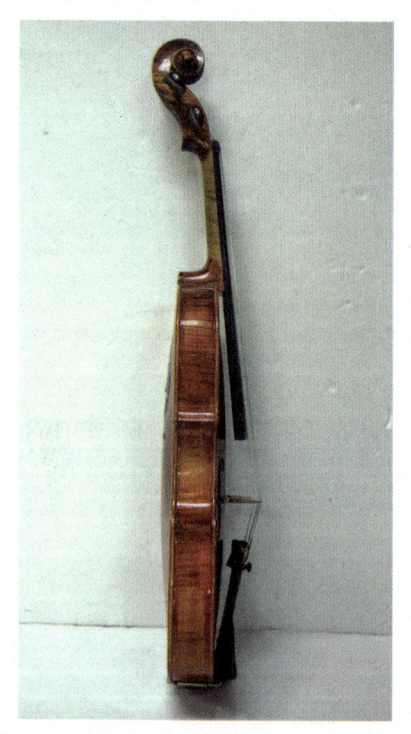

※贝多芬使用过的小提琴

乐圣——贝多芬

贝多芬在乐谱出版后，也获得了更大的成功。

贝多芬在维也纳前十年（1792—1802）的创作，处于一种摸索的时期，比较著名的作品有《悲怆奏鸣曲》（作品第13号，别名为《C小调第八钢琴奏鸣曲》，1799年正式出版时，贝多芬将其定名为《激情的大奏鸣曲》）、《月光奏鸣曲》（作品第27号，又名《升C小调第十四钢琴奏鸣曲》）、《克鲁采尔奏鸣曲》（作品第47号，别名为《A大调第九小提琴奏鸣曲》）及《C小调钢琴曲协奏曲》（作品第37号）等。

在这一时期内，贝多芬对社会和政治的许多问题有了更深的了解，并逐步在个人意识中寻找努力奋斗的目标。所以，在贝多芬后来的创作中，新的转变逐渐显现出来。

1796年，在贝多芬所做的乐曲中充满了情感的表述，1797年的钢琴和管乐五重奏中出现了缓慢的乐章。《田园奏鸣曲》的抒情气氛极浓，富于田园色彩，首末两个乐章更是如此。而慢板则发展得更富于伸缩性——这些作品将音乐推进新的历史。

贝多芬在钢琴上也创造了辉煌的成就。他找到了新鲜的、引人入胜的、富于表现力的和弦，松弛了几乎断裂的弦线和曲辞过长的紧张程度，令人回肠荡气的谐谑曲替代了旧的韵律。贝多芬致力于创作，在1799年完成了他的《第一交响曲》、第18号作品《六首四重奏》，尽管它们都还带着一些海顿的风格。

贝多芬很实际，他不凌空妄想。灵感对于这位伟大的作曲家十分的重要。没有灵感时，他连一首四重奏也作不出来。而灵感一至，他立刻就写成了六首。《六首四重奏》（作品第18号）问世以后，贝多芬的奇异革新被认为是一种天赋，评论界认为他能立即抓到音乐的主题和宗旨，只是还没有充分的自信心。

许多人都知道，莫扎特是一个感情丰富的人，且音乐创作经验丰富。他的《G小调交响曲》缓慢乐章让人深受感动。贝多芬像莫扎特一样具有极强的判断力，而敢作敢为却是海顿所缺乏的。

海顿被称为"交响曲"之父，他从来不会轻易地越出自己所熟悉的音乐地域。但有时他也会热情高涨，如《惊愕交响曲》（作品第94号）和《军队交响曲》（作品第100号），作曲家的激情被极富冲击力地表现出来，既令人振奋而又妙趣横生。这也就是贝多芬日后与海顿直接联系的情感因素。海顿的出发点常常是以这种力量到达高潮,并且用纯熟的作曲手法来进行处理。贝多芬早时也学习他的这种方式,但贝多芬却弄得很混乱,而海顿从不会如此。贝多芬学不到海顿的方法也是一件很庆幸的事件。因为海顿的主题,如音乐的结尾常喜欢用少数的弦乐器,以得到直爽而动人的结尾。

贝多芬努力地学习着,他虽没有失去对海顿的崇拜,但也没有放弃主要乐章的形式。甚至在日后他还以极为丰富的想象力,大大地拓展了范围。他那极为熟练的技巧,以及新颖的特点,彰显出与众不同的地方。而他的作曲也步入了新的道路,各种乐器已经有了它一定的任务,颤声的弹奏已不再只是作装饰之用了,它可以支持整部乐曲;愉快的音乐旋律在乐曲中也扮演了很重要的角色。有了这些新特色,许多旧的东西就被淘汰了。除了音乐之外,贝多芬的信念是单纯而率真的。人们可以感觉到,在他的乐曲中有一种理想化的、感情上的经验比音乐更明确,因而他比较重要的作品被人们描述为直接的、纯洁的、崇高的……

贝多芬一生都是以他对音乐的热爱为出发点。他的生活一度非常完美、良好,并且将一切不重要的和痛苦的思想压缩到了最小的程度。除了音乐之外,贝多芬似乎没有学习过其他的知识。他的哲学理念或许是属于柏拉图哲学范围的。他能理解文艺作品的意境,而这些东西正是他所需要的,也能增强他的音乐表现能力。文学让他知道了要做什么。

韦格勒写道:"贝多芬知道要去建立什么。"贝多芬坚强的信念是小时候培养起来的,并吸取了别人品格上的优点。从来没有一个像他这样没有受过良好的教育,却具有如此坚强意志的人。贝多芬的许多朋友都说他保持了幼年时的性格。威逊·巴哈写道:"在我的一生中,从未遇到像他这种个性坚强的人;他又颇为孩子气。他内心所表达出来的,既美好又善良,而其所受的教育就差多了!他的情感易冲动,有不屈不挠的精神、轻信的习惯和无能的态度(是指对妇女而言),这些也是他性格中的一部分。"

贝多芬的音乐之所以赢得人们长久的热爱,是因为他的音乐富有原始的、活泼的生气。他的音乐经验是全新的,甚至连他自己也不能完全地了解它。辛德勒有一次称赞他的单纯说:"他遇到了最困难的问题后,突然会一口气地将其解决。"这正是贝多芬独特的单纯,

乐圣——贝多芬

完全是因为他能直接从自己头脑中取用需要的知识。

不按照常规发展的贝多芬使得那些谨小慎微的音乐家迷惑起来。他们极力反对这种"不相称"的体例、程式。莱比锡的白兰特托夫和哈代尔批评贝多芬的钢琴变奏曲在某些方面太粗糙了一些，说他一定要继续研究一些乐器，而慢一些动笔从事作曲。他的单簧管三重奏被认为稍微好一些，然而，要想成名则没有希望，除非他写得更为自然。他的《三首小提琴奏鸣曲》（作品第12号）被称为"十分的难于演奏"。这也许是乐曲中使用回旋曲太多的缘故。但是贝多芬依然按照自己的思路走。他不需要别人来评价是好是坏。一些人的所作所为不过是想让人们知道贝多芬是一个错误的人。1801年1月，贝多芬写信给莱比锡的地方长官说："关于莱比锡这件事，让他们说去吧！当然他们不便凭空使每个人都不朽，同时要侵害一个阿波罗所信任的人。"白兰特托夫和哈代尔在几十天后回答他说："你一定要小心你自己和你的智慧能否承担这些狂妄的话！"这些人的狂妄态度也只不过让贝多芬的光彩暂时暗淡下去，但是这些还不能使他发怒，因为"那些人还不能了解自己所做的工作"。

这封信或许还有一个"暗示"。因为贝多芬新出版的两首钢琴协奏曲并没有受到当时人们的赞誉，他又作了新的《C小调第三钢琴协奏曲》（作品第37号）。他感觉到了自己的收入减少了，不知道自己的危机已经来临。然而，可以肯定的是：这首钢琴协奏曲的创作技巧比《C大调第一钢琴协奏曲》（作品第15号）大大地提高了。

※歌德与贝多芬遇到奥国皇室成员时的画作

贝多芬最大的敌人是保持传统习俗的莱比锡。那里的人们很狂妄，对任何超出他们习惯的改变都十分敌视，认为只有自己的音乐才是最好的。依格那兹·莫斯谦勒斯是一位年仅十岁的音乐爱好者。他受到韦勒的警告，不许欣赏贝多芬的作品。韦勒是贝多芬在普拉格斯接受训练时的顽固的教师，他对贝多芬的音乐风格十分敌视。当莫斯谦勒斯带了一份《悲怆奏鸣曲》的谱子到韦勒那里去的时候，韦勒大发脾气，不许他再买贝多芬的作品，还告诉他基本功的训练要从更具体的巴哈和莫扎特或克雷孟特入手。莫斯谦勒斯却很喜欢贝多芬的奏鸣曲，常常暗中收藏。每当贝多芬的作品出版后，若没有钱买，他会用手抄写下来。

贝多芬的音乐就这样赢得了如此之多的忠实听众。事实证明，即使官方人士不同意或不喜欢，也并不影响平民中的热心者。对出版商而言，他们需要获得利益，但这也证明了人们对贝多芬音乐的喜爱。

贝多芬的地位和荣誉已经十分巩固。一个剧院请他作一首芭蕾舞曲，向玛丽亚·茜丽柴致敬。他就创作了一首《普罗米修斯》，在1801年3月里演出，反响很强烈。这证明了贝多分有能力为剧院作曲。他想再进一步与其他的作曲家竞争。

为了学习到有关音乐的更多知识，贝多芬表现出极大的谦虚，而且他很善于吸收、消化对他有益的东西。但是当他的感情要发泄的时候，他就会暴躁起来，并将所有的注意力也转到了那一方面去，仔细地体会心中的感受，并找到更为丰富的音调。同时，他的技巧和表现力有了更加完美的组合。

1801年，贝多芬写信给韦格勒说："一天又一天，我已接近了我所了解而不能描述的目的地。就是为了这些，所以你的贝多芬仍要继续生存下去。请不要告诉我其余的事情，我除了睡觉以外，别的什么东西也不想知道。"

三十岁的贝多芬对于音乐力量的把握更为坚定而富于弹性了，这使人们的注意力被吸引到他这边来，人们称赞他所走过的这条道路。但是他在维也纳的幸福慢慢消失了，平静的生活逐渐被仇恨、奸诈、阴谋、威胁所破坏，他受到了人们的攻击和中伤，并且名誉一度受损。但是这并不妨碍我们这位可爱的音乐圣人谱写出他伟大、辉煌而曲折的一生！

耳 疾

不向命运低头的巨人

◇ 图 说 名 人 ◇

名人名言

我要扼住命运的咽喉，它妄想使我屈服，这绝对办不到——生活这样美好，活它一辈子吧！

——贝多芬

三年前，贝多芬第一次注意到自己的耳朵里经常有些嗡嗡的响声。他认为是长期侵扰他的慢性痢疾所致。但是他从来没有和别人谈过这件事情，除了在法兰克和梵令医生面前。另一个原因可能是因冷水浴而引起的，改用热水浴之后情形有所改变，但杏仁油和甘草油这一类药物敷在他耳中也没有什么效力。有时，他离乐器的低音较远时，他就听不清了，但随后，他的听觉又正常了。可是，一阵剧烈的肠疝气痛发作后，他的耳朵里又嗡嗡响成一片。

像平常一样谈话，没有音乐的声音，贝多芬还可以听得清楚，但是说话人若是抑扬顿挫变化起伏很大，就会给贝多芬带来不可言状的痛苦。起初大家都认为他颇健康，所以也没有在意。过了很长的时间，朋友们才知道了贝多芬的耳疾。

贝多芬总是很秘密地去看医生，但医生对他日趋严重的耳疾表示担忧，并告诉他治愈的可能性不大时，贝多芬深感烦恼，异常痛苦。最初，贝多芬想停止音乐的创作，但他内在的音乐力量是如此的强烈和激荡。很长的一段时间，他一直都隐瞒着自己的病情。最后，他终于无法承担重负了。贝多芬最先将此事告诉了卡尔兰特的卡尔·阿蒙达。因为他对卡尔·阿蒙达十分地信任。尽管如此，他还是没有完全告诉阿蒙达自己听力的真实情况。这封信

※正在指挥演奏的贝多芬

是1801年春季写成的。

贝多芬告诉他,自己给他写了信,告诉他"最新的情况",不管他有没有兴趣知道。

贝多芬写道:"我时常将自己的思想建筑在我所最忠诚的朋友上。是的,有两个人占有了我全部的爱,其中一个人仍生存在这个世界上,你是第三人,也是我慎重选择的。"

贝多芬所说的占有自己"全部的爱"的两个人中的一个是兰兹·冯·勃朗宁,但她已经在两年前去世。另一个人是韦格勒·兰兹。

两个月后,同年的六月份,贝多芬又给阿蒙达写了信。信中说道:"我是多么希望可以常跟你在一起。因为我是在不快乐地生活着,终日与大自然的造物者争吵不休,尤其该诅咒的是它加在我身上的不幸。它可以折断和毁灭一朵最美丽的花朵。你知道,我的听觉,现在已受到极大地损害。当你和我在一起的时候,我已患上严重的炎症,但我仍旧保持沉默。现在,病情日益地严重,它能否医治已经成了一个问题,听说这个病与我的内脏有关,我若能恢复健康,那么,我的听力也就恢复了。我当然万分地希望重新恢复我的听觉,但我又常常怀疑这病是无法治好的……

"呵,假使我能够恢复我的听觉,那我将会多么快乐啊!我要告诉你的是我也许将不得不与音乐事业绝缘,我生命中最灿烂的一页将随之消逝。我再也无法运用自己的天赋和力量了,我一定得忍受惨痛的遭遇,尽管我已排除了不少的障碍,但这并不够。是的,阿蒙达,如果在六个月之内,我的疾病不能治愈的话,那我就会到你那里去。你一定得放弃一切和我在一起。你一定是我的良伴,我知道幸福不会丢弃我,我还可以做些什么呢?自从你离开之后,我写了各式各样的音乐作品,除了歌剧和宗教音乐之外。你不能拒绝我,应帮助你的朋

乐圣——贝多芬

友分担一部分痛苦。我接到了你写的所有信件，虽然我给你的回信甚少，但我经常地将你放在我的心上，永久地。

"我恳求你保守这个秘密——关于我耳聋的事情，不要告诉任何人！

"再会，我亲爱的朋友，若你要我为你做些什么，请告诉我。

"你忠实的朋友路德维希·凡·贝多芬。"

贝多芬既有强烈的自立精神，又有无望的意念，这是很奇怪的。但是这也看得出贝多芬想要的只是单纯的友情。

幼年的生活让成年的贝多芬时常记起。他曾对韦格勒写道："我最亲爱的朋友，请不要相信我已忘记了我所亲近的朋友。不会的，总有一天我会和你在一起。我的故乡，当我第一次看到了光明我就觉得它很可爱。我将在生命中最愉快的一天与你一起，去欣赏美丽的故乡莱茵。这一天的来临，我将不知怎样去迎接它。但是我可以向你说：你再看到我的时候，我将成为一个成年的男子了。"但是贝多芬马上就转到了他面临的困境上："但是那可恶的魔鬼却给我的健康安上了危险，是的，我的健康出现了问题。我的意思就是说我的听觉在过去的

※贝多芬的助听器

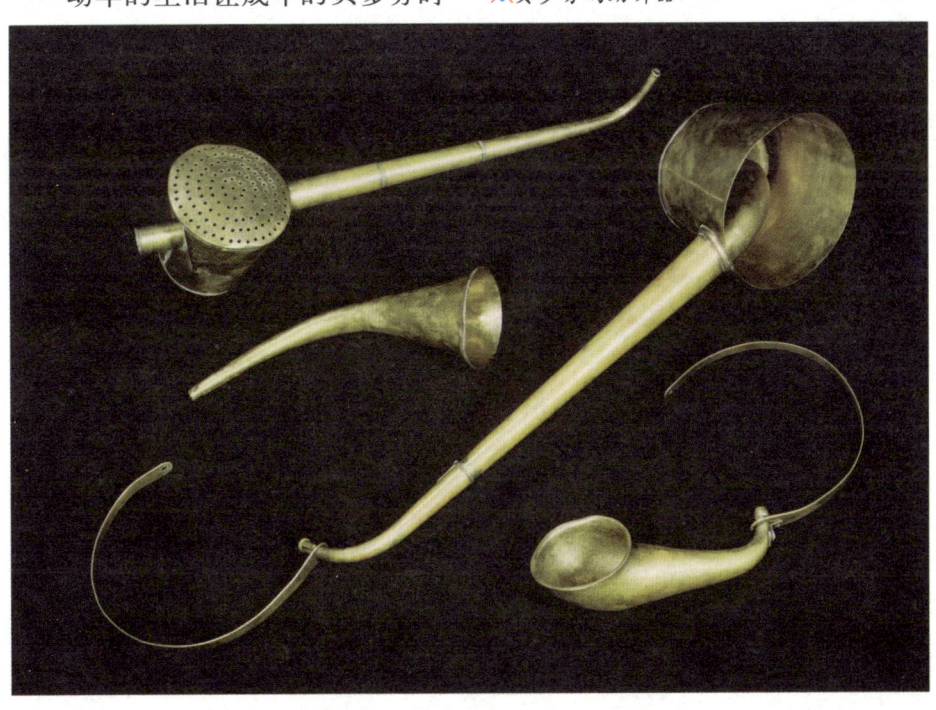

三年中每况愈下。我的身体的确是强健的、完好的，只是耳朵中常有嗡嗡之响，夜以继日。我有时觉得是在苟且度日。我避开了社会上的一切集会，因为这种情形我不可能去告诉别人——我是聋子。假若我是干别的职业，那就容易办了。但是在这个行当中，耳聋是可怕的情形。更为恼人的是因为我的仇敌不在少数，他们将说些什么？……我常常诅咒我的生活，可能的话，我要向命运挑战！虽然我的生命不是很长了——若我的情况继续下去，我将在明年春天到你那里去，你可以在乡村中美丽的地方为我租一所房子。过半年，我将变成一个农夫。这也许有助于改变一下我的身体状况。我有时会自认为是神所造的最不幸的人……听天由命，这是一种多么悲哀的想法！可是如今我只能这样想了！"

韦格勒没有告诉任何人，甚至连劳欣·冯·勃朗宁和他结婚以后，都没有告诉她。

11月16日，贝多芬又给韦格勒写信，感谢他对自己的忠告，并说明了自己的病情："自从我降临人世，我就体会到了人生的美好。但你很难知道在过去的三年之中，我的生活是如何孤独和凄凉。我这日益变坏的听觉像一个魔鬼到处追逐着我；我从人群中逃出来，宛如一个厌世者。"

贝多芬现在学到了如何接受痛苦的现实，他觉得世间没有多少温暖了，连一个愿意为他失去一切而成为他妻子的女孩也找不到。他以为自己不会得到别人的帮助，只能一个人面对孤独可怕的世界。后来韦格勒请他到自己与劳欣的住所去。但是贝多芬却说："请不要相信我能与你快乐地相处在一起。还有什么事情能使我快乐呢？你的关心甚至都会给我带来痛苦。我时刻都想到你对我所表示的同情，但却总也不能感到快乐。"

贝多芬再也记不起自己幸福的过去了，所要应付的是眼前的生活和将来的痛苦。他说："假使我可以丢弃这个痛苦，我将拥抱整个世界！我将觉得自己的青春正在开始，并且在猜想着：我不会再碰上困境了吧？从痛苦中，我只能希望得到一半的自由。等我变成了一个完全成熟的人以后，我将再一次地回到你的身边去，恢复我们之间深厚的友谊，你一定能看到我非常快乐，不会像此时郁郁寡欢。不！我再也不能忍受了，我要同命运搏斗。它不会征服我的。啊！继续生活下去是多么美妙啊！生活一辈子是多么美好！我觉得不应当生活得如此平静。"

乐圣——贝多芬

※ 年轻的贝多芬

在贝多芬的心中,他没有过要放弃音乐的念头,只想打败耳聋带给他的困扰,这是多么顽强的意志啊。

贝多芬为治疗耳疾,也做出了很多的努力。

当梵令医生答应他"若不能完全治愈,至少要有所改善"都没有实现的时候,贝多芬就换了一个医生舒密特。舒密特让他住到比较僻静的地方,听觉也许能逐步恢复。

贝多芬遵照医生的嘱咐，于1802年春季住在海林根城的一所平民住宅中。然后，又转到维也纳城外杜柏林的山谷中。这是最理想、最适宜的地方：有美丽的森林和辽阔的草地。

即使如此，贝多芬依旧没有离开音乐，他的朋友经常来看他。弗朗兹·兰兹也时常到海林根城来接受早晨的教程。大约在8点钟吃过早餐以后，兰兹便会说："来，我们散步吧！"

※ "不朽的情人"到底是谁

兰兹还记述了他们散步的一些内容："我们一同走，时常到下午三四点钟还不回家，而在别的村庄里午餐。有一天散步时，我第一次证实了他失去了听觉。我叫他注意一个牧童正在吹笛，吹得十分动听。过了半个小时之久，贝多芬一点也没有听见。虽然我保证他和我一样（事实上并非如此），但他也变得极端的生气，平时，他快乐的时候也是暴躁的，但现在却不是那样的了。"

西法拉特·柴姆斯加尔在这一年中也常来见他，知道他失去了听力，也常表现出静静的愠怒。当贝多芬跟不上众人的谈话时，柴姆斯加尔会假装成心不在焉的样子，但这并不起作用。他们发现要装作不知道或者不在乎很困难。波恩的韦格勒和考尔兰特的阿蒙达就完全体会不到贝多芬的这种痛苦。

朋友间的谈笑让贝多芬不能加入，也使得他更加的失望，一种情绪逐渐上升：世界上的一切都是虚伪的。贝多芬离开了谈笑的友人，回到海林根城的家里去了。但是音乐思维在贝多芬的脑海中却比以前更丰富地涌动起来。这种具有极大冲动的力量使他产生能够战胜命运的信心，他为自己所独有的这种力量而感到自豪。

乐圣——贝多芬

贝多芬写信给韦格勒和阿蒙达,说自己的音乐是从各方面聚合起来的,它给了自己荣耀、金钱和信心。他在给韦格勒的信中,对某些失礼的言行写下了道歉之词,而他在音乐创作中却是另一回事了:"我是生活在乐曲之上的,当我作完一曲,另一支曲子又在脑海中出现了。我现在常同时在作三四首曲子。"我们从这句话中可以看出,贝多芬的音乐灵魂正在展翅高飞,而且比任何时候飞得都要高。

1802年的整个夏天,贝多芬将大部分的时间都用在演奏和音乐的创作上。有时欢乐,有时暴怒,但大部分时间内精神都很好。那年夏天,贝多芬的身体状况每况愈下,当秋季来临的时候,在海林根城,情形更加严峻。他的夏季工作可以说漂亮地完成了,但是他在维也纳快乐的日子却不再回来,贝多芬未来的生活难以预料。

经过沉思,贝多芬觉得自己的理想和誓言已无法确定是否能实现了。因而,他更愤恨命运对他的

※贝多芬也创作了大量的宫廷音乐

※贝多芬少年画像

残忍和不公正。贝多芬去世后，人们在他的许多书面记录中发现一大沓文件，字写得很紧密。上面注明——海林根城，1802年10月10日——它们是封住了的，在最后一页上写明：致我的弟弟卡尔和×××（此处删去的约翰的名字未加以说明），在我去世以后才可拆阅：你们或许都会这样说，贝多芬是可恶的、顽固的、厌世的。

你们说错了。你们不知道是什么让我变成了这个样子。从幼年时起，我的心和思想就是趋于仁慈和善良的，我极愿意做出一些伟大的事业来，但是我现在陷入了绝望。那是由于庸医使我的病情加剧，年复一年，他们欺骗我，说我的病情能有所改变，最后，面对着的却是一种不可医治的绝症（尽管经过多次治疗仍不见效果）。我虽然有热烈温顺的天性，当然也感受到了社会变化的反复。幼时，我被迫与人隔绝，孤独地生存着。我想冲破这种环境，但听觉不良又把我扔回现实。但我不能向人明说：请大声些，请大声地叫喊！因为我是一个聋子啊！我怎能够承认我在听力上有了疾病，而这感官在我身上是比别人更为敏感的！我的听觉曾是十分完美的，而这完美不是生活的快乐所能比拟的——呵，我不能想它。假若我又回到家中居住的时候，请你们原谅我。而我将很快乐地跟你们生活在一起。我不幸遭遇中使我感到加倍痛苦的，就是我走向了一条不了解世事的路。不可能有朋友和我重归于好了，没有适宜的交谈，没有思想上的交流，在社会上我没有存在的必要了。我生活得犹如一个逃亡者，若我走近一个人的身边，恐怖立即占据我的整个身心，我唯恐碰到被人察觉的危险。这就是我在上半年避入乡间的原因。因为我那位良医的吩咐，我过着僻静的生活，他说我的听觉会恢复的，我也是如此希望的。虽然我是如此地热爱社会，但这是一个多大的耻辱：当一个人站在我的身边听着牧童在歌唱，而我却"听不见"的时候；不远处响着笛声，我"又听不见"的时候，这种状况几乎让我绝望！我似乎感到已经走到了生命的尽头——但是我的艺术把我拉了回来。啊，在我没有将我所知道的、体验到的东西表达出来之前，我不可能离开这个世界，所以，我忍受了这种悲惨的存在——真正的悲惨，一颗富于灵感的心受到某种打击之后，立刻会从最佳的状态跌落到最差的状况。忍耐——我现在一定要将其作为向导。我也这样做了，我的决定或者能使我改变一些，或者也不能——我已经有所准备。我在二十八岁的时候几乎成了哲学家，

呵，这不是容易的，至少在艺术家看来是困难的。上帝，你看到了我的灵魂深处，你知道爱人类，会继续让我好好地生存下去。呵，亲爱的朋友，总有一天你们读到我写的文字时，就会知道你们对我是多么的不公平。我能不能得到一个了解我的人来安慰我的不幸？不管世界上的一切阻碍，尽你的力量去做，你，我的弟弟卡尔和×××。等我死后，若舒密特教授仍活着的话，用我的名字去告诉他我的病症，并附去这张病症加剧的证明，此举才可以使世上的人在我死后跟我和解。同时，我宣布由你们两人继承我微小的财产（假使能被这样称的话），公正地将其平均分配。彼此要互助，你们从前对我的伤害，从此以后都可以得到宽恕了。又致卡尔弟弟：我特别地感谢你后来为我做的事，我希望你的生活比我更好更自由。善良地照顾你的孩子，单是他就可以给你带来快乐，而不是金钱。我讲这句话，是从经验中获得的。我的孤独也是无可奈何的。再会，请向每个人表示我的谢意！我感谢我所有的朋友，特别是里区诺斯基王子和舒密特教授。我希望里区诺斯基王子赠给我的那架钢琴，随便由你们其中一位来保管，不要为了它而争执起来，请不要将它卖

※贝多芬故居所在的街道

掉。若我在墓中仍能帮助你们的话，我将是多么地快乐啊！我即将步入死亡之路，但它于我而言仍是来得太早。不管我的命运如何，我还是希望死亡到来得慢一点，虽然事实上是不可能的，但我仍然能忍耐，忍耐能否让我从无尽的痛苦中解放出来？假设痛苦要来的话，我将勇敢地抵御它们（无尽的痛苦）。

乐圣——贝多芬

城1802年10月6日

我再度地向你们道别——真是非常的悲痛。是的，那渺茫的希望——当我来此地，并希望能够得到相应的治疗——我现在必须完全放弃它了。深秋消逝，我也随之枯萎了，我的希望完全地消逝了。我离开这里——几乎和我来的时候一样——甚至用了最大的勇气。那常常鼓励我的美丽的夏天时光，已消失了。呵，上帝！请答应我最后一个要求，让我有一个纯粹快乐的一天，它相距我已是很长的日子了。呵，什么时候？什么时候？上帝，我能不能在人类和自然中再得到它？永不？不，那样太残酷了。

海林根城1802年10月10日

这是贝多芬忏悔的文件，当时，贝多芬没有想到他还会活得这么久，这附录里充满了抗议和愤怒的情绪，他那似诗的词句如"深秋消逝"，仍在强烈地表现出一种对生命的无限渴望。他的生命已经超越了平庸，但是又充满了绝望。

尚耶推测海林根城的文件是长期沉默的结果。贝多芬诅咒医生的错处，将他送到乡间去，以为可以隔绝了喧扰的声响。结果，却使他的脑海中不能平静下来！即使是这样彻底的忏悔，也没有能够解除这份痛苦。海林根城的居民是热爱贝

永别了，在我死后，不要忘记了我，你们应当纪念我的。因为我活着的时候，总是想使你们如何的幸福。就这样吧。

路德维希·凡·贝多芬海林根

❋ 贝多芬故居的楼梯

多芬的,出版商经常印出他的作品来。他将大部分时间都用来创作。

而贝多芬在海林根城的整整一个夏季,收获是如此丰盛。他的记事册上写着:三首钢琴奏鸣曲(作品第31号)、三首小提琴奏鸣曲(作品第30号)、变奏曲。更为重要的是《第二交响曲》也是在海林根城完成的。这首交响曲从头到尾都是愉快的。

这首曲子表现了贝多芬坚忍顽强的意志,充满了他追求幸福的人生信念,生活中的忧愁都被他强大的力量一扫而光。他在用自己的音乐告诉人们:我绝不向苦难低头,只要还活着,就对人生充满信心。整部作品充满优美的旋律,显示出巨大的力量,同时还富于幽默的气息。尽管在风格上还受到海顿和莫扎特的影响,但作品已完全地流露出贝多芬坚韧不拔的个性和大胆的创新,表达了他乐观的人生态度和生活的自信。

尽管贝多芬的生活和身体状况都十分的糟糕,但是他仍然坚强地生活,在写下遗嘱后,他还活了二十五年。

乐圣——贝多芬

当贝多芬在海林根城表达自己的愿望时，他说："那已经有很长的一段时间了，自从真正的快乐从我心中回荡出来时，我又发现了音乐的新天地。"这期间产生的代表作就是那三首钢琴奏鸣曲（作品第31号）。其水平是以前的同类作品所不能达到的。奏鸣曲中所表现出来的悲伤远不及他失聪后积压的所有痛苦。第二首曲子中的快板部分是非常轻快地浮了过去。而在第三首《降E大调奏鸣曲》中，他却运用了缓慢乐章，并且写下了一段谐谑曲。

全曲中，快板是欢畅流动的，诙谐曲活泼轻松，小步舞曲则缓慢而优雅……总之，给人以轻松、愉快的感受。这首曲子也一直被贝多芬视作佳作之一。

夏季很快就过去了，秋天悄悄地到来了，贝多芬将所写的忏悔文件封紧，将一切的情绪都掩埋在了其中。11月份，贝多芬回到了维也纳。忙碌于音乐和朋友之间，他担任了音乐老师，到各地授课。此时贝多芬经过时间和病魔的洗礼，从他的灵魂、躯体中又释放了新鲜的生命力量。那些痛苦、烦闷似乎已经不复存在。《第二交响曲》所表述的坚定意志，挫败了忧愁和软弱。

贝多芬对自己内在的新生力量感到惊喜和自信。他产生了一种强烈的使命感——去获取人类精神中最崇高的东西。他谱写的是一首征服交响曲。他经过数月的奋斗后宣布：他已经获得了一种无敌的力量，无论是什么困难都无法击倒他，他终于学会了要去"征服命运"。这不得不依赖于贝多芬强大的内心世界，倘若他的内心不如此坚强，对音乐不是如此执著和疯狂，或许他早已被耳聋打败了。

※电影《重现贝多芬》海报

巨大的成就

贝多芬的听觉出现问题后,他反而进入极度的创作热情中。他所作的弦乐五重奏有三家出版商争着出版,只有他的朋友们才知道他的听觉有些问题了。采莱写道:"虽然他从1800年起就开始被耳疾所折磨,但直到1812年,他仍能很完全地听到他人的谈话和音乐。"

到1804年,贝多芬向小提琴家克伦福尔兹说:"我至今不能满意自己的作品,从今天起,我要开辟一条新的音乐之路。"这让克伦福尔兹感到惊讶。1804年的贝多芬对各种乐曲已能够纯熟地运用,他完成了《神乐橄榄山》。在1804年4月里

※巴黎凯旋门

乐圣——贝多芬

的公开演出中，同时演奏了他已完成的两首交响曲和他新作成的《C小调第三钢琴协奏曲》（作品第37号）。这次音乐会使他挣到了很多的钱。第一交响曲在德国各城镇中演奏并赢得了很好的声誉。一个月之后，贝多芬又作成了一首小提琴奏鸣曲（后来题赠给克莱逊），由从伦敦来的小提琴家勃立其塔布演奏。那缓慢的乐章将听众的注意力完全吸引了。

贝多芬所提到的"新的音乐之路"，并不是继续走他已经光辉灿烂的路，他已经抓住了一种新生力量，这种力量反映在了他的《英雄交响曲》（作品第55号，又称《第三交响曲》）中，在震撼人心的、明朗而迥异的乐章中，出现了无数基本的、成功的主题。这种将许多力量突然地集中在一起的表达方式，他已经思考了许久。

贝多芬曾写道："我的习惯是小时候就培养出来的。当我有了灵感，就立刻记下来。"这就让贝多芬找到了许多不同的表达方式，当灵感来了，就将它记入乐谱。有许多的主题就这样不再继续下去而放置一边，或者经过一段时间，他才会继续写下去。在这种创作热潮中，他终于得到了一次最大的成功。

1802年至1812年是贝多芬音乐创作的探索期，也是成熟期。贝多芬音乐创作的成熟过程从表面看虽然缓慢，却是步步坚实地发展着。他30岁时才开始创作第一部交响曲，而莫扎特在30岁时所创作的交响曲已达40部之多。

当他得知耳聋无法治疗时，他虽然被痛苦和失望笼罩，但是，他对艺术的追求和对生活的热爱使他精神日益的强大。苦难变成了他音乐创作的源泉。

在贝多芬的脑海中，英雄是人类进步的先驱者，而他在战胜病魔的过程中所产生的自信心使他将自己也看成一位力量超凡的英雄。我们看到了，他的确是一个英雄。

1802年，贝多芬开始创作"英雄"这一主题的交响曲。在一定程度上，它像贝多芬个人的自传，这种英雄主义则是贝多芬所特有的、历经种种磨难不曾改变的坚毅精神的音乐化表现形式。

当时，贝多芬打算将此曲奉献给他崇拜的拿破仑，全曲完成于1804年。当年春季，兰兹看到了放在贝多芬桌上的原稿，其扉页上有"波拿巴"的字样。过了一个星期，贝多芬发现有人在"波拿巴"后面加上了"皇帝"两字，他便愤怒地将扉页撕烂。此时，拿破仑称帝已经尽人皆知。贝多芬勃然大怒地喊道:"他也不过是一个凡人而已,现在他就要践踏一切人的权利,只顾自己的野心了,他就要高于所有人之上做个暴君了!"

8月12日,贝多芬将《英雄交响曲》总谱交给白兰特托夫和哈代尔出版。10月,总谱正式发行,题目已改为"《英雄交响曲》——为纪念一位伟大的人物而作"。这首曲子是贝多芬创作生涯、也是交响音乐史上的里程碑。它第一次展示了贝多芬的英雄主义创作思想。作品的篇幅极为宏大,情绪激昂,如同火山爆发一样。

1821年,当拿破仑死于圣赫勒拿荒岛时,贝多芬就说:"早在十七年之前,我的音乐就预示了这个结局。"他的意思是指《英雄交响曲》的第二乐章《葬礼进行曲》。《英雄(第三)交响曲》的意义还在于其光辉思想比起《第一交响曲》和《第二交响曲》向前跨越了一大步。第一、第二交响曲受到海顿、莫扎特创作的影响,而在这首交响曲中,他则是用新的形式和音乐思想的概括力量,着重表现了英雄为争取人类的未来幸福而献出生命的悲剧精神。这具有划时代意义的作品,标志着贝多芬的创作已进入了成熟期。

知识链接

拿破仑

拿破仑·波拿巴1769年出生在科西嘉岛的阿雅克肖城,他的家族是一个没落的意大利贵族。在父亲的安排下,拿破仑9岁就到法兰西共和国布里埃纳军校接受教育。1784年,拿破仑以优异成绩毕业后,被选送到巴黎高等军事学校,专攻炮兵学。他只用了一年的时间,就考取了别人用三年才能取得的军官资格,被任命为皇家炮兵少尉。

1789年,法国大革命爆发,拿破仑回到科西嘉,希望推动科西嘉独立。因为拿破仑认为自己是一个外国人,他是保利的崇拜者,一直希望有一天能够让科西嘉从法兰西共和国独立出去。但是此举遭到了亲英反法的保利集团排挤,最后全家逃往法国。在1793年7月,拿破仑带兵攻下了保王党的堡垒土伦,因此受到雅各宾派的赏识。

乐圣——贝多芬

知识链接

在1794年的热月政变中，拿破仑由于和罗伯斯庇尔兄弟关系紧密而受到调查，后因拒绝到意大利军团的步兵部队服役而被免去准将军衔。1795年，他受巴黎督政官巴拉斯之托，成功平定保王党武装叛乱（史称葡月风云），一夕之间便升为陆军中将兼巴黎卫戍司令，开始在军政界崭露头角。拿破仑是一位十分出色的军事家，他善于将各种军事策略运用于实战之中。1796年3月2日，年仅27岁的拿破仑被任命为法兰西共和国意大利方面军总司令。

在意大利方面军，拿破仑率军队多次击退了奥地利帝国与撒丁王国组成的第一次反法联盟，最后迫使对方签署了有利于法兰西共和国的停战条约。也因此，拿破仑的声誉越来越高。1798年，拿破仑远征埃及，惨败而归。但在1799年，拿破仑从一张法国过期的报纸上得知了法国国内紧张的形势和严峻的外部压力，他觉得时机已经成熟，便丢下自己的部队，秘密回国。此时，欧洲反法联盟逐渐形成，而法兰西共和国国内保皇派势力则渐渐上升。1799年8月，拿破仑赶回巴黎，他被当作"英雄"来欢迎。同年，11月9日，拿破仑发动了雾月政变并获得成功，成为法兰西共和国第一执政人，实际为独裁者。

此后，拿破仑进行了对法国各个领域的大改革，其中最著名并且直到今天依然有重要影响的是《拿破仑法典》。它对欧洲许多国家的立法都产生了重要的影响。

1802年8月，拿破仑修改《共和八年宪法》，改为终身执政。1804年5月18日，《共和十二年宪法》颁布，宣布法国为法兰西帝国，拿破仑为帝国皇帝，称拿破仑一世。这就是历史上的法兰西第一帝国。12月2日，他并不是由教皇庇护七世加冕，而是自己将皇冠戴

※拿破仑的雕像

知识链接

到了头上,然后还把妻子约瑟芬·博阿尔内加冕为皇后。1805年5月26日,他又在意大利由教皇加冕为意大利国王。

1805年8月,奥地利、英国、俄国组成了第三次反法联盟,但是惨遭失败。次年秋天,大不列颠及爱尔兰联合王国、俄国、普鲁士组成了第四次反法联盟,10月14日拿破仑和法国元帅达武分别同时在耶拿和奥尔斯塔特击溃敌军,普鲁士的军队几乎全军覆没,拿破仑因此取得了德国大部分地区。1807年6月,法军又在波兰大败俄国军队,拿破仑与俄国沙皇亚历山大一世会面,双方签订了和平条约。在此前一年,拿破仑颁布了《柏林敕令》,宣布大陆封锁政策,禁止欧洲大陆与英伦的任何贸易往来。自此,法兰西帝国在欧洲大陆的霸主地位得到了确立。拿破仑一世兼任意大利国王、莱茵邦联的保护者、瑞士联邦的仲裁者,并分别封他的兄弟约瑟夫、路易、热罗姆为那不勒斯、荷兰、威斯特伐利亚国王。

1807年,西班牙爆发内部动乱,西班牙国王遭到人民的唾弃。拿破仑于是乘机入侵了西班牙,并让其长兄约瑟夫·波拿巴成为西班牙国王,招致西班牙国民不满,发生暴动。同时,大不列颠及爱尔兰联合王国也介入西班牙争端,在西班牙的协助下,拿破仑的军队被赶出了伊比利亚半岛。1809年初,第五次反法联盟组成。奥地利帝国在背后偷袭法在德国的领土,拿破仑被迫率军东征,最后打败奥地利,迫使奥地利帝国签订维也纳和约,再次割让土地。次年,拿破仑娶奥地利帝国公主玛丽·路易莎为妻,法奥结成同盟。

到1811年,法俄关系已经开始恶化,俄国沙皇亚历山大一世拒绝继续与法国合作抗英,最后战争爆发。拿破仑率领50万大军进入俄罗斯。俄军采取了撤退不抵抗的战术。1812年9月12日,法军历经博罗金诺战役后,进入莫斯科,看到的却是莫斯科全城燃起的大火。此时,法国国内又有人策划政变,拿破仑不得不返回法兰西帝国,最后回到法兰西帝国的只有1万人。

1813年,大不列颠及爱尔兰联合王国、俄国、普鲁士和奥地利帝国组成了第六次反法联盟。在莱比锡战役中,法军被击溃,各附庸国也纷纷脱离法国独立,联盟军开始向巴黎挺进。1814年4月13日,拿破仑在巴黎枫丹白露宫签

乐圣——贝多芬

知识链接

署退位诏书，并在此前已经宣布无条件投降。拿破仑本人在退位后被流放到地中海上的一个小岛厄尔巴岛。拿破仑保留了"皇帝"的称号，可是他的领土只局限在那个小岛上。

拿破仑在往厄尔巴岛的路上几乎被暗杀，自己也尝试自杀未遂。而路易十八回到巴黎，重新成为法兰西王国国王，波旁王朝复辟。拿破仑的妻子和儿子生活在奥地利帝国皇室，还有传闻说拿破仑将被流放到大西洋上的一个小岛，这一切令拿破仑别无选择，最后在1815年2月26日逃出小岛，率领1000人于3月1日回到法国。本来被派来阻止他的法兰西王国军队转而继续支持拿破仑。3月20日拿破仑回到巴黎，此时他已经拥有一个14万人的正规军和20万人的志愿军，路易十八逃跑，百日王朝开始。

但是好景不长，欧洲各国迅速组成第七次反法联盟。1815年6月18日，拿破仑的军队在比利时滑铁卢战役中全军崩溃，7月15日他正式投降。法兰西第一帝国覆灭，路易十八再度复辟。拿破仑被流放圣赫勒拿岛。1821年5月5日，拿破仑在岛上去世，在礼炮声中，这位征服者被葬在圣赫勒拿岛上的托贝特山泉旁。

全曲共分四个乐章。

第一乐章揭示了英雄性格以及为人类美好的未来而进行的艰苦卓绝的努力。这一乐章在当时是自交响曲诞生以来最宏伟壮观的乐曲，它精致、巧妙、变化无穷。

第二乐章则是悲壮的挽歌，习惯上又称之为《葬礼进行曲》。乐曲从小调性的旋律开始，缓慢的速度配合着送葬者沉痛的步伐，以附点音符节奏为特征的悲哀曲调，表现出民众悼念烈士的心情。这个乐章具有鲜明浓烈的感情色彩。此乐章极为著名，经常单独演出。

第三乐章是与前乐章形成鲜明对比的一首谐谑曲。音乐充满了活力和乐观的情绪，前后两部分是闪电般急速迅猛的音调，中间部分则是象征着光明未来的号角声，它表现了民众在英雄之后的前仆后继。整个乐章围绕着开始部分的弦乐主题而展开，力度逐渐加强，让乐曲充满悠闲自得的气氛，令人沉醉。

第四乐章表现了人民庆祝胜利的场面。终曲的规模和宏大的内容只有在二十年后贝多芬所创作的《第九交响曲》的终曲，才能与之相比。《英雄交响曲》终曲的基本主题是表现整齐的民众方队在英雄纪念碑前献花致敬，以及庆祝胜利的狂欢。

贝多芬把《英雄交响曲》称为他最心爱的孩子。当他已经写出八部交响曲之后，他仍然认为自己最喜爱的是《英雄交响曲》。

1805年，《英雄交响曲》第一次试奏后，由于当时人们欣赏到的交响曲一般是结构精致、声音悦耳的，而这首交响曲却一反"常态"，所以在第一次演奏后就遭到了咒骂。有人甚至说，只要停下来不演了，他就可以多给钱。很少有人在第一次听到《英雄交响曲》的时候，会安静地欣赏它，思考为什么它会给贝多芬带来如此之高的地位。

《英雄交响曲》后来又经过多年演出，但是乐师始终摸不清其真正的意图，所以总没有很好的演出成绩，甚至连贝多芬最忠实的朋友也不能了解这部作品的思想和内涵。

第一次公开演出后，各方听众的意见大致可分成三种：有的人以为它没有多少"艺术上的价值"，只不过是"未成熟和不成功的奇异演奏"，用一种"奇怪的音调和剧烈的转变"，得到了"超常而幻想的结果"；第二种意见虽认为此交响曲很美，但不可能流传下去，并为贝多芬离开了C大调、D大调交响曲和降E大调七重奏所走的路而惋惜；第三种人（包括了贝多芬的知心朋友）却毫不动摇地说："这首交响曲正是大师之作，也是真实的古典音乐，现在不受到大众欢迎的缘故，是因为他们都没有受到足够的艺术教育，以致未能吸收其精髓。许多年之后，它的价值会被证明的。"

虽然《英雄交响曲》耗费了贝多芬的许多精力，但是之后他还是有许多的作品问世。因为自己耳聋，他并不愿意去休息。这也许是他考虑了外界批评而对自己作了一番重新调整的原因。他继续写了许多奏鸣曲和一些小作品。出版商印刷的乐谱出现了许多处错误，但他们又不愿意去更改。这使贝多芬很生气，因为他的手写乐谱是很准确的。他曾写下批评这些人的话："错误之多，宛如海洋之鱼。"但是出版商对此还是漠不关心，因此，贝多芬时常提出抗议，要回自

乐圣——贝多芬

己的乐谱来修改。有时，他也无法如愿要回乐谱。后来，他干脆称这些人为"狡猾的骗子"。这种掠夺式的交易，在当时颇为盛行。

贝多芬为此和出版商进行了一场无休止的辩论。他的《C大调弦乐五重奏》（作品第29号）就这样拖了两年的时间。这让贝多芬陷入了更难的境地。后来，这首五重奏由白莱特托夫和哈代尔在1802年11月出版。同时，阿尔泰利亚出了重印本。

但是没有多久，这部五重奏就被莫里兹·弗拉斯伯爵购去作为私用。根据当时的习惯，过了一些时日，该曲的所有权应该归还作曲者。但是阿尔泰利亚用了卑劣的手段，从伯爵手中取到了拷贝，立刻就出版了。贝多芬不得不在莱比锡城发表了一个公开声明：阿尔泰利亚印的乐谱从未和自己接洽过，而且是"不正确的、对演奏者无用的"。结果却是意想不到的：阿尔泰利亚提出了合法的抗议，因为贝多芬在技术上已给乐谱作了一些改正，他在这件事上并无过失，是贝多芬诽谤了他。而贝多芬只能收回他的声明，并且向对方道歉。

所有认识贝多芬的人都觉得他很奇怪，而他的吸引力却逐渐增加了。贝多芬常常在街上或者田野上散步，他的面部总是僵硬的，只有那双眼睛还放着生命的火焰。但他的心却是异常活泼的，它永远在思考着音乐的创作。

贝多芬的生活也变得乱七八糟。他经常换住处，而不论搬到哪里，屋内都是乱糟糟的。

西弗拉特说："书本和乐谱到处都是，这边有残羹剩饭，有半空的瓶子；那边还有一首四重奏的草

※贝多芬故居中的展示乐谱

※贝多芬常去的教堂

稿,钢琴上放着纸张和碎屑……这些都是某部交响曲的雏形,朋友的和生意上的信件堆满一地。"

兰兹也曾说起,1804年夏季的一天,当他到贝多芬的寓所去听课时,贝多芬希望和他散步。贝多芬带着兰兹走到很远的地方,直到晚上8点钟才回家。他口中喃喃自语,忽高忽低,没有唱出任何肯定的、明确的主调。兰兹问他那是什么?他回答兰兹说:"那是我想象中的一首奏鸣曲最后一个乐章的主题。"当他们重新踏入房间,贝多芬会立刻跑到钢琴边,连衣帽都不脱,就写了起来。兰兹只好坐在一边,而这时,贝多芬已经全身心地忘我工作了。整整一个小时,贝多芬发狂地写着,完成了那首美丽的奏鸣曲的最后一个乐章。最后,他站了起来,看见了兰兹,似乎是很惊奇、很遗憾地说:"我今天是不能给你上课了,我还有许多工作要做。"这就是《热情奏鸣曲》的诞生。

这首曲子和第二年所做的《华尔特斯坦奏鸣曲》一样都非常成功。贝多芬的音乐创作突破了钢琴本身的限制。他的作品已使所有的钢琴不能弹奏了。那时所造的钢琴只能供弹奏轻快而华丽的乐曲用。没多长时间,他就从钢琴制造者安德列斯·史特利却手中得到了回声和弹性更大的钢琴。由于这首《热情奏鸣曲》所表现的力量太强大了,所以这首曲子并没有准备进行公开演奏,直到贝多芬去世十二年后,它才被世人所知。

乐圣——贝多芬

对歌剧的初步尝试

1801年，贝多芬在写给韦格勒的信中告诉他：在音乐体裁中，除了歌剧及宗教音乐之外，自己都得到了成功。他想试作歌剧，在1804年，他终于得到了这样的一次机会。

其实，贝多芬对于歌剧的知识了解的是很少的。他在尚勒利那里学习了声学写作，从恰罗比

※维也纳歌剧院外墙的牌板上面写有关于贝多芬作品在此的演出情况，还有贝多芬在1803—1804年曾短暂居住于剧院里

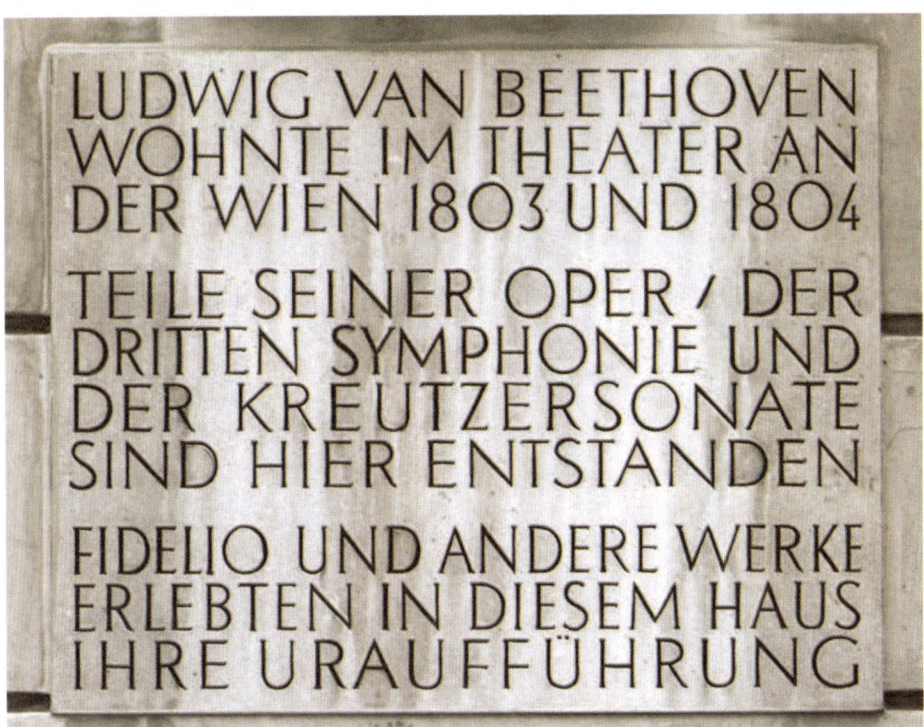

尼·米罕尔那儿学习了关于舞台方面的知识,他自己在维也纳歌剧院中也学习到不少东西。

当时,歌剧很受欢迎。恰罗比尼在巴黎极受欢迎和尊重,那不勒斯的柏西罗和德累斯顿的比尔等人也如此;在维也纳,尚勒利、伏格勒、西弗拉特等演出了许多歌剧,也获得了极佳的评论。

贝多芬希望自己也能创作受人喜欢的歌剧。维也纳的歌剧班管事记得,贝多芬为芭蕾舞《普罗米修斯》谱曲后演出获得成功,他们认为贝多芬的名气已引起了人们的注意。

自从歌剧成为维也纳仅有的一种音乐剧之后,它可以赚很多的钱。恰罗比尼在维也纳被称为极有才能的歌剧作家。到1803年,恰罗比尼已替巴黎和意大利写了二十年歌剧了。葡萄剧院的舒卡尼达和班格剧院的勃朗男爵同时惊奇地发现,有一个非常好的机会就握在自己手中。

舒卡尼达告诉贝多芬,他曾想写一出歌剧,但是可以让他来写。贝多芬十分高兴地就接了下来,并搬到歌剧院里去住。他们给他一间

※ 创作中的贝多芬

乐圣——贝多芬

知识链接

萨尔茨堡

萨尔茨堡，奥地利共和国萨尔茨堡州的首府，是继维也纳、格拉茨和林茨之后的奥地利第四大城市。萨尔茨堡位于奥地利的西部，是阿尔卑斯山脉的门庭，城市的建筑风格以巴洛克为主。据史料记载，萨尔茨堡是现今奥地利管辖地域内历史最悠久的城市。萨尔茨堡是音乐天才莫扎特的出生地，莫扎特不到36岁的短暂生命中，超过一半的岁月是在萨尔茨堡度过的。萨尔茨堡也是指挥家赫伯特·冯·卡拉扬的故乡，电影《音乐之声》的拍摄地。萨尔茨堡老城在1996年被联合国教科文组织列入世界文化遗产名录。

的管弦乐队降到陪奏的地位，并且还要采取18世纪的歌唱方式，并要求有逼真的动作和戏剧化的气氛。这需要知识丰富的人进行创作，至少要像莫扎特一样。贝多芬有时也能创造出奇迹来，但是这种特长却是在音乐上。莫扎特经常去歌剧院，一个小故事到他手上以后，可以很快地就变成一首不朽的音乐。

贝多芬所创作的第一个剧本是很特别的。它以法国革命为背景，讲述了一个反对暴君、争取自由的故事。这类题材很容易使贝多芬将他的感情完全融入进去。故事说的是弗洛斯坦被他的政敌关入牢狱之后，他的妻子丽奥诺拉冒着生命危险，假扮成一个犯人，去营救她的丈夫出狱。这个题材的图书十分畅销，共有三个版本。比尔用意大利文的剧本在其本国演出，1804年又在德累斯顿上演。贝多芬邀请松立斯纳替自己翻译了此剧本，并将题目更换为《菲岱里奥》（又名《夫妇之爱》），以免与比尔的歌剧相冲突，并为两首不同时期所作的序曲题名为《丽奥诺拉序曲》。

贝多芬所要做的并不是营造原文中的浪漫气氛。他不喜欢那种气氛，而是集中精力表现恶势力对这对忠实夫妇的残酷压迫：可怜的弗

住所供他使用。不久，勃朗男爵将此剧院买了下来，舒卡尼达也被辞退了。但随后，舒卡尼达又被召回来管理这个剧院。贝多芬也重新搬回了他的住所创作这部歌剧。他要运用丰富的思想和乐器上的特性来完成歌剧。他已完成了歌剧草稿，舞台的情况也已熟悉。可是为了歌剧中演唱的成功，只能将他所器重

洛斯坦在牢狱中虚度了他的岁月，没有一丝曙光，他的面容苍白而疲倦。贝多芬也曾一度有过相似的遭遇，因而对男主角表现出了极度的同情。丽奥诺拉的最可贵之处是诚挚冷静。

贝多芬按照步骤创作着这部歌剧，保持了他自己的思想，将它不断地写下去，许多草稿上都记着只有他才明白的音符。

1805年，贝多芬回到海真道夫去，完成了这部歌剧最后一幕的创作，然后重返维也纳葡萄剧院里的寓所。他将剧本交给了萨伯斯金·米尔。不久以后，公演就开始了。

但是在《菲岱里奥》一剧公演时，却出现了一些小情况。当首次的公演日期宣布之后，却有一个可怕的事件发生了：法国的军队正跨过了莱茵山谷和德国南部，拿破仑将攻击维也纳。乌尔姆在10月20日陷落了，十天以后传来了法军已越过边境的新闻，萨尔茨堡被占领了，法军继续向多瑙河下游推进。

维也纳在一百多年来都没有受到过外来势力的侵入，因此维也纳士兵在入侵者面前很快溃败。贵族们将自己的珍宝装在马车上，慌忙逃难，拥向勃鲁姆或贝莱斯堡。

11月13日，公演前的一个星期，法国军队侵入了维也纳。拿破仑自我介绍说，他的到来，乃奥地利人众望所归，他能保护他们不受俄国野蛮主义的侵害；维也纳人将受到他的礼遇。维也纳人不知道该如何去对待拿破仑。法军进入维也纳的情形可以这样描述：市民们看着他们，法国入侵者也保持着沉默；骑兵们为自己的盔甲而炫耀。但是，他们所骑的马却显得很疲倦；步兵身上一片脏乱，胡须也没有刮去，许多人手上拿着面包，枪刺上挑着一块肉，不顾一切地吃起来。队伍长长的，似乎没有尽头，夜以继日地向匈牙利前进。有的部队在城外驻扎了下来，长官们占领了城中的皇家宫殿。不远处的炮声隆隆作响。据报告，法国军队正在和俄军进行激烈的交战，从奥地利向南去的法军则被意大利人消灭了……但是，这些都没有被证实，因为新闻也受到了严格的审查；所不能遮掩的事实则是法军的伤兵大量地从前线撤了下来，但他们也不能提供准确的消息。村庄被毁坏了，人们住在破房子里，忍饥挨饿……

市民们被要求不管战事如何，都要忘记他们所遇到的困难，像往常一样生活。宫廷剧院被命令重新开演，在占领前的一个晚上还演出了《奥赛罗》，但是没有人观看。

《菲岱里奥》的演出没有获得人们的注意，是不惊奇的。因为贝

乐圣——贝多芬

※拿破仑

多芬的朋友几乎都离开了此地,演出的节目是不固定的。战争给维也纳带来了不幸,贝多芬可以从巴斯瓜拉蒂的房屋窗口看到海真道夫和舒伯伦公园。在炎热的夏季里,贝多芬在这里构思了《菲岱里奥》。而现在,舒伯伦是被重兵守卫着,因为拿破仑在那里接见各地的代表。拿破仑不知道这出歌剧的诞生地正是在那皇宫的窗下,那里站着哨兵。他绝对不会知道:一个充满伟大梦想的作曲家曾经在一首交响曲上题有"波拿巴"的字样,并对他充满着希望。而贝多芬此刻却静静地望着惨遭蹂躏的皇宫,深深地思索着。

拿破仑对贝多芬并不感兴趣,在拿破仑的心中,音乐只不过是暂时让人放松的东西,只有恰罗比尼比较合他的口味。他之所以对恰罗比尼产生好感,不仅是因为恰罗比尼外表好看些,而且是因为在他的四周需要一些文化艺术的点缀。

1805年11月20日,《菲岱里奥》首次在法国军官面前演出。这是因为剧院受命重新开演,而此时又没有其他剧目可供演出。但是法国士兵们只想听一些愉快的音乐,而不愿意看到这种情绪低沉的歌剧,使他们心里不舒服。

第二天晚上,从爱丁堡来了一位医生亨利·里弗。他描述了观看《菲岱里奥》时的情形:"贝多芬管理着钢琴。他是一个矮小黝黑的青年,戴了一副眼镜。"在里弗的感觉中,该剧的剧情是沉闷和浪漫的混合物,音乐是值得称赞的。但是许多人都认为贝多芬写了一部十分愚蠢的歌剧,却没看到这部歌剧的伟大之处。

到了年底,勃朗男爵决心让此歌剧重新上演一次,并估计最初花去的费用可能赚回。但他觉得第一幕太松散,需要删去。他在里区诺斯基的家中安排了一个集会,表演完这幕之后,众人就与贝多芬讨论。说来颇有意思,贝多芬从来不允许别人对他的作品发问,对于舞台上的种种问题，他是从来不请教别人的。但是这次，他接受了别人的意见。

剧院里的屈拉斯加和米尔也来到了里区诺斯基的家中，克莱蒙蒂为小提琴的首席，柯里兰奥的作者范·柯林、编剧兰加为文学指导，还有男中音洛格尔——一个只有二十岁的青年人，卡尔·凡·贝多芬和剧院的指挥西法拉特也是贝多芬的朋友，都到场了。

洛格尔记下了当时所见的情形："米尔替我准备了即将演出的手续，我在第一幕中要出现三次。我到维也纳的时间很短，在这里，我第一次遇到了贝多芬。当全剧演出进行的时候，我们都直接参加了工作。里区诺斯基王子弹着大钢琴，克莱蒙蒂坐在房间的一角，用小提琴伴奏着全剧的主题音乐，偶尔又独自换奏其他的乐器——他的这种特有的才能，其他人都不惊奇，只有我一个人例外。米尔和我担任了演唱，他唱低音，我唱高音，我们尽可能唱得好些。虽然贝多芬的朋友尽力为他做着演出的准备工作，但他们从没听过贝多芬表示感谢的话。里区诺斯基简直是贝多芬的第二个母亲，各位朋友也都十分信任他。"

贝多芬用尽所有的力量来修正这部歌剧的错误，而修改后的效果很好。洛格尔说："经过不断的努力，从上午7点钟起一直到下午1点钟，结果终于将其中的三段删掉，而我们已经筋疲力尽。然后，大家又进了一顿丰盛的晚餐来恢复精神。贝多芬是那样高兴和快乐。他的愤怒为欢乐所替代，他坐在我的对面，看着我，极诚恳地端给我一个盆子，问我吃些什么?我回答说不知道。他像狮子般地吼了起来：'他狼吞虎咽，却不知道吃了些什么东西！嗨！嗨！嗨！'"

司蒂芬·冯·勃朗宁将剧中的台词作了必要的缩减，而贝多芬也将舞台上不必要的场面删去了。他将三幕改成了两幕，同时被催促着去重新写作剧前的这首序曲，拟使用的是丽奥诺拉序曲第二首。他忘记了别人的劝告，对他说如果能按规定做，则他的《菲岱里奥》一剧将使他成为成功的歌剧作曲家，那也正是他所期望的。但他不愿意离开他所钟爱的管弦乐队，他在那里发挥出了真正的力量，作了一首协奏式的序曲，而且比旧作更为有力、更有生气。这首新的序曲（第三首）偏离了剧院对此剧的要求，与第二首有相冲突之处，它更加交响乐化了。但之后，贝多芬并没有再做第四首，因为他觉得第三首已

经很不错了。

《菲岱里奥》经过重新修整以后,准备作第二次上演。在第一天公演时(3月29日),似乎效果颇好,但后来的变化却让人始料不及。第二次公演,贝多芬就拒绝担任指挥,他说因为乐队在演奏时不注意自己的指挥。经过这次公演之后,这部歌剧的演出活动就停止了。但《菲岱里奥》停演之时,同时也出现了不利于它的说法,说它的序曲是绝对禁忌的。勃朗宁将过失归咎于乐队不听作曲家的指挥。我们很容易就想到,贝多芬当时是多么的愤怒和不快。

到了夏季,《菲岱里奥》又重新上演,尽管观众开始增加,但是贝多芬却开始认为歌剧没有按自己的原意演出。因此,他找到勃朗男爵提出了抗议,虽经男爵再三解释,也不能消除贝多芬的疑心。

"我的剧本,"贝多芬吼道:"立刻将剧本还给我,以后再也不准它演出!"

男爵按了一下铃,命令将剧本立刻归还给他。贝多芬便暂时停止了对歌剧的创作。贝多芬能够很骄傲地告诉自己,他所写的东西已经能得到外界极佳的评价。他已熟知了这条道路,甚至在刚开始创作的时候就知道了。贝多芬告诉男

爵他不是为观众而作的,但他还不如说,他的思想还不能完全驾驭歌剧,等到思想比较成熟的时候才能为观众写作。

《菲岱里奥》终于在六年后,才被人们所了解。贝多芬为了使这部戏能圆满地演出,整整用了十年的时间。自1803年末,他写成草稿,一直到1814年完成了第二次修改,从来没有一首乐曲让他耗费这么多的时间。当他一病不起时,将《菲岱里奥》的手稿送给了辛德勒,上面写着:"我所有的朋友,这使我付出了最大的代价,带给了我极度的忧郁,这也是使我最怜爱它的一个原因。"

※ 贝多芬的钢琴

失败后的创作

1804年的冬天,贝多芬收了一个身份不平凡的学生——鲁道夫·约翰·约瑟夫·雷纳。鲁道夫是奥地利的大公爵,是皇帝的堂兄弟,虽然只有十六岁,但有着显赫的地位。贝多芬答应收他做学生,并在教堂举行了仪式。

鲁道夫已经到了法定的年龄,他可以自由地选择教师了,于是选择了贝多芬。这大概是由于他出入里区诺斯基、李索顿斯坦、劳勃高维兹或雷苏莫斯基家中,经常碰到贝多芬,并且感受到贝多芬的非凡才华吧。

※奥地利大公爵鲁道夫

贝多芬很喜欢这个十六岁的少年,想让他在音乐上奋进。但是此时的鲁道夫比贝多芬的学生采莱和兰兹的天资和音乐知识差很多,他只能说是爱好音乐的人,而不能说是专业的音乐家。有人问贝多芬说:"鲁道夫大公爵真实演奏水平到底有多高?"贝多芬会笑着回答:"他的感觉很准确。"

贝多芬教鲁道夫弹奏自己的《第三钢琴协奏曲》(作品第37号)。尽管教了一年,但钢琴部分他仍弹奏得不是非常好。此后,贝多芬也题赠给他不少的作品,以表示对他的关怀与爱护,这已到了极为特殊的程度。

而兰兹却幸运多了。因为他能够经常到贝多芬家里去,从那里可以学习到更多的知识。鲁道夫大公爵却从不能到贝多芬那里去——他的地位限制

乐圣——贝多芬

了他,而鞠躬的礼节又让贝多芬十分厌恶。因此鲁道夫特别下发了命令:贝多芬以后可以不经过任何通报而直接到音乐室去。

贝多芬很注意校正鲁道夫的指法,有一次甚至打了一下鲁道夫的手。贝多芬很是得意,因为他责罚了皇族,日后,他还很神气地向别人提起这件事情。贝多芬屡次在信中说自己的这种举动是好意的,而不是胆大妄为的。但是谁又能说他不对呢?鲁道夫后来是贝多芬"收入的唯一来源"。在皇宫中有贝多芬音乐作品的演奏,音乐图书馆中有贝多芬新作的每一首乐曲。贝多芬又是多么感激他啊。

这种教学持续了一年之久,鲁道夫和贝多芬的感情逐渐加厚,所以,对于教程上的延误也就成了很平常的事情。后来,贝多芬出了一道主题令鲁道夫作曲。鲁道夫就写一组变奏曲,送给他作为新年的礼物。贝多芬接到这组曲子后说:"这伟大的变奏曲……我尊贵的学生,你给我带来了惊奇,我不知道用怎样的语言和文字来表达我的感激之情,因为我的地位与你是太不相称了。我要做的是新作一曲以报答你。我祝福殿下健康。此致崇高的殿下。最敬爱你的路德维希·凡·贝多芬。"

贝多芬在一个月内可能就完成了一首《槌子键琴奏鸣曲》,同时宣布正在作一首弥撒曲以表示对鲁道夫的尊敬,这就是著名的《弥撒祭曲》。

在《菲岱里奥》停演的那一年,勃朗男爵所管理的两座剧院转给了勃劳高维兹·舒怀珍堡和埃斯特海斯王子。剧院虽经埃斯特海斯伯爵和巴尔凡·齐希、劳特龙伯爵共同管理,但是他们对剧院并没有多大改进。而贝多芬却有些高兴,因为他所憎恨的男爵被罢免掉了,而转入了富有歌剧才能的埃斯特海斯和劳勃高维兹的家属手里去了。此时贝多芬十分渴望自己可以有安定的生活,以便进行更好的音乐创作。因为他现在受到了生活的压迫,他暗示自己即将离开维也纳,而想让他们挽留自己。他的条件是要在剧院中有一个固定的职位,

※贝多芬广场

※贝多芬故居

年俸为2400弗洛林；他的工作则为每年有一出伟大的歌剧，同时作一出短歌剧，一些应时的歌曲、合唱曲。这些都可以根据剧院指导的意见进行创作。但是，他们当然不会轻易答应。因为，贝多芬过度地允诺是出了名的；《菲岱里奥》的失败使这些人不敢大意；同时，他们认为贝多芬不能和歌剧团的其他人和睦相处。贝多芬希望得到一个自己满意的生活。他的期望值并不是太高，因为贝多芬这个名字在维也纳的确是一种荣誉。但是他们知道贝多芬不喜欢维也纳，而他们和劳勃高维兹这类喜欢贝多芬的人不一样。劳勃高维兹对贝多芬的帮助是令人赞誉的。甚至在《菲岱里奥》第二次公演失败后，他都想由私人赞助来再次举行演出，但由于其他的管理者都不赞同，这个想法才未能实现。这些人的做法显然激怒了贝多芬。他在5月里写给弗朗兹·冯·勃朗斯维克的信中说："我不再在这里与那班王子所管理的剧院中的笨蛋们生活下去了。"

自从贝多芬的要求被拒绝后，他们就不知道贝多芬是如何生存下去的。在1806年末，他又创作了一首曲子。他的生活也是一个艺术家独有的，没有人知道他在做什么，甚至连他最亲近的人也只能进行猜测。

乐圣——贝多芬

司蒂芬·冯·勃朗宁以为贝多芬自《菲岱里奥》失败后，他的才学已经干涸了。初夏来到时，勃朗宁这样写道："贝多芬已失去了他对作曲的兴趣和爱好。"但是他却不知道，贝多芬此时已经走上了另一条新的大路，那就是应用一首弦乐五重奏。

在夏季，贝多芬没有出去避暑，显然他在专注于创作。他寓居在玛登伐萨的勃朗斯维克兄妹家中。在这个友好温馨的家庭里，贝多芬完成了一首出色的奏鸣曲。

弗朗兹·茜丽莎的钢琴技巧比她的兄长要出色许多。她非常喜爱贝多芬的作品。兄妹俩都被允许看了贝多芬的《热情奏鸣曲》的曲谱。贝多芬拿了此曲回到了维也纳城，但手稿完全被淋湿了。那天晚上，他离开了西里西亚，与里区诺斯基经过了一番激烈的争论，便冒雨见到了居劳伯·毕高特夫人——雷苏莫斯基伯爵图书馆员的妻子——更惊异于这首混合着华丽和狂暴的乐曲，宛如暴雨之后的另一场大暴雨。

后来，贝多芬的作品趋向于活泼而轻松。《热情奏鸣曲》《G大调钢琴协奏曲》（作品第58号）和献给雷苏莫斯基的第59号作品三首四重奏（开始于5月，在11—12月间完成），都是在年底完成的。

但是我们不能说《第四交响曲》（作品第60号）也是在这时完成的，这首曲子在完成了前半部后就停止了创作。那么，是不是1806年的生活阻止了他完成这首更具生气和力量的交响曲？罗曼·罗兰称《第四交响曲》为情歌，是贝多芬对茜丽萨·冯·勃朗斯维克爱慕的写照。

茜丽萨体会到了贝多芬的感情。在她的日记中写着："他所需要的是力量，但是他只希望善良……对待女人，他总是表示特别的关心，而他对于她们的感情也如处女般的纯洁。"茜丽萨所谈的是作曲的贝多芬，她所指的需要力量的可能是他的《降B大调交响曲》（《第四交响曲》的别称）。

贝多芬当时想到结婚是有可能的，因为他对有"固定收入"特别地关注。

1806年的夏天，很多人都在关注贝多芬和茜丽萨·冯·勃朗斯维克的爱情发展。但是我们看过她的日记后，发现茜丽萨的怜爱是任何一个人都可能有的，而她对贝多芬的感觉也限于只是美好的友谊。另一方面，贝比——一个二十六岁的寡妇，茜丽萨写道：她（贝比）对贝多芬产生的好感则有点危险了。

贝多芬在1806年创作的作品，

73

※当年贝多芬常去的咖啡馆

要远远超过以前的。三首四重奏中，第一首的慢板是真实的情歌，也是那个夏季最大的收获。《三首弦乐四重奏》（作品第59号）的十二乐章中反复变化着的长音阶，就是他经过了长期沉思后所获得的结果。在第三首的最后一乐章喧哗的追逸曲中，他用很轻松的力量，将其连成一个悠长而圆润的总结。

贝多芬在秋季的音乐会节目单中除了交响曲、四重奏和钢琴乐曲之外，又加上了《三十二首C小调钢琴变奏曲》。这些变奏曲有它的特点，但是完成后，贝多芬感到并不满意。

他有更激情的创造力，相信自己有更好的杰作。他准备接受一切的要求，不论是为葡萄剧院一年一度所写的大歌剧或是一些小的舞台剧，甚或是为爱丁堡的佐治·汤姆逊所写的一些室内乐曲。他答应为苏格兰的主顾写三首三重奏、三首弦乐五重奏、三首四重奏、一首五重奏和两首二重奏奏鸣曲。同时，他还答应替他们将苏格兰的歌曲改编一下。

12月23日，葡萄剧院的第一小提琴手弗朗兹克雷蒙第出现于某一个音乐会中，贝多芬也在场。音乐会演奏他所作的一首小提琴协奏曲，反响极好，许多人听完以后，都要求重来一遍。这也为贝多芬铺下了一条全新的路子。

乐圣——贝多芬

创造了宗教音乐新领域

1805年末，安德理亚·雷苏莫斯基伯爵已是贝多芬的保护人。后来，贝多芬就有三首新的弦乐四重奏问世，并且作了一次演奏。伯爵跟贝多芬在维也纳住的时间很长。他是俄国驻奥国的大使，财产丰厚，声望也极高，甚至在维也纳也如此。当他要求贝多芬作一些三重奏曲后，他又动工在唐纳运河旁兴建一座新的宫殿，宫殿中收藏着丰富的图书和许多艺术珍品。他还供养了一批被称为全欧洲最佳的四重奏演奏者。这也许要得益于他的妻子伊丽莎白·冯·孙公爵夫人，因为她是贝多芬的朋友和里区诺斯基王子的妹妹。伯爵在里区诺斯基那里得到了两个出色的演奏者，休本柴成了他终身的第一小提琴手，惠斯是他的中提琴手，林佳是大提琴手。有时，第二小提琴手由他自己担任。

※ 橄榄山位于耶路撒冷，是《圣经》中有极重要意义的地方

这次，贝多芬也不想落后了。他要在宫殿建好之前，就完成他的音乐创作工作。其中两首曲子的主题，具有真正的俄国风格，这是为了适应当时的潮流。休

本柴为贝多芬所创作的这几首新曲子作了第一次判断性的演奏。在场的其他演奏者都放下了乐器，贝多芬的这次尝试是不成功的。

1807年，尼古拉斯·埃斯特海遂王子要求贝多芬在他的公主定名的那一天，创作一首弥撒曲。贝多芬正在完成他的《命运交响曲》（作品第67号，又称《C小调第五交响曲》）。他预计在埃森城准备完毕，并于1807年11月13日作公开演奏。这个区域以前就是海顿所演出的范围，海顿在当时也和贝多芬有相同的想法。《C大调弥撒曲》（作品第86号）给人的印象不及《橄榄山上的基督》（作品第85号），因为他没有把握住主题的深刻意义。不仅贝多芬如此，海顿和恰罗比尼也不例外。

贝多芬将这首弥撒曲寄给了白兰特托夫和哈代尔，表示只要这首曲子能出版，他就可以作为礼物送给他。贝多芬的态度显然是处于被动的一方。同时，他受托所作的曲子也得赶快完成。这占用了他在夏季里两个月的时光，使他对于《命运交响曲》没有更多的时间进行思索了。

因为贝多芬不断地接受别人的委托作曲，以致影响他自己的创作。以《命运交响曲》而言，它很可能在1805—1807年就可以完成。但是有《菲岱里奥》、雷苏莫斯基的四重奏和《C大调弥撒曲》的阻挡，无法完成。《命运交响曲》第一次在他的草稿中出现的开首主题是平淡而无刺激的。直到第一乐章主题力量集中时，才呈现出直接而清晰的风格。

贝多芬在创作时机成熟的时候，他的力量会强大起来，他的想象也逐渐丰富，从而形成了《命运交响曲》的轮廓。这首乐曲突然占据了他的头脑，在他的心灵中自由地发展着，变成无数不同的形体，最后形成一个壮阔的乐章。

当贝多芬的想象力还没有发展到一个辉煌的程度时，那种力量的选择和方向仍然是模糊不清的。他的草稿簿上经常是一团胡乱而没有规则的符号，许多计划消失掉了。在这种情形下，也产生了《第九交响曲》（作品第125号，又称《合唱交响曲》）的一部分雏形。他的头脑中储存着大量音乐的想法，等到需要的时候，他才会搬出一些。在19世纪的最初八年中，贝多芬先后完成了六首交响曲，这些乐曲在创作时间上都相差不多。

贝多芬所作的交响曲曲目中有一个颇为奇特的现象：当曲目号码为奇数时是比较庄严的，甚至是极

乐圣——贝多芬

具创新的,为偶数时则比较温顺、让人愉快。休蒙说《第四交响曲》犹如"一个温柔的希腊少女,处于两个罗萨巨人之间"。《命运交响曲》之后就是富有田园风味的《F大调第六交响曲》(作品第68号,即《田园交响曲》)。四年以后,第七交响曲、第八交响曲,都是在1812年完成的。此间相隔了十年之久才出现了伟大的《第九交响曲》。

贝多芬除了创作了大量的管弦作品外,一些人还盼望着贝多芬可以给他们带去伟大的歌剧。但是贝多芬不愿意徒劳地耗费他宝贵的时间,去试验无法预测的工作。他要获得更多的财产,他要让自己的名声显赫于世,超过韦勃和恰罗比尼的成就。这才是他的目标。

1808年末,贝多芬开始在维也纳歌剧院安排一场演奏。他收集了四年的作品,完全是外界没有听到过的。节目的开始是《田园交响曲》,接着是一个独唱和《C大调弥撒曲》中所摘出的三段:第一节以第四钢琴协奏曲作结,钢琴由他自己独奏;第二节开始是《第五交响曲》(即《命运交响曲》),同时包括了《弥撒祭曲》中《神圣》一段和一曲钢琴独奏,最后以钢琴所奏的《幻想曲》作终结。

这次音乐会带给了众人以新

※画家在贝多芬广场为之画像

※贝多芬为自己的歌剧设计的场景

的音乐观念,作品积聚得颇多,从最大型的到最小型的;几首交响曲集中了贝多芬几乎所有的力量,但这项伟大的计划在最开始时就遭遇到了困难,那就是准备的节目太多,这对于演奏者当然不合适。而贝多芬看到这种情况就很烦乱,他认为音乐一定要演奏下去,除非不在这里。

交响曲演奏后,利哈特与劳勃高维兹坐在包厢内。利哈特说:"演出是如此的失败,使我们的忍耐到了最高的限度,乐队和歌唱者形成了一个极不调和的局面,看起来要完成这一次的演奏简直有些不可能,因为他们遇到了重大的困难。"音乐厅内十分地寒冷,听众忍受着寒冷整整坐了四个小时。王子仍旧保持着他们的平静态度,因为他们的地位不允许他们在演奏完毕以前就离开。最不幸的是《幻想曲》的演奏完全走入了错误的道路,贝多芬停止了他的演奏,要求从某处重新奏起,演奏者却不再继续他们的演奏了。这个音乐会若按照原稿演奏,恐怕是音乐中最美妙的声音,但现在变得十分难听。

令人恼怒的事件总是发生,这让贝多芬越来越不满。他继续对维

乐圣——贝多芬

也纳发怒,尤其是在法国军队占领下的舞厅里。歌剧院里演出的都是一些卖弄风情的戏。在这里,交响音乐和贝多芬华丽的音乐是没有地位的。但从别的城市来的消息说,贝多芬的交响曲已在各地奠定了基础,并且已趋于大众化了。莱比锡的琪凡特霍斯渴望着从贝多芬手上接到新乐谱,因为在那里,他的音乐已经赢得了大众的普遍喝彩。好多地方都发生了类似的事。他在音乐界的地位仅次于海顿和莫扎特了。从出版商的态度就可以看出来。

如此多的好消息传来,让贝多芬不愿意再继续留在维也纳。此时,他的《皇帝钢琴协奏曲》也刚刚成形。他没有忘记当年在宫廷中请求谋取一个固定职位而遭到拒绝的事情。他的朋友还时常听到他唠叨着他在维也纳毫无意义的生活。显然,他想要离开维也纳,而且宣布在1808年秋就动身。他立刻就接到威司特凡里亚皇帝奇罗米·波拿巴的召见。奇罗米只有二十六岁,依仗其兄拿破仑的权势作了此地的皇帝。但他却是没有用的皇帝,也没有多少音乐知识。他只是想将贝多芬召来之后以炫耀他的宫廷。

贝多芬每天只做很有限的工

※乐师们在金色大厅演奏贝多芬名曲

※指挥家把指挥《欢乐颂》当成一件幸福的事情

作,因此有时间用来作曲,同时还有一个可靠的生活来源。

贝多芬安定的生活又因为自己的第五交响曲、第六交响曲而蒙上了一层阴影。在1809年1月7日,他写信给白莱特托夫和哈代尔说:"奇罗米强迫我离开了这最后一块德国属地,是使用了各种最卑劣手段的结果。"

当贝多芬不得不离开维也纳,一个非官方的建议要他留在维也纳。他非常小心地回答着每一个问题。他说,希望能每年得到奇罗米所付给那样多的薪金——4000弗洛林,而赠予者的名字将被题写在作品上;他可以在任何时期担任宫廷中的乐队指挥,每年他可以要求在维也纳剧院举行一次音乐会,同意由他指挥一个出色的乐队。如果答应以上的条件,他就不再离开维也纳。

而各项要求在1809年3月1日得到完全的同意,并由下列三人共同出资:鲁道夫出资1500弗洛林;劳勃高维兹出资700弗洛林;费迪南·金斯基出资1800弗洛林,总计4000弗洛林。

值得注意的是,这些金钱并不是公开给他的,也不是州法律所规定的,而是三个仰慕他的人掏出来的。这笔钱满足了贝多芬的一切需要,另外,他还从出版商那里取得了收益。

烦闷中找寻出路——奏鸣曲

创作新高峰

贝多芬在他的弟弟卡尔去世后决定要照顾自己的侄子小卡尔。在领养小卡尔时，贝多芬就想让他从小受到良好的教育、悉心的指导。但是贝多芬与朋友的信件却真实地反映了他在这方面的失败。在将小卡尔从琪阿拿达西奥的学校接回后的几个小时，他就写信给琪阿拿达西奥说："这个孩子表现出来的学习态度是虚假的，他欺骗了别人，现在，我发觉他在你那里缺少学习。当我们在一起散步时，他的表现令人吃惊，他紧紧地捏住我的手，似乎有许多问题要问，但我没有回答他。在餐桌上，他吃的东西很少，他说觉得不快乐。而我，却已经尽了一切力量来使他感到舒适。同时，我还与他讲着温柔的话。此刻，他变得温柔了，他这种性格使我对他的未来增加了许多希望。"

一个孩子的心灵本是善良正直的，但是他的母亲和伯伯却都在说着对方的坏话，这对于一个小孩子来说多么的矛盾啊。同时，贝多芬的性格并不适于管教小卡尔，他经常用一些错误的方法，让这孩子逐渐难于管教起来。

但是贝多芬对小卡尔的爱是真挚和深厚的。如果小卡尔离开片刻或者看到他和一些可疑的人在一起，贝多芬就会十分害怕。贝多芬很希望任性的小卡尔在自己的照管下可以有所转变。他对小卡尔的母亲常常是责备和斥骂，他愿为小卡尔牺牲一切。

◇ 图 说 名 人 ◇

名人名言

我的箴言始终是：无日不动笔；如果我有时让艺术之神瞌睡，也只为要使它醒后更兴奋。

——贝多芬

贝多芬记得，自己像小卡尔一样大时，受到了母亲多少的宠爱。但是，小卡尔为什么不能对母亲的爱充满期望呢？其实，贝多芬承认是嫉妒在作怪。把一个孩子从母亲身边"夺"过来，而让自己这个关系略远的人来代替，并不合适。贝多芬害怕小卡尔会反抗抵触自己，同时他还想证明他保护小卡尔是完全没有错误的。但是，他没有为卡尔提供他想要的一切。贝多芬曾请过许多佣人，最后才找到富有耐性的琪阿拿达西奥。他在日记中写下这样的话："为了我的卡尔，我已作了巨大的牺牲……他为什么不能跟着我心中的意愿走呢？"为了卡尔，贝多芬只好将暂时制订的音乐计划搁置，想尽办法挣钱。

这时的贝多芬开始寻求其他的发展，歌剧创作自然是他的第一个念头。但是他又找不到适合的剧本。1816年，贝多芬为密西特女士写了一部作品。她要求贝多芬特地为她写一个新歌剧，而且要适宜在柏林的舞台上演出。他作了一首名为《英雄》的短歌剧，但赚的钱并不多。

同时，贝多芬怀揣希望去英伦三岛。这个国家曾让海顿在很短的时间内赚了一大笔钱。贝多芬也希望如此，他同伦敦的关系很密切，只要一直待下去就可以了。但从最开始来看，贝多芬离他的目标还很遥远。

那一年，贝多芬听到在某一个剧院上演《维多利亚战役》获得巨大成功之后，他就写信给此事的主持人佐治·司麦脱爵士，给予对方在伦敦演出的权利。佐治爵士就通知伦敦交响音乐会主席沙罗门先生，请将贝多芬的作品放入他们所表演的节目之中。通过兰兹的努力，贝多芬的音乐作品在伦敦迅速传播开来，出版商贝却尔也很愿意出版贝多芬这些音乐作品。

1815年11月22日，贝多芬写信给兰兹和贝却尔，与他们协商手中所有音乐作品的出版事宜。奈特也从伦敦来到了维也纳，并带来一个好消息，说他已经成为伦敦交响音乐会会员之一了。贝多芬在音乐会上结交了许多朋友，如沙罗门，他们是在波恩时遇见的。当伦敦交响音乐会试奏贝多芬的《命运交响曲》时，沙罗门曾嘲笑过它。后来，他当众承认了自己的错误，并改正了以前错误的观点。佐治·司麦脱爵士演出了《橄榄山上的基督》以后，获利颇丰。又如克莱蒙，一个与贝多芬不分伯仲的钢琴家；还有克莱蒙地，每次到达维也纳，贝多芬都热诚地招待他。在

二十四次音乐会中,贝多芬的作品被演奏就有二十次之多,交响曲也演奏过了七次,最初的六首交响曲也都可能曾被演奏过。这个音乐团体希望贝多芬为他们作三首序曲,而且愿意付200英镑作为回报。

1816年1月里,奈特回到了英国,带了贝多芬的乐谱去推销和出售,《第七交响曲》也在其中。同时,也附带了贝多芬为这个交响乐团所作的三首序曲。其中,《雅典的废墟》序曲很合乎他们的愿望,经过试奏后而出售了。优秀的序曲如《普罗米修斯》(作品第43号)和《爱格蒙特》(作品第84号)在他们的音乐会中也引起了极大的反响。

1817年,兰兹曾写信给贝多芬,提到了英国伦敦交响音乐会的事情。他请贝多芬"至迟在明年1月8日以前抵达英国,并且带去两首伟大的交响音乐作品",以备音乐会中的特殊用途。同时,他还答应付给贝多芬300或400英国金币。贝多芬十分愉悦地接受了这个邀请。他被公众称为"钢琴家"的时代已经过去,不过他还可以参加一些音乐会,为自己赚取一些收益。这次旅行中,琪阿拿达西奥答应了对小卡尔的教育和照料,贝多芬就拟定了出行的计划。这趟旅行结束时,他可能带回一笔数目不小的金钱,来满足他照顾侄子和安享晚年的愿望。

不过,与其说贝多芬是为音乐,不如说是为了赚取金钱。到了9月,离贝多芬答应去伦敦的时间只有四个月了。对那两首已答应的交响曲新作,贝多芬还没有开始写。兰兹和伦敦的一帮音乐人士发现,从海顿那儿要求十二首交响曲十分容易,而向贝多芬要两首交响曲却是困难重重。

有人担心贝多芬的能力,他能否在四个月中按照约定完成第九交响曲、第十交响曲、第十二交响曲呢?

困难总是不时地出现,但这并不能让贝多芬停止音乐创作!只有一个因素可能使贝多芬感到失望,那就是别人不理解他的音乐。1812年以前,贝多芬的音乐从来没有被人真正地理解欣赏过,从第七交响曲、第八交响曲以后才渐渐地为世人所了解。1810年秋季所作的《F小调四重奏》(作品第95号),那种悲伤、忧郁和恐怖的色彩似乎是他以前所作同类作品风格的四首四重奏的结束。自此,贝多芬走上了一条新的道路。他不像别的作曲家一样总保持一种风格,他需要创新,他需要创作出自己最满意的作品。

贝多芬这永不枯竭的活力促使他的音乐汇成一片宽广的海洋,谁也无法遏制他的发展。1813年、

1816年是他音乐创作的"休眠时期"。而1817年春天是他人生的"悲剧时期",诉讼案、孩子的困扰,迫使他将不良的情绪倾注入音乐中,音乐成了唯一陪伴他的朋友。现在,贝多芬又迷惑了,不断增加的忧愁使他缺乏音乐创造力,尽管他已经草拟了《第九交响曲》的轮廓。他也有许多的理由完成这首交响曲,因为他走向伦敦的路是非常清楚的,但他没有继续下去。很显然,他还没有准备作一首交响曲,他仍旧走着一个歌剧作曲的路线。同时,他想赢得小卡尔对他的爱。在日记中,他写出了自己的困惑:"啊,神请帮助我,你看到世上的一切人都对我表示冷淡,我不希望做错任何一件事情。请听到我的祈祷!只有同卡尔在一起才是我的将来,再也没有任何的路可让我走了。呵,乖张的命运!不,不,我不幸的生命永不会终止的,我在夏季中工作也是为了我爱的卡尔!"但很快,贝多芬对自己写道:"除非你回过头来,否则,你是不会得救的。你只有重新回到自己的岗位上去,而你现在却生活在消极中,一首交响曲也跟着消逝了。"

贝多芬拥有超强的振作能力,仅有的解释是他还没有准备好。在他与世界的沟通越来越少的时候,他的思想和观念慢慢有了一个转变,他需要一个完全重新的自我鉴定。不过,不久后,这种痛苦消失了。他的重新振作最终使他面目一新。他又产生了一股新的力量,这股力量是经过了灵魂的再造以后才产生的。贝多芬努力地使他的音

乐圣——贝多芬

乐主题趋向于未曾有过的简洁、纯朴。这样，他的音乐也就能流芳百世了。

贝多芬已经找到了新的道路；但他并不承认，这种改变在一年前的一首钢琴奏鸣曲中就已经展现了，那就是1816年所作的《A大调钢琴奏鸣曲》（作品第101号）。

其他的作品像灵光一样出现在贝多芬的脑海中，无论是在纽斯道夫或在海林根城的四周，贝多芬在他的草稿簿上不断地写着，许多新的音乐灵感产生了，甚至交响曲的

※贝多芬的音乐会曾经在伦敦上演过

※德国国家剧院前的贝多芬雕像

山来：第一乐章富有交响曲的风格和样式，慢板部分似乎在诉说一个男人的哀愁，他的心已经完全奉献给了一个小孩，但得到的只有痛苦，并且刺伤了他的心。在慢板中，虽然恐惧变淡，呈现出静默而略微得到些安慰，但只是一时的。最后的追逸曲是一种强有力的表示，他的这种追逸曲方式是从巴哈那里学来的，但是经过他的处理却显得很雄伟壮丽。

关于创作"追逸曲"，贝多芬曾对霍尔兹说："并不需要什么技巧，当我还在学习的时期，我就创作出了大量这样的作品，今天，一种新颖的、含有诗意的东西必须渗透到古老的东西中去。"他这种新形式的作品如《降B大调变奏曲》和1815年《两首大提琴奏鸣曲》（作品第105号）等都是。但现在，他需要更大的柔和性和更集中的力量感。

这是新奇的，贝多芬不再为卡尔而牺牲艺术，对于金钱的需要，他也快要忘记了。一种更加强大的前所未有的力量推动着他进入奏鸣曲的神圣境地，促使他更加勤奋地工作。

在这一时期，贝多芬的创作进入最成熟的时刻，所有的作品都彰显出震撼人心的力量。

乐号也显示出来了。在灰暗的环境中，他找到了新的出路，这种工作一直持续到次年的春天，他到夏天的时候完全进入了状态。

到1818年秋，贝多芬用两年时间完成了这首钢琴奏鸣曲。此曲有着惊人的长度，是以前任何的奏鸣曲所不及的。贝多芬题其名为《槌子键琴奏鸣曲》。新式钢琴所发出来的响亮音调比其他乐器要高很多，人们很难用语言将其内涵表达

乐圣——贝多芬

《弥撒祭曲》之轶事

贝多芬对于卡尔的顾虑可以暂时放到一边去了,他此刻正在创作《弥撒祭曲》。卡尔的官司使他忘记了音乐,但现在音乐又重新占据了他的思想。

1819年的夏季,凡是去谬特林拜访贝多芬的朋友都会发现,贝多芬的举止非常狂野,他经常吼叫,他正在创作《弥撒祭曲》。他从来没有像这回一样,如此集中精力和如此长时间地维持着一种近似疯狂的状态。

这首曲子的题目可以任意畅想,其过程让贝多芬如此地痛苦和困难。辛德勒说:"在那秋季,贝多芬就像在暴雨中翻滚的雷。"

辛德勒还描写了8月间他与维也纳音乐家约

※《第九交响曲》演奏现场

翰·霍萨尔加同去拜访贝多芬时的情形："那是下午4点钟的时候，当我们进入屋内以后，我们就知道了，在那天的早晨，所有的佣人都被辞退了。因为在前天晚上，他们之间有过一次争执。我们只得自己准备床铺和食物。当然，这一顿饭菜十分难吃。在起居室里，我们听到贝多芬正在唱着、吼着……当我们听了许久想离开的时候，门开了，站在我们面前的是衣衫不整的贝多芬，看上去，他在精神上是永无休止地在和他的敌人斗争着。"经过交谈，他的两位友人才知道，贝多芬已经一天都没有吃东西了。

还有一件关于贝多芬有趣的事情，是由霍凡尔教授记录下来的。他记得此事发生在离维也纳不远的一家酒店里。一个警官向正在吃饭的警察局局长报告说："局长，我们抓到了一个人，他非常地吵闹，他不断地说自己是贝多芬，但是，他却是一个流浪者，穿了一件旧外衣，没有戴帽子，没有一点像贝多芬的地方，他无法证明他就是贝多芬。"

局长命令将这个"流浪者"关到明天再说。他们想看看这个流浪者是谁，但是没有被允许。第二天早晨，他们便去问事情的细节。据说局长在晚上11点钟时被一个警察推醒，他说这个犯人一点也不安静，并且要音乐会的指导韩曹格来证明他的身份。所以局长起了身，穿了衣服去叫韩曹格，并在半夜时赶到了监牢。韩曹格只看了一眼就说："他就是贝多芬。"并将他带回了家，让他睡最好的房间。

次日，刑事官亲自登门作了真诚的道歉。事实明了了：那天贝多芬起得很早，穿了件十分不雅的外衣，没有戴帽子，外出散步。他沿着运河一直走着，一直走到了运河的尽头才止步。他不知道自己在什么地方，却靠在墙边从窗户看室内

知识链接

弥撒曲

弥撒曲是天主教弥撒祭曲活动演唱的歌曲，是宗教音乐中一种重要的体裁。弥撒祭曲活动分为"普通弥撒"和"特别弥撒"两部分。普通弥撒所演唱的词与曲均固定不变，特别弥撒则根据教会所日历或婚丧等仪式而有不同。

的情形，就像一个乞丐。众人就叫来了警察抓他。他却说："我是贝多芬。"而警察说："你是一个乞丐，贝多芬不会是你这个样子。"

韩曹格给了他一些衣服，而刑事官也将他送回到巴登去，让他住在客厅里。

《弥撒祭曲》在贝多芬的心中一直盘桓了五年。在作曲的时候，他忘记了鲁道夫大主教的就职日是在1820年3月20日。它并不是为任何宗教而写的，从响亮的全体合唱开始，结束在悠扬的独唱声中。还从没有人尝试过这种音乐的创作。

在草稿上，我们看到贝多芬对上帝的认识随着时间而改变。他的信条和神学观念可能是从他自己以前所读的书籍中领悟出来的，诸如他所引用的康德的诗句："人的心中有道德的法律，头顶之上有灿烂的天空。"还有从歌德的诗文中所摘的一段，颇费了一番心思，开头是："上帝是无形的，因为他不能被我所看见，他没有任何形状，但是从他所做的工作来看，我们可以说他是永生的、万能的、全知的和无所不在的。他是多么伟大，没有任何欲望，他是崇高的。没有人比他更伟大了。"贝多芬也在日记中写道："为了要写真正的宗教音乐，我看了大部分的教堂歌唱音乐和现

※1820年由约瑟夫·卡尔所做的贝多芬画像

代翻译的诗歌，同时也研究了诗篇和赞美诗中的诗韵。为了艺术，牺牲一切不重要的社交活动，上帝在所有的事物之上！

因为他是神，指示出人类所做的善事和恶事……我将永远地信任他。啊，上帝！请你为我指路，我的幸福，上帝，永远是我信念所寄托的地方！"

贝多芬想对音律进行更进一步地研究，巴哈给他的印象很深刻。这从他向出版商要巴哈的《B小调弥撒曲》中可以看出来。贝多芬的作品始终带有一些交响乐色彩，情感集中，并富于力量。贝多芬对于每

一个音符都充分地运用。

贝多芬看到合适的素材就会加以利用，从不同的弥撒曲、追逸曲和四重奏中采摘下来，根据自己的手法和目的加以运用，最后达到一种新的境界。

贝多芬与出版商"双重接洽出版"的所有作品，其中以《弥撒祭曲》的磋商出版的次数最多，尚耶说这种接触，"像见了鬼一般的多"。从来没有一个作曲家对自己最满意的作品有过如此之多的允诺。到1820年3月18日，正是鲁道夫就任奥尔姆兹大主教一职之前两天，贝多芬写信给出版商辛姆洛克，要求为了这首未完成的乐谱而寄给自己100弗洛林，同时也答应早日完成作品。但一年的时间，辛姆洛克都没有收到乐谱。

1821年11月12日，贝多芬写道："这首《弥撒祭曲》可能即将送出，但它必须要由我再仔细地看过。"贝多芬的意思是想把《弥撒祭曲》的价格抬高一些，他便不再顾忌他已答应过辛姆洛克的诺言。同时，他又写信给柏林的出版商舒里辛格，要其出版这首《弥撒祭曲》，并且希望能够早日得到回复，舒里辛格也答应了。

1822年7月26日，贝多芬又写信给莱比锡的彼得，提起这首《弥撒祭曲》的事，并且说："舒里辛格以后不再从我这儿得到乐谱了，他要了我，从这一点来说，他根本不是接受这首《弥撒祭曲》的人。"但是，后来贝多芬又与舒里辛格磋商出版的问题。到8月23日，出版商阿尔泰利也接到了同样的提议："我所能做到的就是选择了你，我不能信任其余的人。"辛姆洛克仍旧在催促贝多芬。但他在1822年9月13日接到了贝多芬的一封惊人的信："我有了四个出版商，其中最低的愿出1000弗洛林。"

辛姆洛克当然不能使他的利益受损。虽然贝多芬和辛姆洛克之前商定的钱数要小得多，但是辛姆洛克还是接受了。贝多芬打算将《弥撒祭曲》交给他，并说："我将立刻把原稿送到你那儿去，一个经过修改完善的乐谱或许会使你的出版事宜更方便些。"结果呢，乐谱当然没有送出去。有两个出版商都表示愿意出1000弗洛林的价钱。贝多芬希望从辛姆洛克那儿得到1000弗洛林，因为他还是珍视和辛姆洛克的友谊。

但是贝多芬仍然说着不负责任的话。11月，他再次写信给彼得说："这一次，你一定能收到曲子。"此时的贝多芬已写了两首弥撒曲，他需要决定送哪一首去好。

辛姆洛克也表示希望能够得到其中的一首。贝多芬如此答复他："你当然将接到即将完成的两首伟大弥撒曲中的一首,其中之一是《升C小调弥撒曲》,另一首是D大调的。"接着贝多芬又有了新的弥撒曲的创作计划。在1823年1月或2月间,贝多芬写信给每一个欧洲的君王,答应送给他们各人一份"伟大《弥撒祭曲》的原稿",但需付他50个金币,以补偿昂贵的印刷费用。但是,它却一直未能出版。有十个国家君主或团体接受了这个提议(俄国、丹麦、普鲁士、萨克松尼、托斯克尼、海萨、顿姆城的公爵夫人、俄国加力金和拉雪维尔王子、法兰克弗的格雪立阿社团)。

《弥撒祭曲》第一次安排在俄国加力金王子那里进行演出,贝多芬十分满意。但是却招致其他等待乐谱的国家、团体的抗议。

尽管贝多芬想出一个新理由来说明出版延误的事情,但是任何一个皇帝、王公贵族付了50个金币而仍得等待着一首未听过的弥撒曲,他们自然不会十分高兴。

出版商对贝多芬仍充满希望,直到1823年3月,他才交给辛姆洛克出版。贝多芬写道:"除了你,另外有两个人都希望有一首弥撒曲,我至少要写三首:第一首已完成了,第二首还没有,第三首还没有动手。你若付给我1000金币,你将得到这首弥撒曲。"贝多芬仍要增加出版商的名字,他写信给兰兹请他在英国代找一个经纪人。在维也纳的大彼里立刻同他接洽,同意支付贝多芬所提出的费用并接受了乐谱。当大彼里坚持要立刻出版的时候,贝多芬想起了他的"皇家定户"。他说曲谱原作一定要立即退回。大彼

※贝多芬石刻像

里威胁说要控诉他，但是却没有这么做。

到1824年3月10日，贝多芬写了两封信给出版商，每一首弥撒曲要1000弗洛林，而另一首交响曲则为600弗洛林。这两个出版商，是梅耶尼斯的儿子司各特和莱比锡的柏洛布斯特。他们立刻接受了贝多芬提出的条件，并且收到了《弥撒祭曲》《第九交响曲》《降E大调五重奏》（作品第4号）和另一些小作品。但是，他在1825年才出版了《弥撒祭曲》。

就实际来说，贝多芬从来不知道交易原则，但他在这方面又很任性，因此，他也绝不是一个可以聚财的人。人们也就可以理解，辛姆洛克为什么愿意支付贝多芬所提出的高稿酬，而贝多芬又总是食言。也有人说，贝多芬为了名气，故意让一个个出版商跟在自己后面，想从他那里得到《弥撒祭曲》。

贝多芬在1822年夏季写信给弟弟时说："他们为了能出我的乐谱而争夺着。"拖延时间成了贝多芬的惯用伎俩，无论是对哪个出版商来说。他对出版商们的要求都表示允诺，从来不说"不行"或者"不大可能"。

如果出版商集中起来，将贝多芬这种不合时宜的事情去诉讼，他一定会大声叫喊的。

如果仔细观察贝多芬的行为，我们对他的个性也就多了几分了解。贝多芬有着奇怪的理解力和特殊生活道路，他的性格在小时候就已经养成。幼年的贝多芬十分的敏感而叛逆，他有时会很傲慢，有时会勃然发怒，却无法辨清是敌人还是朋友。现在，他变成了聋子，"孤独"让他在幻想中生活，而幻觉就成为现实和猜疑，于是他就不断地嘲弄别人。即使是朋友，他也不时地轻视他们，对他们不信任，很少有例外。如果有谁想要和他商量《弥撒祭曲》的事，那比登天还要难。

贝多芬对很多的事似乎都陷入了绝望中，唯独对音乐的信心和狂热除外。他在1822年告诉兰兹说："只要我在伦敦，我就可以为交响音乐会作曲！"而在我们的作曲家心中，"弥撒曲"是为上帝创作的歌曲，也是为世界创造乐曲。让有钱人来保证他的生活，他则可以自由作曲，但这样一个理想化的生活是不会出现的，虽然他的朋友曾经努力为他实现这种理想。给他帮助的人也不见得会生活得很好。有时，就连贝多芬所信任的人，甚至是爱慕的人都用困惑的目光审视着他，所以他在信中常说他们不正直。

乐圣——贝多芬

《第九交响曲》的辉煌

贝多芬在失聪后一直隐居在房子中，变得更加孤僻了。他的大部分时间都待在住所里，沉浸在思索中，不愿意接见任何人。在天气很好的日子里，他会出去散步。

1823年秋，英国人邱理阿斯·贝奈蒂克特来到维也纳会见贝多芬。他们在海斯林加音乐店会晤了，他完全被贝多芬的外貌所吸引住了。随后，他作了十分真实的描述：贝多芬是"一个矮小而强壮的人，红色的脸，小而深陷的眼睛，浓厚的眉毛，穿了一件极长的外衣，几乎到了他的脚踝……虽然他极健康的气色和所穿的衣服很不协调，但那对细小而深陷的双眼及丰富的表情却不是画家所能画出来的"。

邱理阿斯后来在巴登又遇见了贝多芬，又记下了他外貌的变化："他的白发已经长到了他宽大的肩膀上，有什么事让他这样忧愁？他的双眉皱在了一起，有时则突然狂笑起来，这对于在他旁边的人有一种难以描述的痛苦。"

※ 贝多芬蜡像

1822年10月3日，在演出《圣屋》序曲时，由贝多芬弹钢琴，他却将这次演出搞砸了，因为他听不到乐队指挥的指示。一个月后，《菲岱里奥》又在卡斯莱萨剧院演出。贝多芬决定指挥这次演出。朋友们劝他不要去指挥，但是他没有听从，当幕启时台上就陷入一片混乱之中。贝多芬急于改变这种混乱，但是乐队与歌声已不能互相配合了。他听不到任何的声音，对自己所犯的错误也全然不知。乌姆劳夫几次阻止他，但他只是用惊诧的目光看着他。

　　辛德勒记述了事情的经过："这出歌剧很显然是不能再演下去了。但是该怎样对他说呢？主管杜勃特，或乌姆劳夫都不愿意这样对他说：'你回家去吧，这戏的演出已经演砸了。你这可怜的人！'贝多芬也觉得非常地不安，不停地向左右看着，并从别人的面部表情上看出了应当停演的原因。剧场里四处一片寂静。我跑到他身边，他立刻掏记事册要我写下有什么困难没有？我赶快写了几个字：'请不要再继续下去了，一切回家后再说。'他看了之后仅说了一句：'快跟我回去！'便跑回到寓所，扑在沙发上，用双手掩住了面部，直到我们进餐时，他还是一句话也不说。他受到了严重的刺激，感到无比沮丧。饭后，当我想出去时，他请我不要离开，同时，他恳求我次日与他同去他的顾问医生史美泰纳那里，史美泰纳是一位有名的耳科医生。"但是史美泰纳对贝多芬的耳疾也毫无办法。医生认为他的耳疾永远也无法治愈了。

　　到1823年春天，贝多芬又搬家了，因为他和房东的意见不合。贝多芬一直都在和房东闹矛盾。1820年，他被迫从谬特林的哈夫纳迁了出来，因为他在夏季中与佣人的争执引起邻居的抗议，辛德勒请求派一个警察跟在贝多芬后面以作保镖。贝多芬到海真道夫租到了一所豪华的别墅，但是这个房东的礼貌却让贝多芬忍受不了。因为这个房东每次遇到他总是鞠一个躬。于是贝多芬又迁居了。

　　但是，贝多芬仍然没有放弃他创作歌剧的想法。在维也纳，歌剧已成为音乐的主流，他在1823年整整一年中探索着一个歌剧的选题。但是没有一个剧目让他觉得满意，直到格立尔柏萨提议用米留西那的神话之后，才引起他的注意。但是，当格立尔柏萨去拜访他，讨论实施计划时，贝多芬却摇起头来。

　　1823年，韦伯到维也纳指挥他的新作歌剧《优耶萨》，贝多芬以

拥抱礼来热情地迎接他。幕启的时候，贝多芬鼓掌说："我从来没有想到这忠实的人！现在我一定要写歌剧，一个接一个地写。"

但是贝多芬对于二十一岁的意大利作曲家罗西尼却不曾这样赞美过。在谈到罗西尼时，他对西弗拉特说道："罗西尼给我的印象是一个'舞台的画家'，若命运没给他创作的天资，则他从学校中学到的东西将什么都不是！"1824年，贝多芬又写信给弗劳登堡说："罗西尼是一个有天才而富于旋律感的作曲家，他的音乐是迎合时代的，作品产量也是如此的多。"

罗西尼在1822年春天到了维也纳。他的《才尔密拉》也在此时完成，这让贝多芬十分注意。贝多芬很是称赞他的《塞尔维亚的理发师》，同时建议他保持喜剧风格。4月间，又发生了一件有意思的事情。采莱带了他的得意门生——十一岁的匈牙利琴师弗朗兹·李斯特到维也纳作了一次公开演奏，并由辛德勒带着李斯特去拜见了贝多芬。贝多芬听了李斯特的演奏之后，高兴得将他抱了起来，并亲吻了他。后来，李斯特成了驰名世界乐坛的钢琴家，但贝多芬却没有被人记起他也是发现李斯特天才的人之一，就如莫扎特发现他一般。

贝多芬经常进出维也纳。1822年夏天，他去了巴登和奥白杜勃林，后来，又去了海真道夫。但是烦恼也跟着他，他的视力开始下降，胃病也时常发作，使他不能安心地工作。尽管卡尔在他的监护之下，也没有闯祸，但在假期中，他就得陪伴着卡尔，并为他筹措学费和一些开支。这样，贝多芬不得不订出更多的计划，以赚取一些金钱。

他写信给朗堡说："最近几年中，我很少有崇高的艺术作品问世。"在写给约翰的信中，他又说："假若我的健康能够恢复那就好了。如果我的收入不能增加的话，我就要去创作伟大的交响曲、宗教音乐或四重奏。"

大彼里提议他创作一些华尔兹的变奏曲。但是贝多芬却不喜欢他的提议。为了戏弄他，贝多芬不停笔地写出许多变奏曲，直到大彼里感到吃不消了，贝多芬才停止了恶作剧。但这些曲子的确让大彼里发了一笔小财。让人意外的是，当这些变奏曲和苏格兰歌曲传到爱丁堡后，一些负面的、消极的评价就产生了。辛德勒向贝多芬述说了一个当地流行的传言："贝多芬现在除了写这类歌曲之外，是不能再写别的曲子了，就如同老年的海顿一样。"贝多芬听了之后一笑置之，平静地说："再过一段时间，他们就会明白自己错了。"

在贝多芬生命的最后十年（1818—1827）中，他的耳朵完全聋了，健康状况也更加恶化，生活十分困窘，精神上饱受痛苦折磨。但他仍旧用了六年（1819—1824）时间创作了闻名于世的《第九交响曲》（作品第125号，别名为《合唱交响曲》），此曲在其全部交响乐作品中占有突出的地位。

这首曲子是贝多芬在交响领域的总结。《第九交响曲》以德国伟大诗人席勒的《欢乐颂》作为作品的核心，进一步深化了贝多芬的"从痛苦到成功"的英雄思想。

1824年5月7日，贝多芬到卡斯莱萨剧院亲自指挥，首次演奏了《第九交响曲》和《D大调弥撒祭曲》（在节目单上特别加印了如下字样：贝多芬亲自指挥），获得了巨大的成功。这正如罗曼·罗兰所说的：贝多芬自己并没有享受过欢乐，但是他把伟大的欢乐奉献给所有的人！

《第九交响曲》一共四个乐章。

第一乐章主题严峻有力，表现了艰苦斗争的形象，充满了巨大的震撼力和悲壮的色彩，这一主题最开始在低沉压抑的气氛下由弦乐部分奏出，而后逐渐加强，直至整个乐队奏出威严有力、排山倒海式的全部主题。在一开头，贝多芬就将严肃和宏大的气势贯穿于整部作品中，其实这也是贝多芬在很多的作品中所表现出来的主题——斗争。

第二乐章用了极活泼的快板，而且是庞大的诙谐曲式。整个第二乐章主题明朗振奋，充满了前进的动力，似乎给正在战斗的勇士们以积极的鼓励，光明就在脚下。

第三乐章则是用了慢板乐章。这个乐章相对前面两个乐章显得宁静、安详了许多，旋律虽然平缓，但是不失柔美。第三乐章共两个主题，其中第一主题充满了静观的沉思，具有强烈的抒情性和哲理性。在前两个乐章表现出激烈的战斗场面之后，第三乐章似乎是大战中短暂的平息。

第四乐章是整部作品的精髓，尤其是人声部分所演唱的德国诗人席勒的诗作《欢乐颂》。但在人声部分上台之前，音乐经历了长时间的器乐演奏的痛苦经历，含有对前三个乐章的回忆。这个序奏部分是坚强刚毅、惊心动魄的。《欢乐颂》唱出了人们对自由、平等、博爱精神的热望。乐章的最后，这种气氛被表现到了极致，整部作品在无比光明、无比辉煌的情景下结束。现在《第九交响曲》已经被公认为是贝多芬在交响乐领域的最高成就。

卡尔自杀的打击

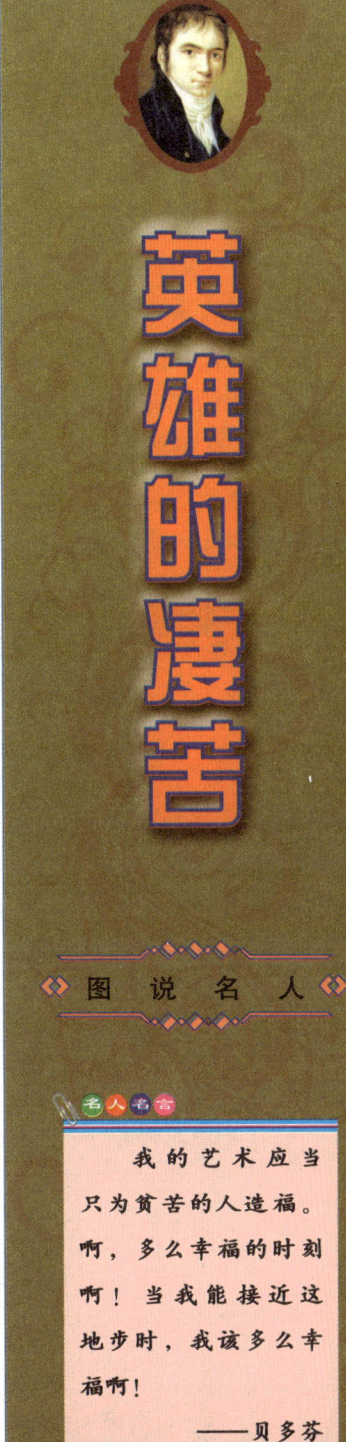

英雄的凄苦

图说名人

名人名言

我的艺术应当只为贫苦的人造福。啊,多么幸福的时刻啊!当我能接近这地步时,我该多么幸福啊!

——贝多芬

1825年初,贝多芬收到了奈特的信件,告诉他《第九交响曲》已经开始准备演奏。虽然他们在接到抄本之前,此曲已经在维也纳演奏过了,但英国人还是表示了热烈欢迎。

贝多芬也再次提出去英伦三岛度过晚年的想法。他高度地赞赏英国,说他们的政府才是模范政府,他们的音乐欣赏水平要比维也纳人高。他还说要为伦敦写《第十交响曲》。辛德勒和霍尔兹对此也不怀疑,他们相信贝多芬在头脑中早已有了《第十交响曲》的想法,只需在下半年的某个时间用笔把它写下来就行了。

但是在贝多芬的草稿中却没有《第十交响曲》的创作迹象。拟议中的《第十交响曲》一定是一种歌剧的形式,贝多芬总是在不停地思考着这个计划。贝多芬再没有其他的计划。倘若他还能活上五至十年的话,或许他还可以完成一个或者多个计划:不只一曲歌曲,也许还会有一些短歌剧。

1826年,贝多芬十分喜爱四重奏,他喜欢这四种简洁的声音。当1824年《第九交响曲》完成之后,四重奏变成贝多芬的音乐的主旋律,一直到他去世。他为圣彼得堡的加力金王子写了三首四重奏:第一首为《降E大调弦乐四重奏》(作品第127号),完成于1824年;第二首为《A小调弦乐四重奏》(作品第132号);第三首为《降B大调弦乐四重奏》（作品第130号），都是在当年年底完成的。到1825年5月时，贝多芬又在病中完成第四首《A小调弦乐四重奏》。

因此，我们可以看到贝多芬对古典宗教音乐形式的喜爱。他把《A小调弦乐四重奏》中慢板一乐章的标题改为"感谢上帝使病态的人能够痊愈"的赞美诗。《降E大调弦乐四重奏》完成以后，休本柴立刻让人来试奏。曲中的隐秘部分使他们有些难以理解，因为此曲演奏十分艰难。贝多芬神情严肃地坐在一边，由于什么也听不到，只好注视着钢琴演奏者手指的活动……然而，试听的听众都表示出了失望。贝多芬没有理由地责备了休本柴一顿。随即，他将乐谱交给了鲍姆，让其在柏拉特咖啡馆中再作一次演奏，时间为第二天早晨。

1825年11月，佐治·司麦特爵士访问维也纳。他十分地幸运。他听到

知识链接

四重奏

四重奏：在四重奏的领域中，弦乐四重奏是最重要而且数量也最多的一种形式。弦乐四重奏的乐器组合通常是两把小提琴、一把中提琴及一把大提琴，另外也有作曲家是采用大、中、小提琴各一把，再加上一把低音提琴的组合，但数量并不多。

许多资深乐迷都公认，弦乐四重奏是最"清纯"的一种乐曲形式。这是因为我们可以将弦乐四重奏视为把"弦乐合奏"的乐器数目，删减到只剩四件，而每一件乐器分别担任一个声部。由此以"群体"的观念来看弦乐四重奏，它是非常"精简"的。另外弦乐四重奏所用的四件乐器都是提琴家族的成员，它们之间有着相同的特质，所以整体音色的表现最为"纯粹美丽"。

正因为弦乐四重奏是如此"精纯"的音乐方式，如果想要完美地演奏弦乐四重奏曲目，那么四位演奏家之间的协调合作就变得非常重要，换句话说，这四个人的"默契"良好与否，以及是否具有团队精神，往往就成了演出是否成功的关键，这也是为什么演奏弦乐四重奏乐曲的，多半是专业的四重奏团体，而很少是由四位独奏家临时凑合来演奏的原因了。

乐圣——贝多芬

※贝多芬

了11月9日所举行的第一次《A小调弦乐四重奏》演出，地点是在"粗人旅馆"舒里辛格的房中。听众都是一些朋友。舒里辛格从他父亲在巴黎的分店赶了过来，包括贝多芬在内，共有14个人，有贝多芬的侄子卡尔、采莱、大提琴家马克斯（他是施坦纳的老搭档），还有旁姆等人。休本柴、霍尔斯、惠斯加、林加都是这次小演奏的表演者。

佐治爵士说："这首新的曲子，大约演奏了45分钟之长，共奏了两遍。曲子中的多音阶是这么的丰富。贝多芬亲自指挥了一次演奏。他脱去了外衣，屋中开始热闹起来，声音不能进入他的耳朵，但从他的眼中可以阅读出他的满意。他代替了霍尔兹，自己拉小提琴。在演奏时，我一直看着乐谱，在场的人都很注意他。两天之后，此首四重奏在原处又演奏了一次。这场听的人就更多了，有十个朋友还在此处吃了饭。贝多芬十分地高兴，说了许多笑话，我们都用纸条写话给他看。当演奏完此曲而起身时，他好像受到了很大的感染。"

1825年的秋天，贝多芬住在舒怀兹班纳公寓的二层楼，面对着格拉雪斯。这是他在维也纳所居住的最后一个地方。司蒂芬·冯·勃朗宁和他的妻子、小孩就住在对面的罗斯公寓里，他是从埃斯特海斯王子那里租来的。他们的感情又恢复如初了。司蒂芬和贝多芬时常在一起，贝多芬也常到他们家去进午餐，与冯·勃朗宁夫人成了十分要好的朋友。勃朗宁夫人有时还会帮他做点杂事。但是，他的吼声和一些奇怪的行动会让夫人很是不解。贝多芬对于勃朗宁的孩子琪哈特尤为喜爱。这孩子的绰号是"裤子钮扣"。他看着琪哈特成长，并让他逐渐知道如何让自己从小成为一个道德高尚的人。琪哈特受贝多芬的影响相当深。后来长大成人，他还能很清楚地回忆起贝多芬和自己在一起的有意思的事情。

但是他和卡尔的感情却很波折。卡尔的母亲虽然与儿子分开住了，但从不离得太远。所以，她仍是贝多芬潜在的危险。而彼得这个第三保护人，对他的帮助极小。彼得常给贝多芬一些指示，但这些指

※ 维也纳国家歌剧院

示又常让贝多芬感到莫大的痛苦和疑惑。

　　卡尔和他的叔父是分开居住的，他们之间从来没有真正地了解过。贝多芬对于卡尔具有超常的智力非常地骄傲，梦想着卡尔可以继承他的音乐事业。贝多芬第一个愿望就是想对他进行音乐上的训练。贝多芬弟弟死后一个月内，贝多芬就写信给史坦纳，要最好的钢琴教程乐谱，以让卡尔打下坚实的基础。采莱作为卡尔的教师，教授他一切应学的课程。卡尔在琴键上表现得相当出色。卡尔爱好文学，贝多芬就送他进入了维也纳大学。他在语言上进步得很快。贝多芬对他寄予厚望，想让他成为学者，但是卡尔的表现却不尽如人意。他并不是十分专心地学习。

　　卡尔在1825年说他所受的教育已经足够了，希望加入陆军，但是贝多芬却不赞成。而贝多芬对他的期望，卡尔也从来没有在乎过。同时，贝多芬也没有了解过卡尔的愿望。贝多芬让他在1825年春季进入了工学院，他的成绩也得到了学校的承认。卡尔住在一位政府官吏舒里默的家中，同时也受到舒里默的严格监护。

　　到了夏天，贝多芬搬到巴登去住。他在休息时才和卡尔在一起。

　　卡尔想逃避严格管理，但贝多芬认为他并没有独立自主的能力。而贝多芬不公正的指责，常使卡尔

乐圣——贝多芬

深感不满。贝多芬想约束他,要求他在出来的时候得到舒里默的同意,但他经常在晚上出去。贝多芬给他的零用钱十分有限,这就让卡尔大为不悦。卡尔常去赌博,这让贝多芬十分悲伤。他曾派辛德勒去探听他的行踪,甚至让约翰去做过调查。一次,当贝多芬知道卡尔在一所最下流的舞厅里时,他决定亲自前往。但是有人劝他说,如果他出现在那种地方,一定会引起公众的注意和议论。贝多芬只好派了霍尔兹去舞厅。霍尔兹是一位27岁的青年人,但深知人情世故,也是卡尔的好朋友。霍尔兹回来说,卡尔在喝酒,不过没有喝醉,至于说到嫖娼,就他所知,维也纳还没有这种行业。

后来,贝多芬和卡尔之间的矛盾更深了,咒骂加剧了两个人之间的紧张氛围。贝多芬禁止卡尔再去看母亲。贝多芬猜想一定是他的母亲让卡尔走上歧途的。卡尔有一位朋友叫尼迈兹。有一次,卡尔将他带到了巴登。贝多芬曾在一个公共场所公开地警告卡尔和他的朋友。在给尼迈兹的信中,卡尔称贝多芬为"老笨伯"。这封信造成的影响很大,最让贝多芬不能原谅的是,卡尔对他的爱竟然是伪装起来的。

贝多芬保存了一些自己写给卡尔的信,以作为法庭上的证据。文字中交织着愤怒、疑惑、紧张和爱,还有"残忍"的严厉。当贝多芬怀疑卡尔去见他母亲的时候,他就威胁卡尔说,不认他了,还要告诉所有的人,让人们知道卡尔是如何对待自己的。他还怀疑卡尔向佣人借钱。他曾对卡尔叫道:"我的心是多么难受,你做出了这么无耻的事。假如我们之间的关系破裂了,你会被每个有良心的人痛恨。"

贝多芬对卡尔是爱恨交加的。他常祷告说:"我希望上帝能听到我的祷告,因为我是不能再信任我的

※维也纳的圣斯特凡大教堂

侄儿了。"1825年6月，贝多芬在巴登写道："我为了卡尔气得要生病。我真的不希望再见到他了。"

但是让人没有想到的是，10月，卡尔失踪了。贝多芬听到后，立刻就赶到了维也纳的舒里默家中。卡尔不在那里，贝多芬就留了一封信："我的宝贝儿子，不要再跑远了，请回到我的怀抱里来，我不会向你说一个粗鲁的字。啊，上帝，不要让卡尔向毁灭的路走去……卡尔，你回来，你将受到像从前一样的爱护。请静心地思考一下吧，想想你的将来。我绝不苛责你，因为我知道它现在已经没有任何用处了。从此以后，我将小心地保护你，但你必须归来，回到你父亲真正的心里。为了上帝，请你回来吧，然后你会知道我是多么迫切地等你回来！"

贝多芬在6月写给他的信里面的最后几句是："你是我最亲爱的、唯一的孩子。""我不预备耗费得太多，"贝多芬写道，"以备供给世界上的一个'普通人'。"足见贝多芬当时是多么的伤心。贝多芬居然被卡尔这样的人压制着，让许多人都觉得不可思议，然而卡尔赢得了贝多芬所有的爱，他自然牵制了贝多芬的所有情感。贝多芬的崇拜者都说，像卡尔这样的人是不值得贝多芬去宠爱的，卡尔让贝多芬的创造力和健康都受到了极大的损伤。

贝多芬的生命中，有一部分是被卡尔占据着，他密切地注视着卡尔的行为，并加以约束，因为卡尔毕竟还只是一个二十岁出头的孩子。贝多芬在经济上不让卡尔独立，让公众的舆论和法庭的规则来保护他，加上贝多芬的宠爱，这些，反而使卡尔深感痛苦，卡尔自然会产生逆反心理。

卡尔善于用谎言欺骗别人。他公开表示仇视孝顺和尊敬。卡尔在自己的谈话录中写道："假使你觉得我是骄傲的而连续不断地骂我有一小时之久的话，这至少不能使我的痛苦感觉有好转的迹象。我并不像你们所想象的那样卑劣。我可以保证：在你这个'家伙'当着大家的面攻击我的时候，我很痛苦。在5月间所失去的80弗洛林，我在家里仔细地寻找之后会还给你的，毫无疑问是可以找到的。若我读书而你在这里的话，那我就不能开心地生活下去了。因为我不喜欢自己在工作时有人批评我，而你却总是这样做。"

到了1826年7月末，卡尔已暗示贝多芬，他已可以毁灭自己了。贝多芬听了，十分害怕，便立刻赶到霍尔兹家，带上他同去舒里默家中。舒里默安慰了贝多芬，可卡尔

却仍然在威胁着贝多芬。舒里默反复地盘问卡尔有关情况,注意到了他所欠的债务,但卡尔却什么都不想说,只说是因为特殊的原因而决定去做的。

舒里默曾写下记录:"我发现他在胸部放了一支上了子弹的手枪,并且还另带了子弹和火药。我可以说,他可能将这些东西用在贝多芬身上。手枪保管在我这里,待他平静一些之后再做商榷。否则,他会感到痛苦的。"

霍尔兹询问卡尔,卡尔十分冷淡地回答道:"这样做,对我又有什么益处呢?即使今天我不能摆脱你,今后,我还会有其他机会的。"

舒里默又找到了另一支手枪。霍尔兹向贝多芬指出,并责备贝多芬让卡尔避开了自己的视线,他们是不可能分分秒秒都看见卡尔的。假如卡尔是如此的顽固不化,那么任何一种手段他都能采用的,假使他没有手枪,那他也可以采取其他的方式。

贝多芬在谈话录中十分忧伤地写道:"卡尔在堕落!"

他们一起来到了尼迈兹的家里。贝多芬一改平日的傲气,十分谦虚地问卡尔,如何才能赢回他的信任,但是他们的沟通失败了。贝多芬和霍里兹打算到警察局去,请求采用强制性措施。但当他们商议之时,卡尔却溜了。贝多芬花了一晚上的时间寻找他,直到第二天清早,仍没有任何消息。

卡尔进了一家典当行,当掉了他的手表,买了两支手枪和火药、子弹,乘上马车,赶到了巴登。他用了一个晚上的时间,在一所空房中写信。他写了一封信给尼迈兹,还附了一张给叔叔约翰的字条。第二天,卡尔沿着贝多芬平时习惯走的路线,经过海伦尚尔到达了劳享斯坦。这地方很合卡尔的意,于是他将两支手枪都装上了子弹,将枪口对准太阳穴,扣动了枪机。卡尔自杀了。

一个驾车人途经此地(这天正是7月31日或8月1日),亲眼看到卡尔躺在小丘上,头发和面部全部是血。卡尔还有知觉,并从口袋中摸出了他母亲的地址。

驾马车的人将他带上马车,飞速向维也纳驶去。

贝多芬接到驾车人的通知后,赶到了卡尔的母亲家。卡尔躺在床上,头发上仍残留着血痕。他们还没有请来医生。卡尔的母亲相信子弹仍留在卡尔的头骨中。贝多芬急切的询问更让卡尔烦躁。

"既然已经这样做了,那就只有动手术才能治疗他。假如史美泰纳医生在的话，我要请他救卡尔。"贝多芬说。

随后，他写了一个字条给史美泰纳医生："一个极大的不幸事件发生在了卡尔身上，也是他自己一手造成的，我希望他能得救，请你赶快过来。卡尔的头上有子弹该怎么办呢？只有赶快过来，也才能得救。"霍尔兹拿了字条，赶快去了史美泰纳医生家。另一位外科医生也赶来了。卡尔朝自己开枪时，有一支枪射出的子弹根本没有打中他，而另一颗子弹虽然打中了，但只穿破了皮肉，没有造成致命打击。

卡尔在选择自杀的时候，他犹豫了，这片刻的犹豫让他恐惧起来，手指也变得僵硬，因而没有实现自杀的计划。当贝多芬离开之后，卡尔说："只要不听到他的呵斥，只要他不到这里来，怎么样都可以！"

他不想听到关于贝多芬的一切。他甚至威胁说："如果谁再提到他的名字，我就撕去头上的绷带。"后来，在旁人问他自杀的原因时，他说："厌倦了生活……不愿再过这种牢狱似的生活。"当警察问他的情况时，他说是"因为伯伯使我太痛苦了，因为伯伯要我学好些，而我却变得更坏"。

警察受理了这桩案子，因为在当时，自杀是犯罪的。贝多芬发现卡尔曾经偷过他的几本书，并卖了出去，卡尔也害怕这一原因而判他双重罪。

朋友们为贝多芬和卡尔想着办法。司蒂芬·冯·勃朗宁是军部的秘书，他提议让卡尔去当兵。若加入军队之后，卡尔就可以不受到维也纳和警察局的管制，保护权这一问题就可以解决了。而为治好卡尔的伤，需要一个清净的地方。在一个星期的时间内，卡尔不能见其他人。贝多芬接受了约翰的邀请，到他在格尼逊道夫的夏季别墅中去。而在从前，贝多芬曾经多次拒绝过他的邀请。贝多芬厌恶格尼逊道夫别墅的真正原因，是因为他不愿意与约翰的妻子打交道。在林兹，她曾经被贝多芬撵走过，甚至有一次，他叫警察来驱赶她。那是1823年的事，她的丈夫正在生病，而她却公开和一个军官挽手并行。辛德勒将此事告诉了贝多芬，但话却可能有些夸张了："这女人在她丈夫病重时，却将自己的情人带进了家中，公然在丈夫面前开玩笑，捉弄他，然后离去，只剩下生病的、愤怒的丈夫在家中。她还常常如此。"贝多芬无法忍受这样的女人。他要求约翰同意并保证这女人只能以女佣人的身份在别墅里出现，他才答应到格尼逊道夫去。

乐圣——贝多芬

音乐巨星的陨落

辛德勒说，经过卡尔自杀事件之后，贝多芬看上去"像一个七十岁的老头"。而当时，他才刚五十六岁。要在颠簸的路上和贝多芬进行笔谈是不可能的。而卡尔和他说话，贝多芬就会起疑心，所以，许多事情只能不去谈。卡尔总被贝多芬当作一个不懂事的孩子看待。他冷漠地看着贝多芬，犹如敌人一般。

※ 贝多芬雕像

逼得卡尔自杀，人们似乎只看到一些表面的现象。他们不知道的是贝多芬为了教育卡尔已经牺牲了自己的音乐和健康，他们不知道最后促使卡尔做出这种绝望举动的直接原因，是贝多芬盲目的爱。对卡尔，贝多芬依旧采用以往的做法：白天教育他，晚上就将他锁在房中，贝多芬仍想用这种办法将他引入正道。

在格尼逊道夫，卡尔的伤很快就痊愈了。两个月后，警察的调查也慢慢结束了，他们住在维也

※贝多芬的石膏雕像

纳城外十分安静的地方。贝多芬觉得自己的责任轻了许多，约翰的妻子也回到维也纳去了。

随着时间的流逝，贝多芬逐渐从阴影中走了出来，音乐创作是他永远的快乐源与唯一的兴趣。但是或许老天也嫉妒他这个天才，身体健康情况的恶化让他经常一边饱受病痛折磨，一边工作。在1826年12月，一场重感冒袭击了他，直接导致贝多芬患上了肺水肿。后来又查出他患有严重的肝脏病。1827年3月26日，一个风雪交加的日子，这位伟大的音乐天才终究没能逃过病痛，与世长辞了。

在他临终的时候，没有一个亲人在他身边，但在他下葬时却有无数人为他送行。当地所有学校停课为其哀悼。正如奥地利诗人格利尔巴采在他墓碑上的铭刻一样：当你站在他的灵柩跟前的时候，笼罩着你的并不是志颓气丧，而是一种崇高的感情。我们只有对他这样一个人才可以说：他完成了伟大的事业……"

他并非出身名门,却跻身名门之列。他只上过两年学,却自学掌握了多种语言,成为大发明家。他集政治家、科学家、外交家、文学家和企业家于一身。他的自传被人认为是解读世界伟人成功秘诀的必读书。

[美]富兰克林 著　鹤泉 译

中国华侨出版社
北京

前言

本杰明·富兰克林是美国有史以来最杰出的人物之一，被誉为资本主义精神最完美的代表、人类道德与理性的最佳诠释。这位曾在众多领域取得巨大成就的博学之才，以他的美德和睿智向全世界人民展现了美国人勇于创新和充满无穷创造力的民族特性。

富兰克林生活的时代正值美国从殖民地向独立的资产阶级国家迈进的重大转折时期，他因而拥有多重身份：著名的政治家、科学家和外交家，也是成功的印刷商和出版商，同时还是闻名遐迩的社会活动家和慈善家。

首先，作为政治家，他在美国独立战争中多次起到了决定性的作用——与托马斯·杰斐逊一同起草《独立宣言》；与乔治·华盛顿一起领导美国人民进行独立革命；出席美国制宪会议，成为唯一同时签署美国三项最重要法案文件的建国先贤。作为科学家，他通过"风筝实验"揭示了雷电现象；发明创造的新式火炉、避雷针、电轮、双焦距眼镜、自动烤肉机、玻璃乐器等提升了美国人民的生活水平，成为了美国历史上第一位享有国际声誉的科学家和发明家。作为外交家，他奉命出使法国，缔结美法同盟盟约，确保了独立战争的胜利；参加并一度主持美英议和谈判，签订了有利于美国的英美和平条约；成立美利坚合众国后，成为美国第一任驻法特命全权大使留法工作，赢得了法国上下民众的尊敬。作为实业家和社会活动家，他创办了自己的印刷所；建造了后来发展为宾夕法尼亚大学的费城学院、费城图书馆等；还建立了北美殖民地统一的邮政系统，为北美殖民地的文化传播和社会福利做了大量工作。

另外，他还是哲学家、思想家和作家，以仅读过两年小学的学历，被美国的哈佛大学、耶鲁大学，英国的牛津大学、爱丁堡大学、圣安德鲁大学等大学授予硕士学位或博士学位。他通过自己的超群技艺、敬业精神和勤勉谦逊的美德,赢得了美国和世界人民的尊敬和爱戴。乔治·华盛顿曾这样评价他:"因为善行而受景仰,因为才华而获崇拜,因为爱国而受尊敬,因为仁慈而得到拥戴,这一切将唤起人们对你的亲切爱戴。你可以得到的最大欣慰,就是知道自己没有虚度一生。"

富兰克林晚年根据自己的经历写成了《富兰克林自传》,这实际上是富兰克林写给儿子威廉·富兰克林的家书。两个多世纪以来,《富兰克林自传》一直是世界出版史上的优秀畅销书,影响了世界上一代又一代的人。它所包含的人生奋斗与成功的真知灼见及诸种善与美的道德真谛,受到了成功学大师戴尔·卡耐基、拿破仑·希尔和奥格·曼狄诺的推崇;它也被世界各国青年当成"人生指导"读物,是举世公认的改变了无数人命运的美国精神读本。许多人因为这本自传而彻底改变了自己的人生,走上了成功之路,这也是我们出版此书的原因,愿每一位手捧此书的朋友都能有所收获。

Contents
目 录

第 1 章　家族逸闻 1
迄今为止，我一帆风顺 2
卑微而又光荣的家族 3
曲折的童年之路 7

第 2 章　最初的挣扎与奋斗 11
因兴趣成为学徒工 12
争论的价值不在争论本身 14
节制饮食使人头脑清醒 16

第 3 章　从学徒工到代理主编 17
傲慢即愚蠢 18
在报纸上崭露头角 20
从主编成为失业者 22

第 4 章　独闯费城 25
艰难的海上旅行 26
在费城睡过的第一所房屋 28
在他乡，我混得还不错 31
意外得到总督的青睐 34

第 5 章　波士顿的愤怒与祝福 37
带着推荐信返回波士顿 38
躲避恶人，比躲避暗礁更有价值 39
我犯了一个重大错误 41

第 6 章　我一直处在蒙蔽之下 45
理性，总能为人类制造借口 46

我与里德小姐恋爱了 48
　　英国之行终于起航 51
　　识破了骗子的面目 53

第 7 章　在伦敦随遇而安的日子 55
　　初到伦敦，失去了朋友 56
　　永远不要得罪身边的人 59
　　以商号雇员身份回美洲 63
　　我再一次失业了 65

第 8 章　费城创业 67
　　重回印刷行业 68
　　第一个真正的合伙人 71
　　我对道德伦理的看法 73
　　第一桶金子 75

第 9 章　成为费城最大的印刷商 77
　　我与我的社团 78
　　勤奋对于我的重大意义 79
　　报纸办得很不错 81
　　我们的合伙出现了危机 83
　　纸币的性质和需求 85

第 10 章　创办美洲第一个图书馆 89
　　重拾旧情，与里德小姐结婚 90
　　北美第一个图书馆 92
　　詹姆士保存的信件 93

第 11 章　我所坚守的品德与宗教 101
　　图书馆带来的巨大影响 102

妻子与我一生勤勉行事 104

第 12 章　成就一生的 13 个好习惯 107
13 个成就一生的习惯 108
随时准备自我检查 110
完成计划贵在坚持 113
因谦虚而感到自豪 115

第 13 章　出版超级畅销书 119
我未完成的巨大计划 120
《穷理查年鉴》与大众教育 122
引用的布道，好过刻板的说教 125
学习外语要循序渐进 127

第 14 章　进入政界，获升迁 129
扩大社团的影响力 130
正式进入政治生涯 131
建立第一支消防队 133
怀特菲尔德牧师 134

第 15 章　筹建州防务体系 139
成立"哲学研究会" 140
筹建州防务体系 141
攻克难题，不一定要走直线 144
遗训神圣不可侵犯 147

第 16 章　筹建费城第一所大学 149
人们应该慷慨地奉献自己的发明 150
从一无所有到建立大学 151
履行政府工作的义务 154

第17章 做慈善也要靠政治智慧 157
筹建慈善医院 158
推动城市建设 160
人的幸福感取决于身边的小事 162
关于建立联邦的计划 166
巧施计,与各方周旋 169

第18章 奔赴前线,统军边防 171
为将军筹措车马 172
将军自大导致了失败 175
战争遭遇了惨败 179
到边疆巩固防务 182
我成为指挥官 185

第19章 科学成就享誉世界 189
我的电学实验 190
新总督来到费城 193

第20章 出使英国,不辱使命 195
拖延的将军 196
越低的椅子越舒服 198
速度最快的帆船 200
和平解决争端 203

附录 富兰克林年表 207

家族逸闻

迄今为止，我一帆风顺

亲爱的儿子：

　　必须承认，我一直对收集家族的一切珍闻趣事抱有兴趣。你也许还记得我们在英格兰居住的日子，那段时间里我曾经为了收集家族故事而遍访那些知情人，我猜测你也许有如我一样的兴趣。

　　在我身上的事情有些你并不知情，但这些故事有利于你了解我一生的境遇。现在，我正在乡间休假，估计会有整整一个星期的空闲时间，因此我能够坐下来为你把这些故事写出来。

　　当然，促使我动笔的原因不止如此。我出生在一个穷苦而卑贱的家庭，但是现在正过着富裕的生活，甚至在世界上有一些声誉。迄今为止，我的一生幸运而顺利，这也许来自我的处世之道，当然这一切都是在上帝的眷顾之下。我的子孙后代或许愿意了解我的处世之道，如果他们在未来遇到与我相似的情况，倒是可以借鉴我的一些成功经验。当我回顾我一生的所有幸运时，我不得不这么说：如果人生可以选择，我宁愿将我的一生重新演绎。就像作家一样，抓住文章再版的机会改正之前犯下的错误。除此以外，我还能够躲避生命中出现的那些不幸。即使这样的要求不被上帝允许，我仍然愿意再走一次人生之路。

　　既然没有人能重新演绎生命，那么与我的希望最接近的就是尽情回忆我的一生了。为使我的回忆能够保持久远，我就需要将其记录下来。

　　与其像其他老人一样谈论自己和自己过去的作为，我宁愿写下来，这样做听者不会感到厌倦，他们不必因为我是个老人而必须听我的唠叨，听与不听可以悉听尊便。最后我还是承认了吧（即使我否认别人也不会相信），写自传还能够大大满足我的虚荣心。

说句实在话,我时常听见或在书上看到别人说完"我可以毫不自夸地说……"这种开场白后,跟着就是大篇自吹自擂的话。不管自己是多么的自负与虚荣,他们还是不喜欢听别人的自吹自擂,但无论何时何地我都会宽容他们的自负,我相信这样的心理安慰给自己和他人都会带来一些好处。在许多情况下,一个人把生命中的自负和虚荣当作上帝的恩赐,这种想法永远都不荒谬。

既然我刚才提到了上帝,我愿意谦恭地承认我过去所有的幸福都源自上帝的旨意。按照这些仁慈的旨意,我学会了与人相处并且依靠这种处世之道获得成功。这种信仰使我希望(虽然我不该如此臆断)上帝在将来会像从前那样祝福我,不论是容忍我继续享有这些幸福,还是像所有人一样忍受命中注定的遭遇。我的未来只掌握在上帝的手里,他能够给予我们幸福,也可以通过苦难来祝福我们。

卑微而又光荣的家族

我有一位与我有着同样兴趣的伯父,他对收集家族中的逸闻逸事也十分感兴趣。他曾经交给我一些笔记,其中记载了家族的一些事情。从这些笔记中我知道我们的家族在诺桑普顿郡的埃克顿村至少居住了 300 年之久,在这以前还有多少年他不曾提及,也许从"富兰克林"由一个词(franklin 一词指某个阶层的人们)变为一个姓氏的时候吧,因为那时候英国人都在给自己找姓氏。那时候,祖先们享有 30 英亩的自由领地,并且以打铁为副业。

打铁这一传统在家族中沿袭了下来,到我伯父这一代仍在继续。长子都要学打铁,我伯父和我父亲都遵照这个传统而让他们的长子成为铁匠。我查阅了埃克顿教区的户籍册,在上面找到了 1555 年之后的所有记录,包括出生、嫁娶以及丧葬等内容,而之前的就没有了。有趣的是,我发现不仅我是小儿子,我父亲也是小儿子,而他的父亲也是小儿子,这种情况整整延续了 5 辈人。

我的祖父叫作汤麦斯，他生于1598年，一直住在埃克顿直到他无法从事劳动而住到他儿子约翰家为止。约翰是牛津郡班布雷村的染匠，我父亲曾经做过约翰的学徒。后来，祖父在那里去世并埋葬在那里。1758年的时候，我们还见过他的墓碑。

祖父的长子汤麦斯（也就是我的大伯）住在埃克顿的老宅里面，大伯死后将住宅和田产留给他的独生女，后来女儿和来自威灵堡的女婿费舍尔将房屋卖给了现在的庄主——麦斯德先生。我的祖父一共抚养了4个儿子，他们分别是汤麦斯、约翰、本杰明和约瑟。我手边没有关于他们的材料，但是我会将我对他们的回忆写出来，如果这份纪录在我走后没有丢失的话，你就可以从中获取详细的信息了。

汤麦斯是长子，遵照传统成了铁匠。不过，他悟性很高，后来得到了当地教区的大绅士帕尔麦先生的鼓励，与他所有的弟弟一样，转而求学进修。最终，他取得做一名公证人的资格，在当地很有声望。他是当地包括他所居住的村，以及诺桑普顿的城镇，甚至他所在的整个州的一切公益活动的主要推动者，影响非常大。关于他的故事，我们听过很多。他受到埃克顿教区哈利法克斯勋爵的赏识和奖励。

他在1702年1月去世，4年之后我出生了。

二儿子约翰做了染匠，我一直认为他是染呢绒的。

三儿子本杰明在伦敦拜师，最终成为一名丝绸染匠。他同样是一个秉性聪颖的人。我对他的印象很深，当我还是一个小孩的时候，他曾经漂洋过海到波士顿投奔我父亲，还跟我们一起生活了好几年。他非常健康长寿，他的孙子萨缪尔·富兰克林现在仍然住在波士顿。他去世前留下了两本四开本诗作原稿，里面收藏了一些赠给亲友的即兴小诗。他还曾教给我一套他发明的速记术，遗憾的是我对此疏于练习而忘光了。我的名字就是根据这位伯父而来，由此可见他与我父亲的关系是多么深厚。

本杰明伯父是一个非常虔诚的信教者，是传教士们最忠实的听众。他用自己发明的速记术将所听到的布道记录下来，他身边有许多这样的笔记本。在一定程度上，他也是一个不错的政治家，但实际上，他如此关心政治与他的地位并不相符。最近，我在伦敦获得了他所搜集的从1641到1717年的政论手册，从手册上的序号来看，许多内容已经遗失了，但还留有对开本8册，四开本和八开本24册。这些书是我从认识的一个旧书商人那里得到的，有时我会从他那里买书，就将这些书册送到我这里来了。看上去，这些书册是我这位伯父去美洲之前留在伦敦的，还能看到50多年前他在书边上所加的注解。

我们的家族虽然卑微，但很早就参加了宗教改革运动，在玛丽女王统治时期就一直坚信新教。他们激烈地反对教皇，以致时时面对遭遇迫害的危险。因为信奉新教，所以他们有一本英文版的《圣经》，而不是天主教使用的拉丁文版《圣经》。为了藏匿和保护这本英文版《圣经》，他们把书页打开，用绳子将其绑在一张折凳的底面。每当我的曾祖父的父亲向全家宣读经文时，他就会将折凳翻过来放在膝头，翻动绑在下面的书页。他的一个孩子站在门边放哨，如果看见教会法庭的执行官走过来就会给家人通风报信。这时候，折凳又重新翻过来四脚落地放好，那本《圣经》又像原先那样藏起来了。

这些是我从本杰明伯父那里得知的，一直到大约查理二世统治末期，我们整个家族都还信奉国教。在那个时期，牧师不信奉国教是会被开除教籍的，有一部分被开除教籍的牧师在诺桑普顿举行了会议，那之后本杰明和约瑟改信了非国教，并且一生不渝，而家族的其他成员则仍然信奉国教。

约瑟就是我的父亲。

我的父亲成家很早，约在1682年的时候他带着妻子和三个孩子举家搬到了新英格兰。这次搬家是有原因的，当时在英格兰，非国教的宗教集会被法律所禁止，常常受到干扰和破坏。我父亲的一些有声望的朋友打算移居到新大陆去,我父亲答应了与他们一齐前往美洲,希望在那里获得宗教信仰自由。

我的父亲有17个孩子,他的第一任妻子为他生下了7个孩子,他的第二任妻子则为他生了10个孩子。

我是最小的儿子,比我小的只有两个妹妹。我的出生地是新英格兰的波士顿。我母亲是父亲的第二任妻子,她叫作亚比娅·福尔杰,是彼得·福尔杰的女儿。我的外祖父是新英格兰的第一批移民,曾经得到可顿·马瑟尔的赞誉。如果我没记错的话,可顿·马瑟尔在美洲教会史中称我的外祖父为"一个虔诚而有学问的英国人"。

我听说外祖父曾经写过各式各样的即兴短诗,然而只有一篇得以付印,我在多年前曾经读过。这首赠与当地执政当局的诗写于1675年,采用当时民间流行的诗体。诗歌拥护信仰自由,维护饱受迫害的浸礼会、贵格会以及其他宗教团体,诗歌指出殖民地发生的印第安人战争和其他灾祸都源自宗教迫害,这是上帝对人间罪恶的判决和惩罚,他在诗中奉劝当局废除那些泯灭人性的法律条文。

在我看来,整首诗写得简单朴实,落落大方。最初的两行我忘记了,但我仍然记得这首诗的最后六行,大意是说他的批判建立在善意之上,所以他没有隐匿自己的真实姓名。

我发自内心地憎恨
去做一个匿名的造谣者;
所以,就在这
我所居住的雪本镇
我将我的名字告诉你们
你真实而毫无恶意的朋友

彼得·福尔杰

曲折的童年之路

我的兄长们各自到不同行业拜师学艺，而我却被送到语法学校，因为父亲打算把我当作儿子中的什一税奉献给教会。

那一年我才8岁。我想我的领悟力一定很强，在记忆中我一直就是识字的，而且父亲的朋友们都说将来我会学有所成，这些鼓励更加坚定了父亲送我上学的决心。本杰明伯父也支持我读书，他还提议将他参加说教会的笔记全部送给我（我想这大概算作开张的股本吧），条件仅是让我学习他的速记术。我在语法学校待的时间不到一年，便已经逐步地从全班的中等生升为优等生，紧接着我跳级升入二年级，目的在于随着整个二年级在年底升入三年级。

然而，美好的时光至此戛然而止。父亲考虑到家庭人口众多，负担不起我在大学求学的费用，而且看到许多人受过大学教育却仍然过着穷困潦倒的生活（他曾在我面前对他的朋友们说过这个原因），于是他改变初衷，将我从语法学校弄出来送到了一家学习书法和算术的学校。这所学校是当时的著名人物——乔治·布朗纳先生开办的。总的来说，他办学校很有章法，对待学生循循善诱。在他的教导下，我很快就能写出一手工整的书法，但我的算术总是不及格，始终没有丝毫进步。

在我10岁的时候，父亲将我从学校接回来帮他打理生意。当时他经营的是油烛和肥皂制造业。这并非他的本行，但来到新英格兰以后染制业生意清淡，无法维持一家人的生活，他就改了行。那时候，我的主要工作就是帮助父亲修剪烛芯、灌烛模、看管店铺、跑跑腿，等等。

我恨死了这个工作，而对航海充满向往，但是父亲坚决反对。不过，那时我们住在沿海，我常有机会亲近大海。我早早地就学会并擅长游泳,当然也学会了划船。当我和其他同龄人在船上的时候,他们总是听我的,尤其是在遇到麻烦事的时候。

在其他场合我也是孩子王,当然有时候我也会使他们陷入麻烦当中。在这里我想讲一个故事,通过这个故事你能看出来我那时就已经小有热心公益的苗头,虽然这件事做得出格了。

在磨坊蓄水池旁边有一个盐沼,涨潮的时候我们常常站在盐沼边上钓鲦鱼。长期的踩踏使盐沼边形成了一个小泥沼,于是我建议在那里修筑一个供我们站立的码头。我把一大堆符合需要的石块指给伙伴们看,其实这些石块是为了在盐沼边上建筑一所房子而预备的。

当天晚上,工人们离开工地之后,我和几个同伴两三个人分成一组,分工合作将所有石块全搬来弄我们的小码头。第二天早晨工人们发现石堆居然不见了,惊讶之余,终于在我们的码头上找到丢失的石块。经过调查,他们发现是我们干的好事,就向我们的家长告了状,有几个小伙伴因此受到其父亲的责备。

我一再对父亲辩解,我认为我的做法出自善心,但是父亲最终改变了我的看法,他说了一句让我深信不疑的话:"再有意义的事,也要以诚信为前提。"

我想你大概也想知道一些关于我父亲的事吧,比如外貌与性格。

我父亲有着一副好身板,中等身材,结实而健美。他头脑聪明,而且擅长画画和音乐。他的嗓音清脆悦耳,有时他结束了一天的工作,就会拿起小提琴演奏赞美歌,配上他轻轻的吟唱,听起来非常棒。除此之外,他在机械方面也很有天赋,对其他行业的工具往往能够运用自如。当然,这些都不算什么,他最大的强项在于处理重大问题,面对再麻烦的事他都能给出深刻的见解并且判明是非。

我得承认,他从来没有参加政府的工作——家里很多孩子需要他教育,困难的家境也使他无法离开他的生意——但是我清楚地记得常常有地方上的名人来拜访他,向他请教镇上或他所属教会的相关问题。对于父亲的判断和忠告，他们总是非常重视。不仅如此，如果人们在生活中遇到了困难，也会来找他帮忙。他甚至常常被人们选为仲裁人，帮助调解争执双方的矛盾。

父亲有着独特的教育方式。他喜欢请一些通达事理的人来家里做客，一边就餐一边谈话。每当有这样的聚餐，他总会找到一些有趣的话题来拓展孩子们的眼界。在这种熏陶下，我们建立了善良、正直、审慎的美德，不会注意或是很少注意桌上的饭菜如何、味道怎么样、是否新鲜，不会在食物上攀比。我长大以后对这一类事物仍然漠不关心，我更愿意关注其他有价值的事情。

如果有人问我几小时之前吃了什么，我总是不知道如何回答。在旅行时，我的旅伴们会因为找不到可口的食物而痛苦不堪。而对于我来说根本不存在这样的痛苦，我的习惯为我添了不少便利。

与我的父亲一样，我的母亲也有着健壮的身体：她亲自为10个孩子哺乳。除了导致我父母死亡的疾病之外，我从来没听说他们患过其他病。我的父亲活到89岁，母亲去世时已有85岁。他们去世后，遗体合葬在波士顿。几年前我为他们立了一块大理石墓碑，上面铭刻着以下碑文：

约瑟·富兰克林

和他的妻子亚比娅

合葬于此。

他们相亲相爱

携手走过55个春秋

他们没有田产亦没有高俸厚禄

在上帝的眷顾之下

靠着不断的劳动和勤勉

他们维持了一个人口众多的家庭

安乐度日

他们哺育了许多个孩子和7个孙儿孙女

并且获得世间的赞誉

亲爱的读者，你应该从这个故事中获得鼓励

在工作中兢兢业业吧

笃信上帝

约瑟是个虔诚谨慎的男子

亚比娅是个细心贤淑的女子

他们的幼子立此碑铭

以表孝意和缅怀之情

约瑟·富兰克林生于1655年，死于1744年，享年89岁。

亚比娅·富兰克林生于1667年，死于1752年，享年85岁。

  我这样唠唠叨叨的早已偏离了主题，不难看出我正在走向衰老，过去我写文章比现在思路清楚得多。不过，毕竟面对的情景不同，正如一个人不可能盛装出席一个小型的私人聚会，我的离题只是一个小失误罢了。

  言归正传，我在父亲的铺子里连续工作了两年，到12岁才不再为父亲打工。我的哥哥约翰原本是学习制造皂烛的，然而他最终离开父亲到罗得岛成了家，独自做起了生意。种种迹象表明，我注定要接替他而成为一个皂烛工人了。

  然而我对这一行业的抵触让父亲陷入深深的焦虑之中，他担心如果不替我谋得一个心仪的职业，我就会像他的另一个儿子约瑟一样离家出走，私自跑去航海，这会把他活活气死。所以有时他会刻意带着我出去走走，观察木匠、瓦匠、旋工或者铜匠的工作。

  他一门心思地培养我对某种行业的兴趣，密谋将我牢牢地拴在陆地上。

最初的挣扎与奋斗

因兴趣成为学徒工

从父亲带我外出寻觅合意之工作的时候起,观察手艺高明的工人灵巧地使用工具成为我的乐趣之一。这种细致而耐心的观察习惯对我大有益处,我学到了很多知识,当家里有东西需要修理却找不到工人的时候,我发现自己竟然能够胜任这些修理任务。有时候我会突然冒出做实验的想法,新鲜而炙热,而同样得益于之前长时间的观察我能够自己动手制作实验用的小装置。

最终,我的父亲为我选择了刀匠这一行业。恰巧那时本杰明伯父的儿子萨缪尔在伦敦学了如何制刀并来波士顿开店,于是我被送到他那里与他同住,以便试试这个行业。但是萨缪尔希望从我身上获得一些报酬,父亲一怒之下将我带回了家。

从孩提时代起,我就热衷于阅读,所有的零花钱也都用于买书。因为我喜爱约翰·班扬所写的《天路历程》,所以他单独发行的小册子我全部收集了。后来我把它们卖了,用所得的钱买了柏顿的《历史文集》。这些由小贩们兜售的书籍都是小开本的,价格很实惠。

我的父亲有一个小图书馆,主要收藏了一些有关神学论辩的书籍,大部分我都读过。当时家里已经决定不让我做牧师了,但是我的求知欲非常旺盛,而我却没有机会阅读更多、更好的书籍,迄今为止我仍然对此感到非常惋惜。那里曾经有一本普鲁泰克所作的《英雄传》,我反复阅读过多次,直到现在我仍然认为读那本书所花的时间非常值得。那里还有笛福的一本名为《论计划》的书,还有一本马太博士的书,名字叫作《论行善》,正是这几本书为我的思想带来了转变,并对我未来的生活带来深深的影响。

对书籍的狂热使父亲坚定了让我去做印刷业的决心,虽然他已经有一个儿子(詹姆士)从事了这一行业。1717年,我的哥哥詹姆士从英国带回来一架印刷机和一批铅字,准备在波士顿创业。

我对印刷业的爱好远胜过我父亲的本行,尽管如此,我仍然对航海念念不忘。为了打消我对航海的执念,父亲便催着我跟哥哥学。起先我对此提出抗议,然而没过多久我还是妥协了,并且签订了师徒合同。

当时我只有12岁,根据合同,21岁前我都要在那里做学徒,只是在合同到期前的最后一年我才能按照合同获得出师职工的薪水。

我仅用很短时间就熟悉了印刷业,成了哥哥的左膀右臂。而且我终于有机会阅读那些好书了,我还与常常打交道的学徒们有了交情,然后凭着交情向他们借书来看。我总是小心翼翼地读这些书,读完以后就迅速归还,并且很注意保持书的整洁。有时候我在夜晚才借到书,我就牺牲睡觉的时间来看书,以便第二天一早就能归还。

不久之后,我认识了一位名叫马太·亚当的先生,他是一个很聪明的商人,经常光顾我们的印刷所。他的家里藏书颇多,他知道我对书籍的热爱,便邀请我到他的藏书室参观,并且欣然借给我一些我喜欢的书籍。

那时候我深深地迷上了诗歌,并且写了几首小诗。

我哥哥认为写诗很有用处,于是常常鼓励我,并且命我编写两首应时的叙事诗,一首叫作《灯塔悲剧》,诗里讲述了华萨雷船长和他的两个女儿溺毙的故事;另外一首是《水手歌》,叙述了捉拿海盗铁契(或叫作"黑胡子")的全过程。这两首诗并没有什么价值,是用俚语小调写成的打油诗。印好之后,哥哥命我到镇上各处去叫卖。

第一首诗卖得很好,因为它所叙述的故事是最近发生的、爆炸性的新闻。这点小成就使我沾沾自喜,但我的父亲反对我写诗,他不仅嘲笑我的诗歌,还说诗人全都是穷光蛋。

我很幸运没有成为一个诗人,否则,我现在可能是诗人当中最差劲的一个。

争论的价值不在争论本身

虽然我写诗写得糟糕,但是散文写得不错。散文写作对我意义非凡,最终我也是靠着散文才慢慢成功的。因此我将告诉你,在这种情况下我是如何提高写作能力的。

镇上还有一个醉心于读书的孩子,叫作约翰·柯林斯,我们来往非常密切,但是我们也喜欢争论,总希望能够驳倒对方。顺便说一句,这种争辩的癖好容易发展为一种坏习惯。争论会演化成为了争辩而争辩,而这种抗辩常常会引起别人的反感。因此,争辩不但使人们的交谈遭到破坏,甚至可能给融洽的友情带来敌意。我阅读了父亲的那些有关宗教论辩的书籍,所以也沾染了爱好争辩的习气。从那时起我就发现除了律师、大学生以及在爱丁堡受过训练的人之外,睿智的人很少争辩。

曾经有一次,我与柯林斯辩论起妇女接受高等教育和从事研究工作的问题。他认为妇女不应该接受高等教育,认为她们天赋低劣,无法胜任;而我却持另一种态度(也许有点为了争辩而争辩吧)。柯林斯是天生的辩论家,词汇非常丰富,有时候我觉得他之所以能压倒我,是由于他流畅的语言而不是他论据的说服力。

当我们分开时,争论仍然没有结果,并且近期内我们两人也没有见面的机会。争论只能采取其他方式了。在随后的日子里,我将我的论点写了下来,誊清后寄给他,等收到他的回信,我就再次答辩。

这样交换了三四次信件后,我的父亲偶然间发现了我写的信。他读了一遍,就抓到了我的毛病。他没有参与我们的辩论战争,而是趁机对我的文章体裁进行批评,他说:"虽然在拼写和标点方面我胜过我的论敌(这点得归功于我所从事的行业),但若是论起措辞的典雅、叙述条理的清晰等方面我远不是柯林斯的对手。"对此,他还举了几个例子来说服我。的确，他的话公平而合理，从那之后我便下定决心提高写作能力，开始注意写作的风格。

大约在同一时候，我偶然发现了一本名为《旁观者》的杂志。在这以前我从未看过这本杂志，买下来后反复读了几遍，觉得里面的文章写得棒极了，我决定以后在写作中尽量模仿该刊的写作风格。

我从杂志中选了几篇论文，将文章每句话的中心意思做了简单摘要，接下来几天之内我都不看原文，而是用我自己组织的语言来表达那些被我摘录的句子的中心思想，然后将句子凑成段落，段落再凑成完整的文章。等到我自己的文章完成，我再将其与原来的文章进行比较，从中找到我的写作缺点并且加以修正。

在这样的对比中我发现了自己的致命伤：我的词汇非常贫乏。换句话说，我无法随心所欲地表达自己的观点。我有时会想如果没有放弃写诗，那么我一定积累了很大的词汇量，因为我要不断地运用那些既蕴含深刻意义的词汇又要考虑到这个词是否押韵，这样就会迫使我不停地搜罗那些不同形式的同义词。这样的工作有助于我积累词汇量。

于是，我找到了增加词汇量的方法。我找来一些文章，将它们改成诗歌的体裁，等我已经差不多忘记文章原本的样子时，再将诗歌还原成文章。

有时候我也会将我摘录的中心意思全部打乱，几个星期以后再将它们用最合理的次序排列组合，然后遣词造句、连句成文。我这么做的目的在于锻炼逻辑思维，理顺我头脑中杂乱的想法。随后，我将自己的作文与原文对照，再一次找到其中的缺点和不足之处，并做一些有针对性的修改。

有时候我会沾沾自喜，因为偶尔能够侥幸地改进原文的章法和用词，虽然那只是原文中意义很小的细节，但给予我莫大的鼓励，我甚至幻想自己在将来能够成为一个说得过去的英文作家。

节制饮食使人头脑清醒

我的阅读和写作练习的时间都是挤出来的,比如那些结束一天工作的夜晚或是开始工作前的清晨,或者是礼拜天。

在礼拜天,我会想尽一切办法留在印刷所里。大约在16岁的时候,我偶然间发现了一本特赖恩写的书,在书中他极力倡导素食,从那时起我决定做一个素食者。当时我的哥哥尚未结婚,家里没有人做家务,他和他的伙计们都要去别人家搭伙吃饭,我因为素食的习惯给大家造成了麻烦,常常受到他们的奚落与责备。后来我向哥哥提议,如果他将我每周的伙食费减半,那么我就自己开火做饭,他当场就同意了。

我从特赖恩的书里学会了一些烹饪素食的方法,比如煮山芋、焖米饭、制作速食布丁,等等。不久,我就发现我可以从哥哥给我的伙食费中节约出一半的钱作为买书的费用。单独开伙还有另外一个好处,当哥哥和其他人离开印刷所去享受大餐的时候,我就独自留下,用最短的时间吃完自己做的小点心,常常只是一块饼干或者一片面包,再加上一把葡萄干或是从面包铺买的一块水果馅饼,再加上一杯清水。利用节省下来的独处时间,我就可以自由自在地读书,直到他们回来。节制饮食给我带来很大的好处,它能帮我保持头脑清醒,由于思维更加敏捷,我的阅读速度比以前提高了不少。

在学校时我算术曾两次不及格,这个弱项也曾经在其他场合让我出丑,为此,我在这段时间里恶补了算术知识,找到柯克尔的数学书从头到尾自学了一遍;我也读了塞勒和司特梅的航海书,从中接触到了几何学,这也是我对几何学最深的研究了,没有更深入的学习;我还读了洛克的《人类理解论》和波尔洛亚尔派的先生们著的《思维的艺术》。

第3章

从学徒工
到代理主编

傲慢即愚蠢

正当我挖空心思改进自己的写作技巧时,我偶然发现了一本英语语法书(应该是格林伍德写的),这本书的末尾附了两篇关于修辞方法和逻辑学的简短介绍。那篇介绍逻辑学的文章以苏格拉底辩论法的实例作为结尾,这个点睛之笔引起了我的注意。

不久之后,我就买到了一部色诺芬的《苏格拉底言行回忆录》。这本书里有大量的辩论法实例,我非常钟爱这种写作方法,立即决定采用这种模式写作而放弃原来那种生硬的反驳和独断式的立论法。我发现自己过去在文章中常常故弄玄虚,表面上装作有怀疑精神并且很谦逊,实际上却很难提出有力量的反驳。正是在那段时间,我读了莎夫茨贝利和柯林斯的作品,从那之后我对于我们教义中的许多观点产生了真正的怀疑。

我发现使用这种写作方法对我自己很有利,既能使自己的观点站得住脚,又能将对手刁难得困窘不堪。我对此乐不可支,而且一直使用这种方法。后来我将其运用得炉火纯青、得心应手,即使那些知识渊博的人也不是我的对手,他们无法预见后果,只能被我一步步引诱到困境中进退两难。虽然我和我的理由不一定高明,但是我仍然能够取得胜利。

之后几年我一直使用这个方法,不过再后来我就逐渐放弃了,仅仅保留了用谦逊的口吻来表达个人意见的方式。每当提出可能带有争议的意见时,我向来不使用像"肯定""无疑"或者类似的绝对化字眼,相反我会使用委婉的方式,比如当我料想某种观点绝对正确,但是我会如此表达:"在我看来这件事好像是……"或者"如果我没有弄错的话……"

这种习惯给我带来很多好处,因为我的目的是说服别人接受我所倡导的措施、劝别人接受我的观点或是听取对方的意见，而不是为了教育别人或者被别人教育。为了更好地实现这个目的，我就不能抱着那种独断的、自以为是的态度。要知道，能够善意地表达意见的人从来不会使用武断、专横的方式。专横的态度只会引起别人的反感，让别人反对你的意见，原本公正的讨论也会被其破坏。

对此，蒲柏的意见就非常睿智，他说道：

谆谆教导从来不需严厉的口吻；
别人不懂的东西，应当对其提醒而不要直刺其无知。

接着，他又告诉我们：

永葆谦逊，尽管你深信自己是对的。

蒲柏在这里用了另外一句话来连接上下文，但是我觉得有些欠妥，下面这句话更合适：

傲慢，源自见识浅薄。

如果你问我为什么原来那句话不合适，那么不妨将原诗写出来，对照一下：

不逊的言辞无法开脱，
谦逊薄弱就是见识浅薄。

试着分析一下，如果一个人竟然不幸到了见识浅薄的程度，那么愚蠢不就成了他最有力的辩解？所以，如果如此改写这两行诗不是更精准吗？

口出狂言没有任何理由，
傲慢，源自见识浅薄。

然而这只是我的理解，如有偏颇，希望高人不吝赐教。

在报纸上崭露头角

　　1720或1721年，由我哥哥出版发行的一份报纸问世了，名为《新英格兰报》。这是在美洲殖民地出现的第二份报纸，在它以前的唯一一份报纸是《波士顿邮报》。

　　迄今为止（1771年），美国已经至少有25家报纸了。我记得当时我哥哥的朋友认为殖民地有一家报纸已经足够了，都劝他不要冒险办报纸。

　　但是，我哥哥非常坚持，当报纸排版印刷后，就由我将它们送到大街小巷的订户手中。

　　哥哥的朋友中有一些很有想法的人，他们替《新英格兰报》写一些短小的文章，原本是为了自娱自乐，没想到这些文章为报纸赢得了不错的口碑，报纸的销路就此打开。

　　这几位绅士常常到印刷所来看望我们，从他们的谈话中我知道他们发表在报纸上的文章受到了人们的好评。看到他们谈笑风生，我也大受鼓舞，萌生了为报纸写稿的念头。

　　我当时还未成年，只是一个乳臭未干的小子，我猜想：假如哥哥知道是我为报纸写的文章，他一定不会在报上发表。于是我想方设法改变了自己的笔迹写了一篇匿名文章，趁着没人的夜间将其放在印刷所的大门底下。

　　第二天早晨哥哥发现了这篇匿名文章。当他那些在报纸上常常露面的朋友照常来访时，他就把这篇文章念给他们听了。我站在一旁听他们如何评价，结果他们很赞许我的文章。

　　他们一直猜测这出自谁的手笔，提到的名字都是有学问的知名之士，后来他们一致认为这篇文章肯定是某位学识渊博的名家所写。

回忆起来,我当时一定走了大运。

这些评语在那时给了我莫大的鼓励,我非常庆幸能够获得这些优秀鉴赏家的评价,当然现在看来这些人并非我当时所想象的那般优秀。

尽管如此,在得到这次鼓励后我接着又写了几篇文章,仍然采用同样的方式送到报馆,这些文章同样获得了好评。

我一直保守着这个秘密,直到我为数不多的那一点点墨水倒得一干二净,我才拆穿了这个秘密。

可是这时候我发现,在我哥哥的朋友们对我越来越看重的时候,哥哥不高兴了,他有充分的理由相信这样的情况会使我过分骄傲自负。

现在想来,他的担忧并非全无道理。但这件事情成了我和哥哥关系不和睦的导火索,从那之后我们之间出现了分歧。

虽然我们是亲兄弟,但是他始终认为他是我的师傅,而我则是他的学徒,因此他理所应当地认为我应该像其他学徒一样为他服务。

而我认为他对我的要求过分苛刻,作为他的亲弟弟,我更希望得到来自哥哥的宠爱与放纵,而不是替他做那些让我觉得丢面子的活儿。

有时候我们会争执不下而闹到父亲跟前。我想我在大多数时候都是有理的一方,或者我比我哥哥更善于言辞,总之父亲的判决一般都是偏向于我。

我虽然赢了却总是吃亏,哥哥脾气非常急躁,动不动就出手打我,而我无能为力只能干生气。哥哥对我粗暴专横的态度给我留下了阴影,也许这是我在以后的一生当中对独断专横的权力强烈反感的原因之一吧。

从主编成为失业者

与哥哥关系愈加恶劣的同时,我感到学徒生活枯燥乏味,了无生趣,一直暗暗祈祷能够找个机会尽快结束我的学徒生涯。得来全不费工夫,这个机会在我毫无预料的情况下到来了。

我们报纸上刊登的一篇议论政治的文章(我已经忘记了那篇文章的名字)触怒了当地议会,也许因为哥哥不愿意将作者的名字出卖,所以议长发出了一张拘押传票将我哥哥抓了起来,并且判处他一个月的徒刑。

我也被他们逮捕了,同样在会议上接受了审问。他们没有从我口中得到他们想要的任何交代,仅仅教训了我一番,就放我走了,毕竟我的身份只是一个小小的学徒,或许他们认为学徒为师傅保守秘密是天经地义的事情吧。

尽管,我和哥哥之间存在分歧,但是我对他被判刑这件事大为光火。

在他被拘留期间,我将个人的小恩怨放在一边,替他运营报纸。在报纸上我大胆地对统治者冷嘲热讽,哥哥很喜欢这些文章,但是这给别人留下了恶劣的印象,我被视为一个有着讥讽癖好的不和谐音符。

哥哥被释放的时候,州议会发出了一道非常奇特的命令:"禁止詹姆士·富兰克林继续印行名为《新英格兰报》的报纸。"

哥哥的朋友们在印刷所里举行了一次会议,商讨如何采取有效措施应对这种形势。

有人建议给报纸更改名称来逃避法令,但是哥哥认为这样仍然会衍生出很多麻烦。

最终他们敲定了一个最为合理的办法,报纸将借着"本杰明·富兰克林"的名义继续出版。

然而，州议会可能会指责哥哥通过学徒继续出版报纸来逃避禁令，所以为了避免被州议会抓到把柄，他们策划把我的师徒合同还给我，而在合同背后注明我与印刷所的劳动义务完全解除，以备不时之需。

但是为了保护哥哥雇用我所带来的权益，我得另外签订一个规定我剩下的学徒期限的新合同，而且这份新合同将不予公开。虽然这个计划漏洞百出，但是我们仍然立刻执行了。就这样，《新英格兰报》在我的名义下继续出版了几个月。

没想到，我和哥哥之间又爆发了新的危机。

我认定他不敢拿出新的合同来，于是我便坚决维护我的自由。我当时的做法无异于趁火打劫，这是我一生中犯的第一个大错。虽然当时我的做法欠缺考虑，但我始终认为他不应该因为脾气急躁就对我拳脚相加。

其实哥哥在平时并非一个性情暴戾的人，也许因为我年轻气盛对他不太礼貌而总是惹他生气。

当他发现我企图离他而去时，他想尽一切办法断了我的后路。为了使我不能在镇上任何一家印刷所里找到工作，他甚至走遍了全部的印刷所，关照了每一位老板。因此他们都拒绝给我一份工作，我在镇上也没有了一席之地。

我想到纽约发展，那里不仅有一家合适的印刷所，而且离波士顿最近。

因为我在报纸上对州议会冷嘲热讽，批判他们在处理我哥哥的事件中表现出的专横，我已经成为当地统治集团眼中的"敏感人物"，如果我继续留在波士顿也可能使自己陷于窘境；况且，我曾经对宗教问题出言不逊，许多坚定的信徒已经把我视为可怕的他教信徒和无神论者了。

考虑到这些因素时，我就更加愿意离开波士顿了。但是我父亲选择站在哥哥那一边，我想如果我大张旗鼓地离开一定会受到他们的阻拦。

对此，我的朋友柯林斯帮我解了围。他与一个来自纽约州的帆船船长约定好，允许我搭乘那位船长的船去纽约。

他跟船长解释说我是他的一个朋友，因为年轻不懂事而使一个品行不端的女孩子怀了孕，而女孩的朋友们逼着我娶她为妻，所以我必须悄悄地上船。

就这样，我卖掉了我的一些书籍，东拼西凑了一点钱悄悄地上了船。

独闯费城

艰难的海上旅行

因为一路顺风，3天之后我就到了纽约。我从前出海闯荡的志向早已被磨平了，不然我倒可以趁此机会满足这个愿望。然而一个仅仅17岁的男孩子，来到一个离家300英里之遥的城市会有什么样的感受？要知道，我当时举目无亲，没有任何社会关系也没有一封举荐信，甚至口袋里也没有多少钱。

好在我有一门还不错的手艺，而且我自信能够成为一个很好的印刷工人。

我找到当地一个叫作威廉·布雷福德的年老印刷商，请他收我为伙计。他曾经在宾夕法尼亚开过一个印刷所，后来与乔治·凯斯发生了争执（乔治·凯斯是英国贵格教的牧师）。1684年，他从英国移居美洲。他的生意不多，而且人手已经足够了，因此没有雇用我，但是他对我说："我在费城的儿子最近正好失去了他的主要助手——阿克拉·罗斯，如果你愿意去那里找一份工作，我相信他能够给你一个机会。"

费城距离纽约有100英里的路程，但我还是义无反顾地乘小船出发了，我没有携带任何行李，打算以后再由海道托运过来。

在横穿海湾时，我们遇到了大风，原本就不结实的帆布被劲风撕扯成了碎片，我们无法驶入基尔海峡，只能任由狂风裹挟着去了长岛。

途中，一个烂醉如泥的荷兰籍乘客失足坠入大海。正当他往水下沉的时候，我伸手抓住了他乱蓬蓬的头发，和大家一起把他拉了上来。这一番落水使他清醒了不少，他从口袋中掏出了一本书请我帮他将其晾干，然后便昏头大睡。

没想到这本书竟然是约翰·班扬写的《天路历程》，要知道这是几年来我最喜欢的一本书。这本书是荷兰文译本,选用了上等纸张印刷而成并且附有铜版插图,它的印刷装订质量甚至远远超越了我曾看过的原文版。

后来我了解到《天路历程》这本书已经拥有欧洲大多数语言的译本,除了《圣经》以外,我想它比其他任何书籍都拥有更多的读者群。据我所知,《天路历程》的作者约翰·班扬是第一个将叙述与对话融合在一起的作家。这种写法很容易使读者产生身临其境的感觉,读者仿佛能够进入那些最激动人心的情节中,化身为主人公亲自参与讨论。后来,笛福的《鲁滨孙漂流记》《摩尔·弗朗德斯》《宗教求爱记》《家庭教师》等书都成功地运用了这种写作手法。同样,理查德森在他的《帕米拉》等书中也采用了这种写作手法。

船终于驶近了长岛,但是我们发现根本无法在此登陆。这里海浪汹涌,而且海滩怪石嶙峋。我们只好在海中抛了锚,将船头调向海岸,随风摇摆着。海岸上来了人,对着我们大声呼喊,我们也喊叫着回应他们。海岸边有几艘独木船,我们不停地做手势,打算让他们划船前来接应。但是风浪太大,我们的喊话很快被海风吹散,我们听不到对方所说的话,也无法表达我们的意思。也许他们没有领会我们的意图,或者他们根本无法驾船施援,什么也没做就离开了。

夜幕很快降临,除了等待风势减弱以外我们没有任何办法。这时,我和船老板决定先去睡一会儿。我们与全身还是湿漉漉的荷兰乘客一同挤在狭小的船舱里。海浪不停地敲打着船头,海水漏进船舱洒在我们身上,结果没多久我们就和落水的荷兰乘客一样浑身湿透了。我们就这样躺了整整一夜,根本没有办法睡着。

好在第二天风势渐渐小了,我们掉头驶向安普,想要在天黑前到达那里。我们已经在水上漂荡了 30 个小时,既没有食物,也没有饮用水。除了外面咸涩的海水,我们只剩下一瓶混浊的朗姆酒。

那天晚上我发起了高烧,所以早早上床睡了。我记得曾经在什么地方读到多喝水能够治疗发烧,我遵照了这个办法,夜晚不停地出汗，很快就退烧了。第二天上午船过了渡口，我便弃了船，向着50英里之外的柏林顿徒步前行，我听说在那里有船可以直接送我到费城。

在费城睡过的第一所房屋

整整一天，雨都下个不停，我全身都被淋湿了，才过中午我就感到疲惫不堪，只好在路旁一个破旧的小酒馆中过了夜。这些经历让我打起了退堂鼓，我开始后悔当初作出了离家出走的决定。

我满脸的狼狈相，显得十分落魄，以致身份被人怀疑。我从他们对我的问话中感觉到，他们怀疑我是个从主人家私逃出来的仆人。我担心自己会因为这样的嫌疑而遭到逮捕，于是第二天就再次起程了。

傍晚，我在距离柏林顿8英里或10英里的一间客店住下。店主是一个叫作布朗的医生。我一边吃晚餐，一边与店主有一搭无一搭地说着话。当他得知我曾经读过一些书时，他对我的态度变得和善、友好起来。直到他去世为止，我们都一直保持着联系。

我猜想布朗是个云游医生，因为他对所有英国的或是欧洲大陆国家的城镇无所不知，甚至能够详细地描述出来。他很有学问，人也很聪明，却不大信仰宗教，甚至几年以后他用滑稽的语言将《圣经》修改成了打油诗，正像科顿以前改写维吉尔那样。这么一来，《圣经》里面的故事就显得非常荒诞不经，如果他的作品能够付梓，我想很多不坚定的人会受到不良影响。

谢天谢地，这些书从未出版过。

我在布朗医生店里借宿了一夜，第二天就赶到了柏林顿，结果发现去往费城的定期航船刚刚开走，对此我懊丧不已。那天是星期六，到下个星期二我才能等到下一趟开往费城的航船。

我原计划从城里一个老妇人那里买一些姜饼，准备作为上船后的干粮。现在我暂时无处可去，只好回到她那去讨个主意。她邀我先在她家住下等下一班船。经历了长距离的徒步旅行，我实在太累了，于是接受了她的邀请。

当她得知我是一个印刷匠时，她就劝我干脆在柏林顿安顿下来，开设一家印刷所。我想她一定不知道开设印刷所需要多少资金支持，而我根本没法得到。

我受到了盛情的款待，她非常客气地请我吃了一顿牛肉饭，只肯接受一壶啤酒作为回报。我满以为必须等到星期二才能出发了，没想到，事情在傍晚出现了转机。

我在河边散步的时候，遇见了一艘去往费城的船。虽然船上已经载了几个人，但他们还是让我上了船。

因为没有风，一路上我们只能不停地划船，可是到了午夜左右我们还没有到达费城。有人觉得我们一定已经错过了目的地，不愿意继续划了。而剩下的人也说不出个所以然来，我想我们一定迷路了。

我们只好将船驶向河岸，拐进了一个小河湾，在一道旧栅栏旁登了岸。10月的夜晚出奇的寒冷，我们拆掉栅栏生起了一堆火，围着火堆坐到了天明。接着，船上的一个家伙认出了我们所在的方位，大概是费城北面不远的库柏湾，只要我们一出这条河，那么费城就在眼前了。

最终，我们应该是在星期日早晨的八九点钟到了费城，在市场码头上了岸。

我之所以将这一段艰苦的旅程叙述得尽量详细，而且在下面将要仔细刻画我当时进城的细节，是为了让你能够在脑海里进行这样的对比：一开始我只是一个一文不名的穷小子，境遇非常落魄，可后来竟然成了衣着光鲜的大人物。

我身上穿了一件工作服，因为我最好的衣服还没有运过来。这一路上我风尘仆仆，口袋里塞满衬衫和袜子。我在费城一个熟人也没有,更不清楚要到哪里投宿。经过了长时间的旅行、划船以及缺乏睡眠,我早已疲惫不堪。

我简直饿极了,可是我的全部现金只有一个荷兰币和价值大约一先令的铜币。我把这个铜币付给船长作为佣金,他们觉得我划船非常卖力,不肯收我的钱,但是我坚持要付。人在贫穷的时候反而会表现得比那些富人还要慷慨,也许是由于怕被别人小瞧吧。

告别他们以后我就走上了街道,开始四处闲逛,当我路过一个市场时遇见了一个手拿着面包的男孩。我曾经多次靠着面包来填饱肚子,于是我问他从哪里买到的面包,接着立即跑到他指给我的在第二条街的一家面包铺,我向店员要求购买我在波士顿买的那种硬面包,然而他们告诉我在费城根本没有这种面包出售。我只好向他们要一个价值三便士的面包,可他们仍然说没有。

我根本没有考虑过不同地区的货币价值有所区别,不清楚费城当时的物价很低。我不知道究竟这个面包店里有什么样的面包,只好告诉他我要一共三便士的面包,任何种类都行。没想到,店员给了我三个软囊囊的超大号面包。面包数量多得让我咂舌,但我还是收下了。面包大得连口袋都装不下,我只好每个腋窝下面各夹一个面包,一边走路一边还吃着第三个面包。

就这样,我大摇大摆地沿着市场街走下去,直到第四条街。我以这样邋遢的形象走过了里德先生的门口,我当时不会想到他后来竟然成了我的岳父,而我未来的妻子站在门口目睹了我当时可笑又笨拙的样子,的确,我真是出尽了洋相。

接着,我转了一个弯,顺着板栗街向前走,又在胡桃街走了一段,一路上我都没有将我的面包全部吃掉。再次拐了一个弯以后,我发现自己竟然又走回了市场码头,来到刚才乘坐的那只船的附近。我跑到码头上喝了一口河水,一个面包就将我喂得饱饱的,索性就把其余两个面包分给了与我一同坐船而来的女人和她的孩子,他们正等着开船继续未完的旅程。

吃饱喝足后，我再次跑到街上，发现大街上有许多衣冠楚楚的人都在朝着同一个方向走，我不由自主地加入了他们的队伍，跟着他们走到市场附近的一个巨大的贵格会聚会场所。我在他们中间找了一个位置坐了下来，左顾右盼了一会儿，没听到有人发言。由于前一天晚上的大量劳动以及缺乏睡眠，我感到极其困倦，接着就睡着了，直到散会时，有一个善良的人才叫醒了我。

这个聚会场地是我在费城进入的或是睡过的第一所房屋。

在他乡，我混得还不错

从会场出来以后，我便朝着河边走去，一路上都盯着过往行人的脸。我遇见了一个和善的贵格会小伙子，我向他打招呼，并询问外乡人在什么地方可以找到旅馆。当时，我们正在"三个海员"旅馆的招牌附近，于是他对我说："这就是一个可以招待外乡人的旅馆，但是它的声誉很不好，如果你愿意跟着来，我可以帮你找到一个更好的旅馆。"

我跟着他来到坐落在水街的"弯曲旅馆"，在这里我吃了一顿丰盛的午餐。吃饭的时候，他们向我套话，问了一些试探性的问题。他们看我年纪轻轻，而且衣着破落，便怀疑我是一个偷跑出来的仆人。

吃过午餐，我很快又困了。他们给我准备了一张床，我连衣服都没脱就睡下了，一直睡到晚上6点钟，他们叫我起来吃晚饭。当天夜里我很早就上了床，一直睡到第二天清晨。

我洗漱了一番，尽力将自己打扮得整整齐齐再去安得鲁·布雷福德的印刷所面试。在印刷所里我遇见了老板的父亲，就是那个我在纽约遇见的老人。他骑马走了陆路，所以赶在我前面到达了费城。

老先生将我介绍了一番，他的儿子非常客气地接待了我，并且招待我吃了早餐。不幸的是他目前并不缺人手，因为最近刚刚添了一个工人。好在他告诉我城里有一家新开的印刷所,老板叫作凯末尔,他或许可以雇用我;即便凯末尔没有雇用我,我也可以暂时住在他的店里,平时他会给我一些零活儿干,直到我找到合适的工作为止。

老先生告诉我,他可以带着我一同去找那个新印刷所的老板。当我们找到凯末尔的时候,布雷福德先生说道:"亲爱的朋友,我为你带来一个年轻印刷工人,或许你正需要这样的人手。"凯末尔问了我一些问题,然后给我一个排字架的工作来检验我是否熟练,最终他告诉我虽然暂时没有合适的工作给我做,但是他决定在不久之后就雇用我。

他从来没有见过布雷福德先生,只是将这位老人视为镇上一个对他充满善意的居民,他对布雷福德没有设防,大谈企业的情况以及对未来的展望。布雷福德从始至终都没有泄露他是镇上另外一家印刷所老板的父亲,当他听说凯末尔在不久后的将来就可以承揽城里绝大多数的印刷事务时,他用一些巧妙的问句和一点小小的疑虑就将凯末尔的全部意图套了出来。比如他的背后有怎样的势力,以及他准备如何扩展业务,等等。

我站在一旁听到了他们的全部谈话,立刻就判断出他们两个人中间有"一只狡猾的老狐狸"和"一个稚嫩的菜鸟"。布雷福德将我留在凯末尔的印刷所处,独自回去了。

我对凯末尔说出了实话,当凯末尔听到我说出布雷福德的身份时,他感到非常惊讶,并且懊悔不已。

凯末尔的印刷所不成规模,我发现铺子里只有一架破旧不堪的印刷机和一套已经磨损了的小号英文铅字。当时他正在使用这套铅字排印一首挽歌,用于纪念之前提过的那个死去的工人阿克拉·罗斯:

> 罗斯是个天资敏悟的年轻人,
> 他有着高尚的品德,

并且在城里很受人们的器重,
他不仅是州议会的秘书,
还是一个优秀的诗人。

凯末尔也写诗,但是看得出来他并不精于此道。他写的甚至不能称之为诗,因为他写诗的方式只是直接把从头脑中所想的东西排成铅字而已。

由于他没有准备稿子,而且他只有两只活字盘,打印挽歌又很可能需要全部的铅字,所以他只能一个人忙忙碌碌,没人能够帮得上忙。

我设法将那台印刷机(可能他从没使用过,他对印刷机简直一窍不通)调教了一番,使它能够做好印刷前的准备。我向他保证,当他所作的挽歌一排好,我就能够立刻印刷。接着,我就回到布雷福德的印刷所去了。布雷福德给我找了一些零活儿来做,换取我在那里的住宿和食物。几天之后,凯末尔来找我去印刷挽歌。这时他又弄来一副活字盘,正好接到了重印小册子的活儿,他就叫我来完成这个任务。

我发现当地的这两个印刷商人都不称职。布雷福德后来改行做了印刷,但他的文化程度很低。

凯末尔虽然有一些学问,但是他只能算作排字工,根本不懂印刷。他曾经是法国的"先知派"(1706年由法国传入英国的流亡者。他们自称能够预知未来,可以说一万种语言,等等)的一员,能够像其他"先知"一样手舞足蹈地表现"神迹"。但是他没有在生活中流露出特别信仰某个宗教,而是视情形而变,好像任何宗教他都相信一些。

他完全不懂人情世故,而且后来我在他的性格里发现了痞子气。当我在他的印刷所工作时,他不愿意让我继续住在布雷福德的家里。他原本有一所房子,但是里面没有任何家具,根本没办法让我住进去,所以他替我在他的房东(上面提到过的里德先生)家找到了住处。

这时我留在纽约的箱子和衣物已经运了过来,我想,我在里德小姐的眼里终于变得体面起来了,不再是她碰巧遇见的那个大吃面包的傻小子。

那段时间我开始接触城里一些爱好读书的年轻人,晚上我很高兴与他们聚在一起。

凭借着自己的勤奋与节俭,我慢慢地积攒了一点钱,生活过得舒适起来。

在这个陌生的地方我过得很惬意,尽量不去回忆在波士顿的那些不快。除了柯林斯之外,我不想让波士顿的任何人知道我的住址。当我给柯林斯写信的时候,我要求他替我守口如瓶。

然而,后来突然发生的一件事打破了我的原计划,促使我比预料中更早地回到了波士顿。

意外得到总督的青睐

我有一个姐夫,名叫罗伯特·霍姆斯,他是往来于波士顿和特拉华之间的一只商船的老板,他在费城南40英里的纽尔卡斯时听到了一些关于我的消息,于是写了一封信给我。

他告诉我,在我突然离家出走后波士顿的亲戚朋友们都非常怀念我,并且为我担忧。

他向我保证,家人出于好心让我回家,如果我愿意回去,那么所有事情都可以遵照我的心愿来安排。

我给他写了回信,对他的劝告表示感激。但我在信中尽可能详细地向他叙述我离开波士顿的原因,我希望他能相信我的出走并非如他所想的那般不近人情。

霍姆斯收到我的信件时,宾夕法尼亚的总督威廉·基思爵士正在纽尔卡斯,巧的是霍姆斯刚巧与他在一起。霍姆斯顺便谈起了我的事，并将我写的信拿给他看。总督看了我的信，得知我的年龄后，感到非常惊异。他夸我是一个年轻有为的年轻人，应该给予我相应的鼓励。

总督说费城的印刷所的质量确实非常低劣，如果我能够在那里开辟一番事业，那么我一定会获得成功。对此，他表示愿意设法帮我招揽一些政府的印刷生意，并许诺在其他方面也会为我提供便利。当然，这是在我回到波士顿以后，姐夫讲给我听的，但在当时我对此一无所知。

总督来时，我简直惊呆了。

有一天，当我和凯末尔一起在窗边工作时，我们看见总督与另外一位穿着考究的绅士（后来我才知道他是来自纽尔卡斯的弗伦奇上校）正穿过街道径直向我们的印刷所走了过来，接着我听见他们敲响了房门。

凯末尔赶紧跑下楼去，他以为总督是来拜访他，寒暄之后才知道总督是来见我的。

总督走到我工作的楼上，用一种我之前不大熟悉的、谦逊有礼的方式与我说了许多客气话，他表示愿意与我结识，而且略微责备（当然是出于善意）我当初来费城时为什么没有让他知道，同时真诚地邀请我和他一起到酒馆坐一坐。他和弗伦奇上校原本打算去酒馆品尝一些上好的白葡萄酒。

我简直受宠若惊，凯末尔也呆若木鸡，瞪大了眼睛。

最终，我还是陪着总督和弗伦奇上校到第三条街拐角的一家酒馆去了。

总督一面喝酒，一面劝我自己创业，他向我描述了我获得成功的可能性，和弗伦奇上校一起向我保证他们能够利用他们的地位和影响力帮我招揽军政两方的生意。

当我提出不知我父亲是否愿意在这件事上赞助我的时候，威廉爵士表示他会给我父亲写一封信，在信里他会阐述这一计划的优势，他还向我保证一定能将我父亲说服。

事情就这么敲定了：我将搭乘下一班轮船，带着总督给我父亲的推荐信回到波士顿去。

同时，我们这个计划暂时先不公布，我照常在凯末尔的印刷所里继续工作。

在这期间，总督先生时不时地邀我去吃饭，而且我们谈话时他总是采用一种想象不到的殷勤、亲密和友好的态度，那时候我感到莫大的光荣。

波士顿的愤怒与祝福

带着推荐信返回波士顿

大约是在1724年的4月底,我终于等到了一只开往波士顿的小船。我辞别凯末尔,告诉他我只是去拜访亲友。总督递给我一封厚厚的信,在信里他向我父亲说了许多赞扬我的话,而且极力推荐我在费城开办印刷所,认为这一事业将成就我的未来。

我所乘坐的船驶入海湾时意外碰上了沙洲,船体裂开了一条缝,当时海上波涛汹涌,我必须和大家一样排班次,昼夜不停向外抽水。尽管遇上这等倒霉事,但两个星期以后我们还是平安地到达了波士顿。

至此,我已经失踪了足足7个月。

在这期间,我的姐夫霍姆斯还没有回过家,也没有写信提到我的事,因此我的家人没有收到过我的任何消息。当我意外地出现在他们面前时,他们都很惊讶,但是除了我哥哥之外大家都非常高兴,他们非常热情地拥抱了我。

我专程到他的印刷所拜访他。他发现,我现在的衣着比我给他当学徒的时候考究多了。我穿了一套崭新而时髦的西装,挂着一只怀表,而且口袋里面装着将近五英镑的银币。他非常不情愿地接见了我,只是把我从头到脚打量了一番就继续他的工作了。

印刷所的职工们想了解我身上发生了什么,比如去过什么地方、我是否喜欢那里,等等。我向他们描述了我的生活,告诉他们我对费城和我在费城的生活感到非常满意,而且流露出想要回到费城生活的意愿。

他们中的一个人问我费城的货币是什么样子的,于是我从口袋里拿出一把银币,摊在他们面前。波士顿使用的都是纸币,他们从来没见过这样的银币,纷纷靠拢过来围观。我又趁机向他们展示了我的怀表,因为我哥哥仍然绷着脸不高兴,所以后来我送了大家一块银币让他们买酒喝,就告辞了。

我这次拜访使哥哥大为光火。过了一些时候,我母亲与他谈起让我们和解的事,表示希望看到我们还像原来那样和睦地相处,并且将这种手足之情长久保持下去。我哥哥说我曾经在他的员工面前用一种使他永远不能忘记或是宽恕的方式羞辱他。但是,他弄错了,这绝不是我的本意。

我父亲看过了总督写给他的信,他虽然表示惊讶但接下来的几天里都没有同我提起这件事。当姐夫霍姆斯回家时,父亲拿出这封信给他看,询问他是否认识总督威廉·基思爵士,询问他总督究竟是一个怎样的人。

父亲表达了他的观点,认为基思总督考虑问题欠妥,竟然鼓励一个距离成年还有3年的男孩去创业。虽然霍姆斯竭力认同这个计划,但是父亲认为这计划行不通,最后干脆直截了当地否决了它。他给基思爵士写了一封信,感谢他对我的帮助与栽培,但是措辞婉转地表示他无法资助我创业,因为他觉得我还不够成熟,他无法相信我已经具备经营并管理这样一个需要巨额支持的大型企业。

我的朋友柯林斯那时已经成为邮局的一个职员,他被我对费城的描述打动了,他非常向往新奇的生活,因此他也决定离开家到异乡发展。在我等待父亲作出决定的那段时间,他已经从陆路出发去往罗得岛了。他将许多收集到的关于数学和自然哲学的书籍留给了我,等我把我的书送往纽约时一起带过去,他打算在纽约接应我。

躲避恶人,比躲避暗礁更有价值

虽然我父亲没有赞成基思爵士的计划,但他对于我的努力仍然感到欣慰。我在短时间内就靠着自己的刻苦勤奋和谨小慎微,能够把自己收拾得这般体面,更何况还能够获得所在地内有如此声望的大人物的一封推崇备至的推荐信。他看到我和哥哥之间的矛盾难以化解,便答应让我回到费城去。

他劝我在当地要对人谦恭有礼,争取获得人们对我的接纳与好评,切记不要讽刺和诽谤别人,显然他认为我曾经十分钟爱这么做。他鼓励我凭借自己的双手辛勤劳动,并且保持勤俭节约的习惯,也许到我21岁的时候我就能够积攒到足够的资金创业。如果那时候我的积蓄与所需要的费用相差不大,那么他会帮我补足差额部分。

相比上次悄悄坐船去纽约,除了一些小小纪念品与父母的爱子之心,这就是我所能得到的一切了。

与之不同的是,这一次我得到了家人的认可与祝福。

帆船停靠在罗得岛的新港,我下船探望了我的哥哥约翰。他早已结婚成家,并在这里定居多年。他非常亲热地款待了我,他一直都是那样爱我。他有一个叫作佛农的朋友,有个在宾夕法尼亚的人欠了佛农一笔钱,大约有35镑,约翰要我代他去帮佛农收这笔欠款,并代他保管,直到他告诉我如何将这笔钱汇给佛农为止。

就这样,他给了一张让我在多年后仍然感到不安的汇票。

有几个去往纽约的乘客在新港上了我们的船,其中有两位结伴而行的年轻女性和一位面色威严得像管家婆一样的贵格会妇人以及她的仆人。我对她以礼相待,并且愿意为她做一些力所能及的事情,我想这获得了她对我的好感。

当她发现我和两个年轻女人之间的关系一天比一天热络,而且她们好像也在刻意鼓励我进一步发展这种关系时,她把我拉到一边对我说:"年轻人,我对你的处境非常担忧,你的身旁既没有朋友,而且你自己好像也不大懂得世间险恶,社会中有很多专为年轻人设下的圈套。相信我,从她们各种各样的行动中我可以看出来,这两个女人心怀叵测。如果你没有防备,她们就会利用你、陷害你。出于对你关怀的好意,我劝你离这两个萍水相逢的女人远一点。"

由于开始的时候我对那两个女人没有防备,因为我不像她一样对她们反感,所以她听见的或是看见的事情没有引起过我的注意,但是经过老妇人的劝告,我开始相信她是对的。我感谢她给我善意的忠告,答应她我会与她们保持距离。

当我们的船到了纽约,她们还告诉了我她们的住址,盛情邀请我去探访她们。但我没有随她们同往,后来才知道幸亏我没有去,否则就要陷入麻烦里了。

第二天船主发现丢失了一只银质的勺子和其他一些东西,是有人潜入他的舱房里偷走的。船主意识到这两个女人是娼妓,于是他领取了一张搜查证搜查了她们的住宅,最终找到了赃物,而两个小偷也受到了相应的惩罚。

尽管途中一块沉在海底的大礁石蹭过我们船边的时候,我们暗自庆幸躲过了一劫,但是比起我避开这两个女人,那件事简直不值一提。

我犯了一个重大错误

我在纽约找到了我的朋友柯林斯,他先我一步到了伦敦。我们从孩提时就是很好的朋友,在一起读过同样的书籍。但是他比我拥有更宽松的阅读条件,所以他用来读书的时间比我多,另外他对学习数学有极高的天分,而我的数学成绩远远落在他后面。

我在波士顿生活的时候,和他一起度过了绝大多数的闲暇时光。那时他是一个多么好的小伙子啊,滴酒不沾而且学识渊博,受到当地几个牧师和不少绅士们的尊敬。看起来,他就像是一个将要在社会上崭露头角的有为青年。

可惜,我不在波士顿的那段时日他沾染上了白兰地,酗酒的习惯彻底改变了他。从他自己的叙述或是旁人的状告里,我知道他自从到了纽约之后没有一天不是烂醉如泥,而且行为举止非常乖张,甚至迷上了赌博。因为他输掉了钱,我不得不帮他垫付房租,还要担负起他去费城的路费以及生活上的开支,这些成了我的巨大负担,给我造成了很大的麻烦。

船主与当时的纽约州总督博纳特(博纳特主教之子)在谈话时无意中提起有一位年轻乘客带了一大堆书籍,这引起了博纳特总督的兴趣,他要求船主带我去他家里做客。若不是因为柯林斯当时已经酩酊大醉,我一定会带他一同前往。

博纳特总督非常殷勤地招待了我,将我奉为上宾。他带着我参观了他的藏书室,在那个巨大的藏书室里我们聊了许多关于书籍和作家的话题。

这是我有生以来第二次获得总督的青睐。我简直受宠若惊,这种赏识对一个像我这样一无所有的穷小子来说是多么荣幸与兴奋的事啊。

我们继续向费城前进,在路上我顺便收回了佛农那笔款子。我之前没有预料到假如没有收到这笔钱,我们也许就到不了目的地了。柯林斯一心想当个会计,尽管他有一些推荐信,但是用人单位很快就得知他好酒(从他的呼吸或者从他的行为举止上可以看出端倪),因此他的求职一直没有成功。他只能继续跟我同吃同住,当然这些费用都由我来埋单。

他知道我身上有佛农那笔钱,于是一直向我借贷,口头上答应当他找到合适的职业就立刻还给我,但是最后他借的钱实在太多,我担心如果我这时收到约翰的通知要我立刻把这笔钱汇过去会无法做到,心中焦虑不安。但柯林斯还是一如既往地酗酒,有时我们会为此争吵,因为他一旦喝醉了酒脾气就变得非常坏。

有一次,他和我们几个年轻人一起在特拉华划船,当轮到他时他却坚决不肯划船。

他说:"我要你们划船送我回去。"

我回道:"我们决不会替你划的。"

他说:"你们非划不可,否则咱们就在水上过夜,你们自己看着办吧。"

旁边的人劝道："我们划就我们划，这有什么大不了的？"

但是，我并非只因为这一件事而生气，我坚决不肯划船。他威胁道如果我不替他划船，他就将我扔进河里。

他从坐板上站起来，向我冲了过来。当他跑上来企图打我时，我一只手抓住他的腿，迅速站起来将他两脚朝天地扔到了河里。

我知道他游泳的本事不错，所以我不担心他会溺水。每当他游过来想要抓住船舷的时候，我们就快划几下把船划到他摸不到的地方。

当离得很近时，我们就问他究竟愿不愿意划船。他快气疯了，但是固执地不答应划船。我们后来看到他有点支撑不住，就把他从水里捞了起来，黄昏的时候把像落汤鸡一样的他送回了家。

从那以后，我们总是相互顶撞吵架，再没有和颜悦色地交流过。一个来自西印度群岛的船主偶然遇见了他，正巧船主受人之托要替巴巴多斯的一个大户人家找一位家庭教师，于是同意送柯林斯到那里任职。他就这样离开了我，虽然他信誓旦旦地承诺当他一领到钱就把它汇给我偿还债务，但是从那以后我再也没有收到任何关于他的消息。

动用佛农那笔欠款，是我年轻时代犯下的最重大的错误之一。

这件事情证明我父亲是睿智的。他认为我当时还不够成熟，无法承担经营重大企业的责任，他的判断完全正确。不过，那时基思总督看了我父亲的信之后，觉得我父亲有点过于小心翼翼了。

"人不能一概而论，年长的人不一定谨慎，年轻的人也不全是轻率的，"他说，"既然他不肯帮你创业，那么我自己来帮你。你需要给我一张清单，标明要从英国购买的设备，然后由我去订购。等你有了偿还能力，你再将钱还给我好了。我决心要在这里办起一家出色的印刷所，而且我相信你一定具备这样的能力。"

他说这番话时，态度是那样的诚恳，以致我丝毫不觉得他是在开玩笑。

在这以前,我一直保守着在费城开办印刷所的秘密。在那之后,我仍然不打算公开这件事。但是如果我的朋友得知我将开办印刷所的希望寄托在这位总督身上,那么他们一定会劝我尽早打消这个念头。因为正如我所知,基思爵士常常许诺别人很多事但又不打算兑现诺言。当然,他的习惯尽人皆知,但是从始至终我都没有请求他对我施以援手,我那时怎知他那慷慨的援助竟是虚伪的呢?

我当时还蒙在鼓里,一心认为他是世界上最好的人。

我列出一张小印刷所需要的所有设备的清单。据我估计,全部费用大概需要100英镑。当我把清单交给总督,他表现得非常高兴,询问我如果我能够到英国亲自选择铅字,并且当场检查各种设备的质量,是不是更为妥帖。

他说:"如果你去了那里,正好可以结识一些人,而且可以建立贩卖书籍和文具的人际脉络。"

我承认这样做或许会很有帮助。

"那么,"他说,"你做好准备坐安妮丝号去英国吧。"

安妮丝号是当时来往伦敦与费城之间的唯一船只,而且一年只有一趟航程,而当时距离安妮丝号下次起锚还有长达几个月的时间,所以我得继续和凯末尔在一块儿工作。这段时间里,我一直因为柯林斯从我这里借钱这事而焦虑,担心哪一天就必须将这笔钱汇走,然而几年之内我都白白焦虑了,这件事情并没有发生。

第6章

我一直处在蒙蔽之下

理性，总能为人类制造借口

我好像遗落了下面这件事：

在我从波士顿到费城的初次旅途中，因为狂风大浪，船只能停靠在勃劳克岛。大伙儿为了解决食物的问题，便下水去捕捉鳕鱼，并且拖了许多到船上来。

到那时为止，我仍然坚守素食的决心。虽然处在那样的环境里，但我仍然坚持了我的老师特赖思的观点：每捕捉一条鱼都无异于一次毫无理由的谋杀，因为这些鱼不曾伤害我们，而且将来也不会，我们并没有足够正当的理由去谋害它们。这样的说法好像合情合理，但是在那之前我算得上是一个爱好吃鱼的狂热家伙，当热气腾腾的鱼刚从炸锅里端出来时，嗅一嗅它扑鼻的芬芳，那感觉简直美妙极了。

我在原则与美味之间踌躇了很久，谁也无法战胜对方，直到一件事的发生打破了这种平衡。

他们在剖鱼时，有人从一条鱼肚里掏出一条小鱼来，这时候我想："如果你们都在自相残杀，我为什么还为你们辩护而不吃你们呢？"就这样，我痛快地吃了一顿鳕鱼大餐，之后我没少与别人一起吃鱼，只是偶尔恢复素食罢了。

我想：做一个有理性的生物原来这样方便，因为理性总能帮你制造出理由去做你想做的任何事。

我和凯末尔相处还算融洽，也很谈得来，原因在于他对我打算另起炉灶的事毫不知情。在很大程度上他仍然保持着原来的激情和他酷爱争论的习惯，我们之间发生了多次辩论。

我常常用苏格拉底的辩论法诱使他与我论辩，用一些看起来离题万里的问题迷惑他，然后慢慢将他拉入窘境，将他引入各种各样的困难和矛盾之间。

我的方法常常令他不知不觉地中了圈套，最后他谨慎到了可笑的地步，几乎连那些最普通的问题也不愿意回答，而总是反问："你究竟想表达什么呢？"

但是，他对我辩论的才能给予了相当高的评价，他甚至非常诚恳地提议要我作为他的同事，一起创立一个新教派。

他一定是打算开坛布道，然后让我去反驳那些不相信的人。

当他向我阐述他的教条时，我发现其中有一些莫名其妙的内容是我一直所反对的，所以除非他容许我发表一些对宗教的意见和看法，否则我决不会帮忙。

比如：凯末尔留着长长的胡须，在摩西法中有这样一条规定："不许毁坏胡须的边缘。"同样他也以星期六为安息日，这两条原则是他不能违背的，可是我并不喜欢。我告诉他如果他能不吃荤腥，我就勉强接受将他的两条意见写入教条。

他担心道："我担心我的身体受不了。"

我向他保证，他的身体不但不会受影响，而且还会变得更加健康。平常他就是一个馋嘴的人，因此我想，如果看到他半饥半饱的样子该是多么有趣。

他最后松口说，假如我愿意陪他吃素，他就同意尝试一下。我答应陪他，约定3个月之内我们不吃肉。我们的食物是固定的，由邻居的一位妇人负责烹饪。她从我手里拿了一张写满40种菜谱的清单，可以依照这个清单为我们烹饪菜肴，当然其中既没有鱼肉也没有鸡、鸭肉。

这种想入非非的念头更合乎我的要求，因为它能帮我节约钱，我们每人每周的所有花费不超过18个便士。

从那时候开始，我严格地遵守了好几个四旬斋，所以突然从平常的食物换到斋食或是从斋食换到平常的食物对我来说完全不会造成什么不便，我认为有人说吃四旬斋时应当循序渐进的说法是没有道理的。

我愉快地享受着素食，可怜的凯末尔却像遭罪一样。

他对这个计划感到厌倦不已，一心向往着吃上一顿大餐。因此，有一天他点了一份烤猪肉，邀请我和两个女友来跟他一同分享。然而烤猪肉一早被端上了桌子，他终于无法抵抗美食的诱惑，在我们赶到的时候烤猪肉已经被他吃得一干二净了。

我与里德小姐恋爱了

从波士顿返回费城之后，我和里德小姐正式确立了恋爱关系。我非常尊敬她，当然也对她无限爱慕，而且我有理由相信她对我的态度也是一样的。然而她的母亲并不赞同我们继续深入交往，我即将到海外长途旅行，而且我们当时年纪尚浅，刚刚过18岁。她母亲为稳妥起见，让我们先不要急急忙忙地考虑结婚的事，打算等我从海外回来之后，实现了我的创业计划，那时再将女儿嫁给我。我想，她也许觉得我一直追求的目标不那么容易实现吧。

那时，我有几个特别好的朋友，比如查尔斯·奥斯本、约瑟夫·沃森和詹姆斯·拉尔夫，等等。他们都是博学多才的人，奥斯本和沃森是镇上著名的公证人查尔斯·布洛克的助手，拉尔夫是个商店的雇员。

沃森是一个睿智而谦逊的年轻人，禀性正直诚恳。其余两个人对宗教信仰较为淡漠，而拉尔夫尤甚。拉尔夫就像我之前的朋友柯林斯一样受到我的想法的干扰，他的宗教信仰的根基动摇了。因此，他们俩的麻烦事通常都由我埋单。

奥斯本通情达理，而且为人真诚而坦率，对朋友富有爱心与热情。但他在文学方面就不那么客气了，他常常对他人的文笔吹毛求疵。拉尔夫非常睿智，风度翩翩，而且他也是个好辩手。我想他是我见过的最优秀的辩论家。奥斯本和拉尔夫都非常喜欢诗歌，也曾经尝试着写了几首小诗。

星期天的时候，我们四个人常常一起愉快地到斯库基尔河附近散步。在河边的森林里，我们轮流朗诵自己所作的诗，然后一起探讨作品。

拉尔夫热衷于写诗，而且他深信自己能够通过诗歌方面的成就出人头地，既能成名又能发财。他说即便那些最出色的诗人也有初习写作的时候，而在最初练习的时候，他们的诗一定也和他自己的一样漏洞百出。对此，奥斯本常常劝拉尔夫放弃写诗，打算让他认识到自己根本不具备诗人的才华，不如专心做好自己的业务，而不是每天异想天开。他说拉尔夫的能力在商业上，虽然拉尔夫没有启动资金，但如果他能够勤奋做事，按着正常的步骤发展为一个不错的代理商，这样慢慢就可以积攒下最初的启动资金再独自创业。我也赞成奥斯本的观点，偶尔写诗可以怡情，也能够帮助自己提高写作能力，但是成为一个诗人，我想还是算了吧。

关于写诗这件事，有人提议我们在下次聚会时各拿出一首自己写的诗，这样就能互相探讨、听取别人的意见，以便共同提高。我们着眼于用词和表达方式，而不是内容本身，所以我们一致决定改写《诗篇》中的第十八篇，描述上帝降临的故事。

聚会时间快到的时候，拉尔夫最先找到了我，告诉我他的诗已经改写完成了。我告诉他我最近实在太忙，而且也没有兴趣写诗，所以根本没有动笔。然后他给我看他的诗，并征求我的意见。我十分欣赏这首诗，在我看来它已然是一件非常出色的作品了。

他说："但是，奥斯本绝对不会承认我的任何作品有哪怕一丝一毫的优点，我觉得他一定是在忌妒我，他总是想尽办法攻击我的诗。不过他对你并不怎么忌妒，所以我希望你能够帮我把这首诗当成你自己写的交出去，而我就假装自己没有写出来。咱们看看他还有什么好说的。"

我只好同意，亲自把这首诗重新抄写了一遍。

聚会上，沃森把自己的诗作读了出来，里面有一些不错的段落，但是也存在许多不足之处。接着，奥斯本读了自己的诗，比沃森的要强得多。拉尔夫非常公正地指出了奥斯本诗作中的一些缺点，但是对不错的段落也称赞不已，而且他告诉大家自己并没有写诗。

我假装很不好意思，像是请求大家允许我不读出来一样。我跟大家解释道我最近很忙，虽然写了出来但是没有时间修改。但是他们没有听信，让我必须把诗读一遍。所以我就读了一遍，大伙还不满足，我只好又重复了一遍。沃森和奥斯本甘拜下风，退出了诗作比赛，跟大伙儿一起热烈地赞扬了这首诗。

拉尔夫仅仅提出了一些批评意见，让我做一些修改，但我坚持为我的原文辩护，丝毫不肯示弱。奥斯本批评拉尔夫，认为他的意见不会比他的诗高明到哪去，拉尔夫立刻就不再争辩了。当他们两人一起回去时，奥斯本在路上还对"我的作品"赞不绝口，他说他一直忍着没有说，因为他担心被人误解为当面阿谀奉承。

"原来咱们都没有想到，"他说，"富兰克林竟然能够写出这么出色的作品，如此绘声绘色，如此铿锵有力，如此富有激情！原版的《诗篇》都不如这个改写的版本。他平常的谈话总是词不达意，说起话来磕磕巴巴、漏洞百出，没想到写起诗来这么有文采。上帝啊，他写得真不错！"

我们下一次聚会时，拉尔夫才拆穿了我们的小伎俩，大家着实嘲笑了奥斯本好一阵。

这件事坚定了拉尔夫成为一个诗人的决心。

我竭尽全力劝阻他，但是他不理会我的劝告，依然埋头写诗，直到蒲柏拯救了他。最终，他成了一位出色的散文家。也许我下面不会再有合适的机会介绍另外两个朋友，所以我在这里交代一下他们的经历：

几之后年，沃森躺在我的怀抱里去世了，这件事情使我悲痛万分，他是我们当中最有才华的一个人。而奥斯本到西印度群岛去了，在那里成了一个非常著名的律师，虽然他赚了不少钱，但是天妒英才,他年纪轻轻便英年早逝了。我和他曾经郑重地约定:如果哪一个人先死掉了,可能的话,就一定要友好地探望在世的那一个,告诉他在另外一个世界里过得是否开心。

然而,他从来没有履行过他的诺言。

英国之行终于起航

表面上,总督威廉·基思爵士依旧和我保持着良好的关系,我们常常来往,帮助我创业这件事已经成了我们每次的固定话题。除了许诺给我提供购买印刷机、铅字和纸张等所必需的款项外,他还答应给我准备一些写给朋友的介绍信。

他常常与我约定取这些信件的日期,可当我前去领取时,他总是制定一个更远的日子。这件事无限地向后延期,和那艘无限延期的航船一样。这样的情况直到那艘船快起航才有所改善。

那天,我找总督辞行并打算领取信件时,他的秘书巴德博士接见了我,他告诉我总督正忙得不可开交而根本无暇见我,但是开船之前他会赶到纽卡斯尔来,在那里把信件交给我。没想到最后我又一次被他放了鸽子。

拉尔夫决定陪我出海远洋,但是那时他已经结了婚,还生下了一个孩子。我猜想他是打算建立商品代销的渠道,以便从中获得一些佣金,可后来我才发现原来他对妻子的家人不满,打算将妻子留下,自己一走了之。

我辞别了朋友,跟里德小姐海誓山盟之后便坐上了离开费城的航船。

那艘船不久前就停靠在了纽卡斯尔,总督亲自赶到了那里。我记得我到他家时,依旧是他的秘书代替他接待了我,并且谦恭礼貌地告诉我总督忙于公务而无法见我,之后将通过其他方式把信交给我,而且还对我说一些诸如一路顺风、早日回来等辞别的话。我回到船上,被这件事情搞得稀里糊涂，但我仍然没有对总督产生丝毫怀疑。

费城一位大名鼎鼎的律师安得烈·汉密尔顿先生带着他的儿子与我们同乘，他与一个贵格会商人德汉姆先生和马里兰一家铁厂的两个老板奥尼恩先生及拉塞尔先生包下了主舱，于是我和拉尔夫只能去住三等舱的铺位了。

在船上我们没有一个熟悉的人，他们将我们看作平头百姓。但是后来汉密尔顿先生和他的儿子（名字叫作詹姆士，后来也当了总督）从纽卡斯尔回费城时，有人花重金请他去为一艘被没收的船进行辩护。在我们起航之前，弗伦奇上校上船来看望我。由于他对我的器重，船上那些绅士们对我刮目相看，于是邀请我和我的朋友拉尔夫住到主舱里去，恰巧此时主舱因为汉密尔顿的离开有了多余的位置，我们索性搬了过去。

我猜测弗伦奇上校将总督的信件与公文送到船上来了，所以向船主索要那些委托给我保管的信件，然而船主告诉我所有的信件都混杂在一起装在专用信袋里，一时半会儿没法帮我拿出来，但是他答应我在到达英国之前，会找机会帮我把信件分拣出来，我暂时放心了。

我的旅程非常舒心，船舱中的乘客很喜欢交谈，船上供应的食物非常丰盛，除了普通的伙食外，我们还额外享受到了汉密尔顿先生储备的食物。

这次旅途赠与了我一段友情，我们和德汉姆先生都感觉相见恨晚，最后成了朋友，我们的友谊一直持续到他去世为止。但这次旅程也并非完美无缺的，中途我们遭遇了很多恶劣的天气。

当我们驶入英格兰海峡后，船主兑现了他的诺言，终于找到机会帮我在信袋里找到了总督的信件。但是我根本没有找到任何一封委托我保管的信，我从中挑出了六七封信，按照信上的内容来看，我猜测这些可能是总督答应为我所写的推荐信，特别是那封写给英国皇家印刷馆巴斯吉和一封写给一个文具商人的信件。

识破了骗子的面目

1724年12月24日,我终于抵达伦敦。

我去拜访那个离我最近的文具商,将推荐信递给他,并且告诉他这是总督威廉·基思写给他的。

他居然说:"我不认识他。"

但是他一面拆信,一边说道:"哦,原来这是李德斯田的信。最近我发现他是个十足的骗子,我已经发誓与他老死不相往来,更不会收他的任何信。"

他将信放在我手中,转身去接待一位顾客了。我惊呆了,这些信居然不是那位总督所写。通过回忆我们交往的所有经历,我终于对他的诚意产生了怀疑。

我赶紧找到我的朋友德汉姆先生,将这件事情的来龙去脉讲给他听。他给我描述了基思这个人,告诉我他不可能为了我写下任何信,更没有任何一个人相信他所作出的承诺。

当他听说总督给我到银行取钱的凭证时,更是哈哈大笑起来,他告诉我基思根本没有钱汇给别人。我一筹莫展,对自己的处境担忧起来,他劝我不如在当地找一个工作,继续干我的老本行。

他说:"在这里的印刷馆找一个工作,你可以趁机提高自己的能力,等你回到美洲就可以大展宏图了。"

不用那个文具商人提醒,我们最终也知道了那个李德斯田律师是一个十足的无赖。他骗取里德小姐的父亲拜他为师而签订了师徒合同,从而使得里德先生几乎破产。而从那封推荐信看来,好像有人正酝酿着一个对付汉密尔顿先生的阴谋(如果不是汉密尔顿临时被人请走,也许这个阴谋就得逞了),而且这个阴谋又牵涉到基思与李德斯田。

德汉姆是汉密尔顿的朋友，他认为我应该将这件事情告知汉密尔顿先生。所以，不久之后汉密尔顿到达英国时我去拜访了他，既为了发泄我对基思与李德斯田的愤怒和憎恨，也为了获得汉密尔顿对我的好感，我将这封信给了他，他对我诚恳地致谢，因为这封信对他来说非常重要。

从那以后，我们成了很好的朋友，我们的友谊在未来多次帮助了我。

堂堂总督竟然玩弄这种卑劣的把戏，如此下流地欺骗一个纯真而可怜的孩子，我们怎么能够原谅他？

其实这是他久而久之形成的习惯，他既想让大家围着他转，又没有实际的好处给别人，所以只能给人廉价的希望。除此以外，他倒是一个聪明而肯办事的人，文章也写得不错，虽然有时候他的选民和赞助者并不这样认为。总之，他在任期内还是规划并颁布了一些立法。

第7章

在伦敦随遇而安的日子

初到伦敦，失去了朋友

拉尔夫是我形影不离的伙伴。

我们一起寄宿在小不列颠的街道，每周的租金要三先令六便士，这已经是我们当时所能支付的最高租金了。拉尔夫有一些穷亲戚在伦敦，但是他们自顾不暇，更无法帮助我们。

那时，拉尔夫终于对我透露来英国的真正意图。他说从一开始就没有想过回费城。他没有多余的钱财，所有的钱都花在路费上了，而我身上还剩下15块西班牙币，所以他在四处求职的时候偶尔也会向我借钱维持生活。

开始他一心想去戏院，因为他相信自己够资格成为一个演员。他向维尔克斯的剧场申请职位，可是维尔克斯诚恳地劝他趁早断了当演员的念头，坦言他无法在演艺界取得任何成就。接着，他又向圣父街的出版商罗伯茨提议协助出版一份像《旁观者报》一样的周报，但罗伯茨没有接受他给出的条件。再后来，他就设法寻找作家助手的工作，替出版商或是法学院的律师做一些抄抄写写的工作，但即便如此他还是没有成功。

而我很快在帕尔默的印刷所找到了工作。当时，这家在巴士罗米巷的印刷所非常著名，我在那里持续工作了约一年。虽然我勤奋地工作，但是一大半的薪水都花在和拉尔夫一起逛剧院或是其他娱乐活动上了。

15块西班牙币很快被我们花光了，我们开始节衣缩食地过日子。看起来拉尔夫已经将妻子和孩子抛在脑后了，而我也逐渐遗忘了与里德小姐的海誓山盟。我仅仅给她写过一封信，在那封信里我告诉她我可能不会回去了。

这也是我生命中的重大错误，假如我能够重演一生，我希望能够改正这个错误。而事情的真相是：由于过度开支，我无法支付返程的旅费。

在帕尔默的印刷所我要为沃拉斯顿的第二版《自然的宗教》排字，我觉得他的有些理论欠缺考证，因此我写下一篇短短的论文来质疑这些理论。我的论文题目是《论自由与必然，快乐与痛苦》，我将这篇论文献给我的朋友拉尔夫。我将论文印刷了一些，装订成小册子。这件事引起了帕尔默对我的重视，他严肃地告诫我，对于小册子的理论非常反感，但是这不妨碍他认为我是一个聪明能干的年轻人。

将这个论文打印、装订成册是我犯下的又一个错误。

我住在小不列颠的街道时，结交了一个叫作韦尔科克斯的书商，他拥有大量的旧书，书铺就在我住处的隔壁。当时方便阅读的图书馆还不存在，所以我们达成协议，由我出一笔合理的费用（数目我现在已经记不清了），向他借阅任何我想看的书籍。这对我来说是莫大的便利，我尽可能地利用这一点丰富我的知识。

我之前印出来的论文不知通过什么渠道被一个叫作莱昂斯的外科医生看到了，他写过一本叫作《人类判断的正确性》的书。我的小册子促成了我们的相识，他非常器重我，经常来找我讨论这一类问题。他常常带我去吉卜赛街附近的一家叫"号角"的淡啤酒店，并且将我介绍给《蜜蜂的寓言》的作者曼得维博士。曼得维博士在酒吧里成立了一个俱乐部，他是一个非常幽默风趣的人，被当作这个俱乐部的灵魂人物。

莱昂斯又在巴特森咖啡馆将我引荐给彭博顿博士。彭博顿博士答应将来找个合适的机会将我引荐给艾萨克·牛顿爵士，这正是我一心想要的，虽然这个希望从来没有实现。

我从美洲带来了几件珍宝古玩，其中有一个钱包是用淬火的石棉制作而成的。汉斯·司隆爵士得知我拥有这件东西便来找我，并且邀请我到他在布鲁姆斯伯里广场的家中做客，我在那里向他展示了我所有收集到的宝贝,他说服我将钱包出让给他,这件东西最后成了他的收藏品之一。当然,他慷慨地付给我一大笔钱。

我们的住处有一个年轻女商人,她在修道院街拥有一家主要经营女士服饰用品的商店。她曾经接受过贵族式教育,她为人通情达理,有良好的教养和风趣的谈吐。有的晚上拉尔夫会给她读一些剧本,所以他们渐渐热络起来。后来她搬到其他地方居住,拉尔夫也跟着去了。

他们同居的那段时间,拉尔夫仍然没有工作,而她的收入又难以维持他们生下的两个孩子的生活。所以拉尔夫决心离开伦敦去乡下做一名教师。他认为他自己有资格做好一名教师,毕竟他的书法不错同时又擅长算术和会计。但同时他又觉得,与他的身份相比,乡村教师这个职业不太体面,他深信自己会在将来飞黄腾达,为了避免别人知道他曾经做过这样卑微的工作,更改了自己的姓氏。

他冒用了我的姓,还大言不惭地说这是为了表示对我的尊敬。不久之后我收到了他的来信,他告诉我他在一个小村庄(我想是伯克郡)找到了工作,教十一二个男孩子读书认字,周薪六便士。他请我帮他照顾T太太(就是那位女商人),并且希望我与他保持信件联络,留给我的回信地址上居然赫然写着"教师富兰克林先生"。

他持续不断地寄来信件,随之而来的是他写的一首首冗长的诗,请我给他提些意见。虽然我都照办了,但是我仍然劝他放弃写诗。正巧那时爱德华·杨的《讽刺诗》刚刚出版,我便抄了一大部分寄给他。《讽刺诗》犀利地讽刺了那些盲目的绝望者崇拜史诗英雄的愚蠢行为,但是我的努力全都白费了,他的诗稿依旧像雪片一样纷至沓来。

这时候,因为拉尔夫的因素,T太太失去了她的朋友,生意也惨淡起来。因为她无法面对穷困潦倒的困境,于是打发人来求我帮助,向我借一些钱勉强度日。渐渐地,我发现我开始喜欢与她来往,那时候我对宗教的约束不管不顾,竟然打算利用她对我的依赖试图与她肌肤相亲（我又犯下了大错）。但是她义正词严地拒绝了我，并且将我的劣迹告诉了拉尔夫。

我将我们的友情彻底摧毁了。当他返回伦敦时，他告诉我之前我对他的所有恩惠全部一笔勾销了。我想我知道他永远不会偿还那些我借给他或者垫付的钱了，不过这也没什么大不了的，他根本没有能力来还债。而且失去了他的友谊，我意外地解决了他带给我的麻烦。

之后，我开始打算积攒一些钱。为了谋得更好的发展，我从帕尔默的印刷所辞职到林肯协会广场附近的华茨印刷所工作。这家印刷所的规模更大，离开伦敦之前我一直在这里供职。

永远不要得罪身边的人

刚刚到华茨印刷所工作时，我一直在做印刷的活。我在美洲做印刷工作时需要付出很大的体力，因为美洲的印刷工与排字工并不分开。华茨印刷所的其他50名工人都是酒鬼，而我只喝水。如果有需要，我能够两手各提着一版铅字上下楼梯，而其他工人只能两只手端着一排铅字。他们惊奇地发现我这个"喝水的美洲人"（他们给我起的外号）比喝浓啤酒的他们更加强壮。

在我们印刷所里有一个啤酒店的小伙计经常替工人们送酒。与我在同一台印刷机上工作的家伙每天早餐前要喝一品脱开胃啤酒，吃早餐的时候又就着面包和乳饼再喝一品脱，这只是开始。早餐和午餐之间他要喝一品脱，吃中饭时来一品脱，下午六点的时候喝一品脱，工作完了再喝光一品脱，在我看来这是非常恶劣的习惯，但是他认为喝浓啤酒是为了更好地工作。

我设法使他相信啤酒中的营养与制造啤酒所溶解在水中的麦芽是成正比的，用一便士买来的面包中所含的面粉比一夸脱啤酒还多。因此，假如他吃一便士的面包喝一夸脱的水，获得的能量还大过喝掉一夸脱的啤酒。

但是他仍然继续狂饮啤酒，每个星期六的夜里要从他的工资中拿出四五先令来支付那种浑浊得像泥浆一样的液体。而我从来没有为啤酒花过钱。

这种可怜的家伙们永远无法成为社会的主流。

几个星期以后，印刷所的老板华茨先生就让我到排字房工作，从那时起我离开了印刷工人们。那些排字工人非得要我花五先令请他们喝酒，而我早已经在印刷工那里执行过了这个丑陋的规矩，在我看来这与敲诈无异。而老板认为我说的有道理，因此他不许工人们向我讨要这笔钱。

我为此坚持了两三个礼拜，但也一直饱受排挤。他们偷偷地对我做了许多恶作剧，比如我刚刚出去一会儿，回来就发现我排好的铅字顺序被打乱了，或者页次被打乱，等等。他们说这一切都是印刷所里的鬼魂做的好事，专门对付那些不付"入会费"的人。

尽管老板支持我，但是这些恶作剧依然发生了许多次，最终我不得不付了钱。从那以后我发现，得罪你身边的人永远都是愚蠢的。

后来我跟他们的交情变得很不错，不久之后就获得了他们的支持。在我的提议下，我们对之前所定的"教堂"规矩（工人们习惯把印刷所称为"教堂"）作了合理化修改，我压倒了一切反对，最终通过了这项"修正案"。在我这个榜样的带动下，他们中的很多人都不再吃那种面包、乳饼混合啤酒的早餐，因为他们发现跟我在一起只要花上一品脱啤酒的钱（一个半便士），就可以在附近的一家饭馆里买到一大碗热气腾腾的稀粥，粥上还撒着一些胡椒粉、面包屑和牛油。这种早餐不仅可口而且价钱便宜，还能够让他们保持头脑清醒。

而那些整天喝啤酒的人由于欠下很多债务，酒馆不再让他们赊购啤酒。于是他们常常找我借钱买啤酒。按照他们的说法，如果不喝酒，他们内心简直一片黑暗。

在每个星期六的晚上我都等待着发薪水，然后收回我借给他们的欠款，有时我一个星期就要为他们垫付大约30先令。我是他们的债主，同时又是公认的幽默的讽刺家，这两个因素奠定了我在他们心目中的威信。

我从不缺勤（我从不因为在休息日玩得疲惫不堪而在星期一请假），这一点让老板非常满意。同时由于我排字的速度非常快，所以我总是被指定赶那些急活儿，这样我就会获得更多额外的工资。这样的生活让我衣食无忧。

我寄宿在小不列颠街的宿舍太远了，只好在公爵大道（天主教堂的对面）找了一个新住所。那是一家意大利库房背后的三层，房东是一个寡妇，她带着一个女儿、一个女佣人和一个守库房的伙计，但她从来不住在这里。

在派人到我原来住的地方探明我的为人后，她同意按照我跟她讲好的价钱将房子租给我，房租是每周3先令6便士。她认为她的房子租得非常低廉，但因为有一个男人住在这所房子里，她可以获得更多的安全感。

她是一个年老的寡妇，是一位牧师的女儿。幼年时曾经受到新教的影响，但是她的丈夫迫使她改信了天主教，每次提起她的丈夫，她都是一脸的尊敬之色。

过去她曾经与许多上层社会人士来往密切，因此她熟知很多有关上流社会的逸闻趣事，甚至还有些查理二世时期的故事。

她的膝盖因为患过痛风症而成了残疾，因此她尽量不离开她的卧室，也总是感到寂寞。但是我觉得她非常健谈，也很风趣，每当她感到寂寞而想找人聊天儿时，我就陪她聊到半夜。我们的晚餐很简单，只是每人半条鱼、一块面包和一些牛油，两个人共同喝光半品脱的啤酒，但是我们的谈话非常有乐趣。

我的生活很规律，坚持早睡早起，并且我很守规矩，所以她舍不得我这样的房客搬走。那时候我一直在存钱，当我听说印刷所附近有一间每周只要两先令租金的房子时，我打算搬到那里去，节省一部分房租。当我不得不向她说起这事时，她劝我不要搬家，为此她甚至愿意替我减去两先令的租金。从那之后，我就以每周一先令六便士的价钱住在那里。

在她家的顶楼隐居着一位70岁的老女人。我的房东告诉我这样一段有关于她的经历：她是一个罗马天主教徒，年纪轻轻就被送到外国的修女院中，她曾立志成为修女，但是因为无法适应那里的生活，所以回到了英国。

尽管英国没有修女院，但是她仍然尽可能地过着像修女一样的生活。她将全部家产都无偿捐献给了慈善事业，每年只保留12英镑作为生活费用，甚至还要从这少量的钱财中节约出一些来接济别人，她自己只喝白粥，如果是不做饭她从来都不生火。她住在阁楼中已经很多年了，历代天主教徒的房东都愿意让她免费住在那，因为他们认为有修女住在自己身边是他们的福气。

房东说有一个神父每天去听她忏悔。"我曾问她，"我的房东对我说，"以她面对生活的态度，她怎么还需要忏悔呢？"

"哦，"她答道说，"人无法避免有俗念。"

有一次这位可敬的女士允许我去拜访她，她很乐观，也很有礼貌，我们的谈话很愉快。她的房间一尘不染，环顾四周，我没有看到什么家具，只有一个坐垫，一张放着十字架和一本书的桌子，一张我坐着的凳子，烟囱的旁边放着的一张圣薇洛尼卡展示手帕的图画，图中表现的是基督血面的神迹，当我问起时，她严肃认真地向我解释这幅图画的意义。

她虽然面色苍白，但很少生病。我视其为榜样，明白再小的收入也能够维持生命，健康与金钱也没有什么直接联系。

以商号雇员身份回美洲

在华茨印刷所我结识了一个叫作华盖特的年轻人。他很聪明，家里也很富有，更重要的是他比大多数的印刷工人都有教养。他的拉丁文说得还不错，还会讲法语，并且酷爱读书。

我教了他和他的一个朋友学游泳，仅仅下过两次水，结果他们很快就学得有模有样了。华盖特将我介绍给一位从水路坐船到切尔西参观学院和唐萨尔特洛先生的收藏品的乡绅。

我们回去时，华盖特讲到了我的游泳技术，这引起了大家的好奇。我答应了大家说我游泳的要求，脱去衣服，跳入河中，一直从切尔西游到布劳克佛利亚附近。一路上我玩儿遍了各种水上、水下的花样，他们从没见过如此花哨的动作，深感大开眼界。

我从小就喜欢游泳，曾经钻研并模仿过泰佛诺的游泳姿势，加上我自己的一些经验，我总结出一套姿势优美而且实用、舒服的泳姿。我将我所有的功夫都表演给了大家，他们对此赞不绝口，我感觉非常高兴。

华盖特一直想成为游泳高手，而且我们学习的学科相近，我们的关系就逐渐亲密起来。后来他提议与我一起遍游欧洲，靠着在各地做印刷工人的收入来支持我们的旅行。这个计划一度很吸引我，但是我的好朋友德汉姆听说此事（我一有空，就去找他聊天儿）并不认同，他劝我尽早回费城发展。那时，他自己也快回去了。

我一定要把德汉姆的性格中的闪光点记录下来。

他曾经在布里斯托尔做生意，但是亏本了，欠了一大笔债，他尽力还了一部分债务，然后去了美洲。在那里，他东山再起，一心一意地做生意，很快就赚了很多钱。

他与我乘船到了英国以后，还邀请曾经的债主做客，为他们曾经给予他的信任向他们致谢,感谢他们没有对债务苦苦相逼。人们原本认为他只是宴请他们,但没想到餐具挪动时,发现盘子下面都放着一张支票,里面的数额完全抵了债,而且还付了足够的利息。

那时候他告诉我办好了事,要回费城,并带回大量商品,打算在费城开一家商号,想雇我为店员,他将教我如何记账,除此之外我将做一些抄写信件、打理店铺的工作。

他许诺我,如果我业务熟悉起来,他就立刻赋予我更大的责任,会让我将一艘装满面粉和面包的商船押运到西印度群岛去,而且我还能够从其他方面得到佣金。

假如我能做好,那么我很快就会得到丰厚的报酬。

这事正合我意,我对伦敦已经没有新鲜感了,回忆起在宾夕法尼亚度过的快乐生活,我想故地重游。我没有犹豫,立刻就接受了他的邀请,年薪50镑,用宾夕法尼亚币支付。这比起我做排字工的工资确实少了,但是我觉得这比排字工有更好的前途。

从那以后,我就离开了印刷业,我一度认为我永远不会再从事印刷行业了。

我很快适应了新工作,跟着德汉姆先生做生意,从很多商人手中采购,监督他们包装,催促工人们发货,等等。等所有商品都包装完毕,并且装船以后,我终于有了几天空闲时间。

其间,我意外地接到了当地一个大人物的邀请,他是威廉·温德姆爵士,我对他早有耳闻,只是从来没有见过。我如约前往拜访,他不知道听谁提起我从切尔西游到布劳克佛利亚附近的"壮举",而且短时间内就教会了包括华盖特在内的两个年轻人游泳,而他有两个将去远方旅行的儿子,他希望我在他们出发前教会他们游泳,对此他许诺将以重金酬谢我。

但是他的两个儿子不在伦敦,而且我留在伦敦多久也不确定,所以我无法接下这个差事。不过,从中我发现了一个商机,如果我在英国开办一家游泳学校,那么我就不会很快回到美洲,后来我还曾与威廉··温德姆爵士两个儿子中的一个打过交道，那时他已经成为艾格勒蒙特伯爵，我以后再提这件事。

就这样，我在伦敦度过了一年半，其中这大部分时间里我都做着本职工作，除了花钱看戏或者读书，我非常节约，但是我的好友拉尔夫让我陷入了贫穷，他总共欠了我 27 英镑，但是我根本没办法追讨这笔欠款了。

对于我的收入来说，这是多么大的一笔钱啊。

尽管如此，我对他还是恨不起来，他有许多讨人喜爱的优点。我没有在英国赚钱，但我在这里赢得了许多睿智的朋友，与他们的交流让我获益匪浅，而且，我阅读了大量的书籍。

我再一次失业了

我们在 1726 年 7 月 23 日从格雷夫森德起帆远航，如果你想了解我在航行中的经历，那么就翻一翻我的日记本吧，在那里我作了非常详细的记载。

那本日记中有一些很重要的事情，我在海上作出了一个指导我一生的职业生涯规划。虽然我制订这个计划时非常年轻，但是直到晚年我仍然非常忠实地坚守这个规划。

10 月 11 日，我们的船终于在费城登陆，当时城里发生了许多变化：

基思爵士已经从总督的位置上卸任了，接任人是戈登少校。我看到基思就像一个普通百姓一样在街上闲逛，看到我时非常羞愧，不发一言地走了过去。

里德小姐接到我的信，她的亲朋好友都认为我不会回来了，因此在他们的建议下，里德小姐与别人结婚了。我在英国期间，她与一个叫作罗杰斯的陶工举行了婚礼。要不是这样，我想当我看见她时大概会和基思一样感到无地自容。

然而,她婚后的日子很不幸,这段婚姻也很短暂。她拒绝与罗杰斯住在一起,也不使用他的姓氏,而且据说他另外还有家室。他是一个很少见的手艺人,所以里德小姐的亲友们认为他还不错,但是他的人品很差。1727 或 1728 年,他因为债务跑到西印度群岛,最后死在了那里。

另外,凯末尔的生意扩大了,他又开了一家颇具规模的文具店,而且印刷所购置了很多新铅字,雇用了很多伙计,虽然这些人都是新手,但是生意有声有色。

德汉姆先生在水街租赁了一个店面,在那里我们把商品陈列出来,我勤勉地照料生意,学习记账,不久就学会了如何做生意。我们吃住都在一起,他对我如父亲一般谆谆教导,他是那么真诚地重视我,我对他也非常尊敬与爱戴。

我原以为这样的合作能够持续很久。没想到在 1727 年,也就是我刚过完 21 岁生日的时候,我们俩却一起得了病。

我患了胸膜炎差点丧命,经受了极大的痛苦,我还以为自己一定活不成了,以致当我发现自己逐渐恢复时,甚至有点失望,我担心今后迟早还得重新再忍受死亡的痛苦。

我现在记不清当时他究竟得了什么病,只记得他被疾病折磨了很久,最终还是去世了。因为我们的友情,他在立下的口头遗嘱中为我留下了一笔小小的遗产。但是我再一次失业了,他的生意由遗产获赠人接手经营。

我为他工作的生涯至此彻底结束。

第 8 章

费城创业

重回印刷行业

我这一次失业的时候，我姐夫霍姆斯恰巧也在费城，他劝我重拾旧业。凯末尔也一直在拉拢我，他愿意以高额的年薪聘请我帮他管理印刷所，这样他就能抽身去照顾文具店的生意。

我在伦敦时从他的妻子和他妻子的朋友那里听说了他的事情，他的名声并不好，因此我不愿意再与他有任何联系。我原本打算找一个商店店员的职位，但是没有找到。没了出路，我只好答应凯末尔的邀请。

我接手印刷所时，对他聘请的伙计作了如下盘点：

休·梅瑞迪斯是一个威尔士籍的宾夕法尼亚人，30岁，原来一直是一个庄稼汉，但是他为人诚实、懂事，而且有敏锐的观察力，他也喜欢读一些书，缺点是喜欢喝酒。

司蒂芬·波茨，是一个年轻人，与梅瑞迪斯一样曾是个庄稼汉，他天资聪颖，诙谐幽默，常常开一些玩笑，但是工作有些懒懒散散。

凯末尔给了他们非常低廉的周薪，约定如果他们的手艺提高，就会每隔3个月增加1先令。这种对工资的预期，是凯末尔引诱工人上道的诱饵。在具体分工上，梅瑞迪斯主要做印刷，而波茨主要负责装订。按照他们约定的合同，凯末尔要教他们这两种技术，但是他自己不懂。

还有一个粗野的爱尔兰人，大概是叫约翰，或者其他什么名字。他什么技术都没有，凯末尔从一个船长手中买到他四年的工作时间，按照约定他也要成为一个印刷工人。

乔治·韦伯是一个来自牛津大学的学生，凯末尔也买了他四年的工作时间，打算让他做排字的活儿，之后我再重点讲他。

还有大卫·哈利是一个乡下孩子，是凯末尔收来的学徒。

没过多久,我就识破了凯末尔的计谋,他高薪雇用我是打算让我帮他培训这些毫无经验而且薪水低廉的初学者,当我履行完一年的合同以后,教会了他们,他就可以过河拆桥将我解雇了。

尽管如此,我还是兴高采烈地展开了我的工作,着手打理他的印刷所,将杂乱无序的工作整顿起来,逐步有序地培养这些雇工,提高他们的工作技能。

我要重点讲讲韦伯的事,牛津大学的学生成为卖身仆,真是前所未有的奇闻。

韦伯当时还未满18岁,他给我讲述了他的经历:他出生在格劳斯特,后来在当地的语法学校读书,他参加在学校里的喜剧表演,并且展现出非凡的表演才能,因此在学生中间小有名气。其间,他加入了学校的"幽默社团",并且在格劳斯特的报纸上发表过一些短篇诗歌和散文。之后他到牛津大学上学,但是他在牛津求学一年,就因为对学校生活不满意而打算到伦敦旅游并且立志做一名演员。

最后,他拿到了三个月的补助金,共有15枚金币,他没有拿去还债,而是离开了牛津大学。他将大学礼服藏在金雀花丛中,徒步走到了伦敦。脱离了良师益友的指导,他在伦敦结识了一群坏朋友,带来的金币很快花光,但是连戏剧界的大门都没有摸到。很快他就穷途末路了,甚至将衣服拿去换钱,但还是挨饿。

正当他饥肠辘辘地在大街上闲逛时,有人把一张人贩子的广告塞到了走投无路的他手中,上面写着如果愿意将自己卖到美洲劳动就可以换取食物和金钱,他没有犹豫,立刻跑去报了名,在卖身契约上签了大名,就这样上了船来到美洲。他所遭遇的事情对亲友只字未提。

他是一个幽默的人,性格活泼而敦厚,而且谈吐风趣,但是他也有弱点,比如做事懒散,而且轻率。

那个叫约翰的爱尔兰人没过多久就逃跑了,但是我跟剩下的人相处得非常愉快。因为他们知道凯末尔从来不教他们任何技术,而我却有很多经验，他们从我这里学到了很多东西，所以他们更尊敬我。我们在星期六不用工作，那一天是凯末尔的安息日，这样我就获得了两天的读书时间，而且我在城里认识了许多发明界的天才。

凯末尔礼贤下士，对我也很不错。他将表面功夫做得很到位，对我非常尊敬，我没什么事情可忧虑的。让我不安的事情只有那笔对佛农的欠款，我仍然无力偿还这笔钱，因为我总是不会节约。然而，让我感到庆幸的是佛农非常慷慨而有情义，从来没有主动提起这件事。

印刷所经常需要成套的铅字，但是在美洲还没有人能够浇筑这些铅字。我在伦敦曾经见过詹姆士店铺里他们如何浇筑铅字，我没有研究他们的方法，然而我依然靠着自己发明了一种浇筑铅字的模具，利用我们打印机上已有的字母制作而成，这样我们的需求就满足了。有时候我也会自己雕刻一些铜板，甚至做一些油墨，并且兼职管理仓库。一句话说，我就是一个万能的工人。

但不管我多么全能，我发现当所有工人的业务变得精熟起来，我的作用就一天一天减弱了。当凯末尔付了我第二季度的工资以后，他就告诉我他认为我的薪水太高了，应该降薪。而且他对我的态度也发生了变化，没有原来那么殷勤了，摆出一副老板的样子，常常对我的工作吹毛求疵，而且随时准备发火。

我仍然一如既往地工作，强忍着不满，我总是将他恶劣的态度归结为生意的不景气，而不是其他原因。

最终，我们的关系还是因为一件小事而破裂了。

有一次法院附近喧声大作，我将头伸出窗外想看看外面发生了什么事，可是被街上的凯末尔逮了个正着，他态度恶劣地向我大喊大叫，让我别管别人的闲事，对我横加指责。

他竟然当众对我无端责备，这让我忍无可忍。他跑到楼上，打算继续训斥我，我们终于爆发了争吵，我们都出言不逊，他让我做完这个季度就卷铺盖走人，因为按照合同约定他要提前3个月才能解雇我，他对将警告时间定为 3 个月那么久懊悔万分，但是我告诉他无须再后悔了，因为我打算立刻离开这里。

第一个真正的合伙人

就这样，我取了帽子扬长而去。我在楼下遇见了梅瑞迪斯，请他帮我收拾我留下的个人物品，并且将它们送回我家。

梅瑞迪斯晚上如约到了我家，我们一起商量所发生的事。他对我非常尊敬，当我离开印刷所，他也就不打算在那里做事了。开始我打算回家，但是他极力劝我留下来。他告诉我凯末尔早已经入不敷出了，他的债主们对他很不满，而且他把印刷所经营得一塌糊涂，为了眼前的小钱不惜做赔本生意。除此之外，他还常常赊卖商品而从不记账，长此以往他一定无法坚持，而一旦他的生意倒闭了，那么我就有机会取而代之。

我告诉他我没有创业的启动资金，他说他与他父亲对我非常信赖，在他与父亲的对话中，他知道如果我愿意与他合作，那么他父亲会为我们投资。他说："我与凯末尔签订的劳动契约在明年春天就到期了，到那时我就从伦敦买回我们自己的印刷机和铅字。我知道我的印刷技术不行，所以如果你愿意你可以以技术入股，我负责资金，赚到钱我们俩平分。"

这个计划如此完美，我根本无法拒绝。

我欣然接受了这个计划，恰巧他父亲也在镇里，因为梅瑞迪斯如此相信我，于是他的父亲同意了我们的计划。在我的劝说下他戒了很长时间的酒，他那么希望我们俩能够密切合作，我还以为他能够彻底改掉酗酒的毛病。

我给他父亲开了一张采购清单，他父亲请一个商人去采办这些货物，在这期间我们将对此守口如瓶。我打算在机器到来之前尽可能去其他印刷所找些工作，但是一时间无法找到合适的地方，我只好闲了几天，直到凯末尔又来找我。

凯末尔觊觎印刷新泽西纸币的生意，所以他需要我来替他做一些雕刻模板和所需的铅字，他担心布雷福德雇我，导致这笔大生意被布雷福德抢走（没有我，当时谁也不能完成这个任务）。他给我写了一封信，在信里他谦恭地邀请我回去，他说多年的老朋友不应该因为一时的气话而决裂。

梅瑞迪斯也劝我回去，因为在我每天的指导中他可以继续提高自身的能力。在他的劝说下，我回去了。我与凯末尔的关系比之前缓和很多，为了让凯末尔得到新泽西的生意我为他设计了一架铜版印刷机，这还是美洲的第一架铜版印刷机。

我为纸币专门雕刻了一些花纹和记号，还与凯末尔一齐去了趟柏林顿，在那里我圆满地完成了这个任务。凯末尔得到了期望的生意，这让他发了财，在相当长的一段时间他都不会破产了。

在柏林顿我结识了许多新泽西的大人物。

为了随时监督纸币的印刷质量以及确保法律规定的印刷数量，州议会指派了一个委员会来负责此事。我结识了委员会中的几个委员，因为委员会的成员轮流住到我们中间，他们不是独自前来，而是常常带一些朋友与他们做伴。

我曾经饱览群书，所以我个人的文化修养比凯末尔高很多，我暗想，一定是这个原因让他们更喜欢与我交流而不是凯末尔。

他们真诚地邀请我到家里做客，将我介绍给他们认识的朋友，他们对我的热情早已超越了对我的老板。说实话，凯末尔是一个性情古怪的家伙，他不懂怎么参与社会生活，喜欢与公认的意见抬杠，而且常常衣冠不整，生活习惯非常邋遢，而且他愚信一些宗教教条，行为却总是带着流氓气。

我们在那里的工作持续了将近三个月，在那段时间我结识了艾伦法官、州议会秘书塞缪尔·巴蒂斯尔、议员艾萨克·皮尔森、约瑟夫·库柏，和几个姓史密斯的先生以及测量局局长艾萨克·德科·

德科是一个非常睿智的老人,他告诉我他年轻时是个替砖瓦匠运送土的帮工,成年之后才开始读书认字,再后来帮测量员们拿测量用的链子,并且从他们那里学到了如何测量。他一生勤勤恳恳,认识我的时候已经置办了不错的产业。他说:"我预言你在不久的将来就会将凯末尔从印刷行业中排挤出去,在费城另辟新天地。"

那时候他根本不知道我已经秘密计划在费城开办印刷所的意图。这些朋友以后给我提供了很大帮助,我偶尔也会帮助他们中的一些人,但是他们一生都对我非常尊重。

我对道德伦理的看法

在我为你讲述正式开办印刷所之前,我想我最好让你知道我那时对伦理道德的看法,以便让你了解我的观念如何左右我对生命中那些重大事件的决策。

早年间,我的父母向我灌输了最早的宗教意识,它引领着我走在一条非国教的道路上。那时候我读到了一些书中对教条的质疑,所以我对教条中的一些内容产生了怀疑。后来,我还不到15岁的时候对《圣经》也产生了怀疑。

偶然间我接触了一些反对自然神论的书籍,这些书籍被视为博伊尔讲座布道中的经典部分。但是这些书给了我相反的影响,我被引领到了与之相反的方向。因为在我看来,书中引用和批判自然神论的论据比批判本身还要精彩,总之,我成了一个坚定的自然神论者。

我的观点常常把别人领入歧路,特别是我的朋友柯林斯和拉尔夫。然而他们两个都恶意地背叛、伤害了我,再联想到基思对我的所作所为(他也是一个不信宗教的自由思想者)和我自己对佛农以及里德所做的错事,我都会感到非常困惑与苦恼,我开始相信教义上说的话,它们也许是真的,但并非总是有用。我在伦敦曾经印行了一本小册子，我用德莱顿的几行诗句为它题记：

> 存在即合理，
> 虽然那些半盲的人
> 只能看见链条的一端中最近的一环，
> 但是
> 他的双眼已经失真，
> 无法看到那根权衡万物的秤杆。

我从上帝的属性（即他的无限智慧、善良与权力）中得到了如下结论，世界上的一切事物都是合理的，恶与善本身没有明确的界限，世上也没有绝对的善恶。现在看来，这篇文章并非我过去一度认为的那样巧妙绝伦，因此我怀疑是不是一些错误的知识在不知不觉间融入了我的判断，以致影响了由它衍生而来的所有理论，这在形而上学的推论中屡见不鲜。

我逐渐相信，人与人之间的关系中那些"真实、诚信与正直"才是影响人生幸福的重要因素。我写下了我的决心（这决心书还在日记中），要在我的一生中不断地践行这一点，保持真实、诚信与正直。

《圣经》本身对我来说已经不是举足轻重了。我认为尽管《圣经》禁止了某些行为，我们也不能认为这些行为都是坏的，或是因为《圣经》鼓励某些行为，我们就认为这些行为是好的。这些都是片面的，我们应该将事情的前因后果思考清楚，我相信它，是因为它所禁止的内容可能会对我们不利，而它所鼓励的内容恰恰可以帮助我们。

就是这个信念，以及靠着上帝和守护天使善意的祝福，或是一些利于我情况或形势的运气，也可能这三个因素都有吧，总之，它们护佑了我，帮我度过了青年时代的危险期，在我没有父亲的指导和忠告的情况下指引着我，使我安全地避开了与陌生人相处中的那些陷阱与险境,没有因为缺乏对宗教的信仰而存心铸成违背道德或是背离正义的大错。

我在这里提到了"存心"这个词,是因为我之前讲过的那些事情,包括我年纪尚浅,缺乏人生历练,或者遇到别人的无赖行为等事情都是我无法避开的。因此在我正式进入社会时,我还保持着良好的人格与品行。我对其非常重视,并且愿意坚决捍卫它。

第一桶金子

我们回到费城不久之后,订购的那些设备就从伦敦运到了。我们跟凯末尔达成了一致,在他还没有听说我们的计划之前就与他分道扬镳了。

我们在市场不远处找到了一所出租房,第一时间把它签租下来。为了减轻房租的压力(听说现在已经租到了70磅一年,可是当时一年才24磅),我们便招了玻璃工托马斯·戈弗雷和他们一家来同住,这样他们就可以帮助我们承担一部分房租,同时,我们吃饭的问题也交给他们解决。

我们还来不及拆开铅字、整理好印刷机,我的一个朋友乔治·豪斯就带着一个乡下人来到我们这里。他说他在街上遇见这位客人时,他正在四处寻找印刷所。当时,我们的所有资金都已经花在我们必须置办的各式各样的设备上了,所以这个乡下人支付的五先令成为我们的第一桶金。他来得这么及时,给我的快乐胜过我以后所赚的任何一个五先令的银币。

由于豪斯对我的帮助,我对他充满感激,所以我也愿意帮助那些年轻的创业者,若不是我曾感同身受,我是不会如此热心帮助他们的。

在每一个国家都有经常预测国家即将毁灭的乌鸦嘴,费城当时就有这样一个人,他是一个上了年纪的知名人士,看起来很聪明,谈吐也很严肃，这个悲观主义者的名字叫作塞缪尔·米克尔。

我与这位先生并不相识，可是有一天他闯进我的店铺，询问我是否就是开设一家新印刷所的年轻人。我给了他肯定的回答，他却对我表示惋惜，认为开办印刷所要花掉不少钱，而我注定要赔本。因为费城是一个走下坡路的城市，城里的市民们已经濒临破产边缘。尽管事实上城里新建了不少大厦而且房租也在上涨，在他看来这些都是虚假的繁荣，而这些因素都会在不远的未来促成我们城市的大毁灭。

紧接着，他就与我详细地描述了当时已经发生或是未来会发生的所谓灾难。当他离开，我都感觉到了悲观的氛围，开始闷闷不乐。我想如果他在我开业之前就跑来打击我，也许我这辈子都不会进入这个行业了。

后来他一直住在一所破旧不堪的房子里，用同样悲观的论调评论这世界，许多年来他都不肯在当地买上一所新房子，因为他坚持认为城市将要灭亡了。后来，我高兴地看到他买到的房子的价格比他最初大谈悲观论调时的价格高出了五倍。

第 9 章

成为费城最大的印刷商

我与我的社团

其实我早应该提起这件事，在前一年的秋天，我把我那些才华横溢的朋友们组织到一起，结成了一个相互切磋的社团，被我们称为"政治促进会"。

在每星期五的晚间聚会，我为此起草了章程，规定每一位社员都要轮流提出一两篇关于道德、政治或者自然哲学的问题，并且在聚会中共同讨论，每隔三个月要写一篇论文，并且当众宣读。辩论秩序由会长维持，辩论以对真理的探究精神为重，不能抱以争强好胜的态度。

为了防止社员在辩论中出现过度激昂的情绪，不久之后，章程中就规定在辩论中禁止了一切表达武断的个人意见和针锋相对的驳斥或是抗辩，如果违背则处以少量罚金。

社团的首批社员如下：

约瑟夫·布莱恩特纳尔，一个公证事务所的签约抄写人，他是一个本质纯真、友好的中年人，喜欢诗歌，逢诗便读，自己也创作一些还不错的诗歌，他善于做一些小发明，谈话非常通情达理。

托马斯·戈弗雷，是一个自学成才的数学家，在行业内很有名气，做过专门的研究，后来发明了"哈德利现象仪"，但是除了本行，他就不太灵光了。而且他也不是一个惹人喜欢的伙伴，如我所接触的大多数伟大数学家类似，他对事物有近于苛刻的要求。他要求每一句话绝对精准，对于那些非常小的事情也要刨根问底，或者干脆一概否定。他无数次打乱了整体讨论，不久之后，他就离开了我们。

尼古拉·斯卡尔，一个土地测量员，后来他成了测量局局长，他喜欢读书，有时也写一些诗歌。

威廉·帕森斯，开始学习制鞋，后来因为喜欢读书而学了不少数学知识，起初他是为了学习占星术而学数学的，后来每谈起占星就会冷嘲热讽，后来他也成为测量局局长。

威廉·莫格里奇，一个手艺灵巧的木匠，他既是非常优秀的工匠，同时也是一个非常明智的人。

休·梅瑞迪斯，司蒂芬·波茨，乔治·韦伯，我之前已经简单介绍过了。

罗伯特·格雷斯，一个家境殷实的年轻绅士，他为人慷慨，性格很活泼，而且风趣幽默，讲话喜欢一语双关，深得朋友们的喜欢。

还有威廉·柯尔曼，一个与我年纪相仿的商店雇员，他几乎是我所认识的人中头脑最冷静、为人古道热肠而且品行端正的人了。后来他成为一个大名鼎鼎的商人，也是我们州里的法官之一。

我们的友谊持续了40多年，一生都没有间断。这个社团也持续了40多年，它是当时宾夕法尼亚的最优秀的哲学、道德和政治摇篮。

因为我们讨论的话题会在聚会前一个星期宣读一遍，这使得我们在平时总是围绕着不同的题目阅读、研究，这样才能在聚会上中肯、客观地发言，而且我们的聚会使得我们培养了良好的发言习惯。因为我们在社团的章程中拟定了可以防止一切冲突的条款，正是基于此，我们的社团才能够保持长久，关于社团的事情我在后面还会常常提及。

勤奋对于我的重大意义

我在这里笔墨浓重地介绍社团的事情，目的在于向你介绍我当时的朋友。

他们都曾大力地帮我招揽生意，特别是布莱恩特纳尔，他替我们招揽了替贵格会印刷会史的生意，40印张，完不成的部分由凯末尔承印。

这宗生意我们做得非常辛苦，因为所付的工钱很低。这是一本大幅面的对开书，就像"为祖国"的材料那么大，正文使用12号活字印制，书上面还有大段落用小号铅字印的注解。

我每天排版好一大张，梅瑞迪斯就用印刷机将它印刷出来，等到我拆掉之前的排版为第二天做好准备时，往往都过了夜里11点，这还不是最晚的。

有时，我的其他朋友会介绍来一些零活儿，这会耽误我们的工作，让工作时间变得更长。然而，我坚持保持每天排版一大张的速度。

我还记得有一个晚上，当我装好了版以后，我满以为今天的工作终于结束了。然而我不小心碰坏了其中一版，有大概两页的铅字被碰得一团糟，我只好马上拆版，重新排印，做完这一切才上床睡觉。

我们的邻居看到我们如此勤奋工作，都对我们称赞有加，在他们的帮助下我们的名誉和声望越来越好。特别是听到人们告诉我："在商人的夜间俱乐部里，人们谈起这家新开设的印刷所时，绝大多数人都认定我们会一败涂地，因为城里已经有凯末尔和布雷福德两家印刷所了。"

但是贝尔德博士（许多年后，我们曾经在他的家乡——苏格兰的圣安德鲁斯见过面）对此提出了不同意见，他说："我从来没有见过像富兰克林那样勤劳的人。当我从俱乐部回家路过他的印刷所的时候，我看他还没有结束工作，而第二天早晨当邻居们还没有起来，他就已经开始第二天的工作了。"

贝尔德博士的一番话给大家留下了深刻的印象，在那之后不久就有一个商人找到我们，提议由他提供文具，而我们负责代销，虽然我们还没有考虑经营一家文具店。

我用了如此多的笔墨来刻意强调勤劳这一点，不是在自吹自擂自己有多么勤奋。我的目的是让我的后来人读到这里时能够看到勤奋带给我怎样的好处，这样，他们就能感觉到勤劳对于人来说是多么宝贵。

报纸办得很不错

乔治·韦伯交了一个女朋友，他的女友借钱给他，向凯末尔赎买了他的自由身。那时他打算到我们的印刷所来工作，但是那时我没办法雇用他。

然而我愚蠢地向他泄露了一个秘密，我告诉他不久以后我打算办一份报纸，那时也许能够为他找到一个职位。

我告诉他我将报纸的前景寄托在这样一个事实基础上：当时唯一的报纸由布雷福德承办，那是一份毫无价值的、内容枯燥乏味的报纸，尽管它的经营状况十分恶劣，但是布雷福德依然在源源不断地赚钱，所以我认为一份优秀的报纸一定有不小的市场。

我让韦伯替我保密，谁知道他转身就告诉了凯末尔。结果凯末尔赶在我之前发布了他办报的计划，而且还雇用了韦伯。我勃然大怒，但是冷静告诉我，我不应该立刻办报纸。

为了破坏他的办报计划，我为布雷福德写了几篇非常有趣的文章，这一系列文章叫作《多管闲事》，之后布莱恩特纳尔还续写了好几个月。

这样，人们的眼球纷纷被这家报纸所吸引。经过我们一系列的冷嘲热讽，凯末尔的计划便无人问津了。

但是他仍然将报纸办了出来，在长达9个月的时间里，他的订户没有超过90个，迫于无奈，最终他将这份报纸转让给了我。而我当时已经做好了接收这份报纸的所有准备，所以我们立刻就接收了。没几年，这份报纸就为我赚了很多钱。

我知道我喜欢用单数第一人称讲述这些事情，虽然我还有合伙人，这个习惯也许是因为我管理着一切事务吧，梅瑞迪斯对事业没有什么促进作用。

他无法排字，印刷也马马虎虎，而且他不醉酒而保持清醒的日子也不多。

我的朋友们总是因为我与他合伙而感到遗憾，但是我要做的只是将工作做到最好。

我们的报纸一问世就让人感觉焕然一新，它的外观与宾夕法尼亚之前所有的报纸都截然不同：不但字迹十分清晰，而且印刷得非常精美。

适逢当时伯内特总督与马塞诸塞州州议会之间正发生争执，对于这件事的评论我采用了一些切中要害的激进评论，触动了一些人，这引起重要人士的注意。

我们的报纸以及它的发行人一时间被人议论纷纷，没过几个星期，他们都成了我们的订户。

有他们在前面做了榜样，我们的读者群体渐渐地扩大了。其中一个原因就是我能够写一些文章，另外一个原因恐怕是他们看到终于有一个"笔杆子"接管了一家报纸，他们应该做些什么来鼓励我，为我提供一些帮助。

那时，我的竞争对手布雷福德还在承印选票、法律条文和其他一些政府业务，可是他把州议会向总督的请愿书印得粗劣不堪又漏洞百出。

我们重新印刷请愿书，效果很不错，比之前的版本更漂亮也更准确，我们将其寄给每个议员，让他们比较两者的不同。后来，我们的努力取得了成效，议员们在议会中为我们说了话，这样他们决定将下半年的印刷工作交给我们。

之前我介绍我在州议会的朋友时，漏掉了之前提过的汉密尔顿先生。这时他已经从英国回来并且成了州议会的议员。

在事业上他对我鼎力相助,如之后的其他事情一样,他一生都对我爱护有加。

我们的合伙出现了危机

就在这时,佛农提醒我关于那笔欠款的事情,但是他并没有对我苦苦相逼,我给他写了一封信。

信中我非常诚恳地向他认错,请他再宽限一段时间。他答应了我,而我凑足了这笔钱就立刻将本金与利息计算好,将其付清,而且我向他表达了我的谢意。

在某种程度上说,我的这个错误总算改正了。

然而这时我陷入了另外一件麻烦事中。我的合伙人——梅瑞迪斯,他的父亲按照我们原来的约定应出资来支付我们购买印刷设备的费用,但因能力所限仅仅支付了100镑,所以他的父亲还欠了一个商人100磅,而那位商人等不及,只好将我们告上法庭。

如果我们无法及时筹措欠款,那么法院将不得不对我们强制执行,我们对未来的希望将与我们一起完蛋,因为法院将拍卖掉我们的印刷机和铅字,也许还会以半价卖出,好在我们缴纳了保释金。

在这个不幸发生的时候,我获得了两个真正的朋友,我永远不会忘记他们的友情。

他们不约而同地表示,如果他们能够做到,甚至愿意帮助我垫付一切必需的资金以便使我能够单独经营业务。

但是他们不喜欢看到我和梅瑞迪斯继续合伙,他们告诉我有人看见梅瑞迪斯经常喝醉了酒游荡在大街上,也有人发现他在酒馆里下流地赌博,这些对我来说都是耻辱。

这两位朋友是威廉·柯尔曼和罗伯特·格雷丝。我告诉他们只要梅瑞迪斯父子能够履行他们在协定中的义务,我就不忍心提议拆伙，因为他们曾经给了我他们所能的所有帮助，直到现在他们还依旧在帮助我，我实在受过他们太多恩惠。但是假如他们不能履行他们的义务，而我们必须拆伙不可的话，我再接受朋友们给我的帮助。

事情就这样拖了一段时间，我对我的合伙人说："你父亲可能不喜欢你与我合作做生意，所以他才不愿替我们两个人垫付款项，但是我觉得他愿意替你一个人出钱。假如是这样的话，请你告诉我，我将退出合伙，离开此地。"

"不，"他说，"我父亲是对他无力垫付资金而感到失望，你要相信他是真的没有这个能力，我不愿意因为这事让他痛心。我知道我可能并不胜任印刷的工作，因为打小我就一直务农，一直到我进城来生活。我已经年满30岁，这时改行当学徒，而且从事一项新行业在别人看来的确是一件荒唐事。有很多威尔士人都移民到北卡罗来纳，那里的土地售价非常便宜。我打算跟他们一起干我的老本行。对于咱们的印刷所，你可以找到朋友来一起经营。如果你愿意归还我父亲所垫付的100磅，并且承担印刷所的所有债务，和一些我自己的零星借贷，再给我一个新马鞍和30磅，那么我愿意出让我所有的股权和产权。"

我接受了他的条件。我们即刻写下了一份证明，签字盖章。我为他提供了所有他要求的东西，之后他就搬到了北卡罗来纳。第二年，他寄给我两封长信，在信中详细地介绍了那里，这是迄今为止对那里的最好介绍，其中涵盖了北卡罗来纳的气候、土壤、农业等方面。

这的确是他的老本行。

后来我把这些内容发表在报纸上，还获得了读者的一致好评。

纸币的性质和需求

梅瑞迪斯一离开，我就去找之前那两位朋友求助。因为我不愿意让人感觉我对其中任何一位有所偏好，于是就向他们每一位各借了一半的钱，用来偿还印刷所欠下的债务。

从此我宣布之前的合伙彻底解散，自那以后我就以自己的名义经营这项事业。

这大概是1729年前后的事情。

当时，在人民中间有一种"要求发行更多纸币"的呼声，宾夕法尼亚的纸币流通额只有1.5万镑，而且这一数目在将来还会变得更少。

富裕阶层反对增加纸币的发行，事实上他们反对印刷一切纸币，这是因为他们担心像在新英格兰发生的那样，纸币使货币贬值，致使债权人的利益受到损害。

在"政治促进会"中，我们曾经讨论过这个话题。我当时赞成增加纸币的发行量，因为我认为1723年发行的少量纸币起到了积极的作用，它有效地促进了地区贸易，拉动了就业，而且使居民数量大大增加。

当时我看到很多老房子都住满了人，更多的新房子也拔地而起。而我还清楚地记得，当我初来此地，吃着我的巨大面包走在费城街道上时，我还看见在胡桃街从第二街到前街这一段街道边的多数房子都租不出去，在板栗街和其他街道上也一样。当时我还以为，费城的居民们正在逃离这个城市呢。

我们对此进行了辩论，而我对这一题目产生了更大的兴趣，也对此有了更为全面的把握。

我还为此印行过一本无名的小册子，名为《纸币的性质和需求》,受到平民阶层的欢迎,但是那些富裕的人不喜欢它,因为它助长了对增加货币的呼声。

恰巧,此时富人阵营中没有人能够回击我的文章,所以他们的反对气势就降了下去。

很快,增发纸币的议案在州议会中以多数票获得通过。我在州议会中的朋友们认为我推动了这一议案的通过,作为奖励,应该由我来承办印刷纸币的业务。

随着时间的推移与人们的切身体验,大家很快感受到了它带来的好处,在那以后对这一话题就少了很多争辩。后来,纸币的发行量大增,不久之后就达到了5000镑,而到了1739年这一数字变成了8万镑。

之后这种增长没有停止,而是节节攀升,在之后的战争期间甚至超过了35万镑之巨,与此同时,商贸、建筑行业、居民数量都在蓬勃发展。

但是我觉得纸币的发行量一定要有所限度,如果超越了某一个额度,那么滥发纸币就会带来危害了。

不久以后,我在朋友汉密尔顿的帮助之下,获得承印纽卡斯尔纸币的生意。在当时看来,这是另外一宗赚钱的好生意。对于小人物来说,这件小事就很了不起了。承接这样的生意给我带来很多好处,我可以从中获取巨大利润。汉密尔顿还帮我接到了一些承印纽卡斯尔政府法规和选票的生意,而在离开印刷行业之前,我对这一业务一直没有放手。

后来我又开办了一家规模很小的文具店,我在店铺里准备了各种各样的空白纸张,由于我得到了朋友布莱恩特纳尔的帮助,我们所销售的单据在当地是最规范的。我也在店铺中销售其他纸张,一些羊皮纸和笔记本,等等。

我在伦敦的时候,曾经认识一个叫作怀特·麦什的排字工,他与我一起勤奋地工作,后来我也收了一个学徒,是阿克拉·罗斯的儿子。

从那时起，我开始逐步偿还当初为了开办印刷所而欠下的债务，为了保持商人的信誉，我做事谨小慎微，不但在暗地里勤俭持家，也设法表现出俭朴的样子。我衣着朴素，很少出没娱乐场所，我甚至不去钓鱼或是打猎。

有时候我会因为读书偶尔偷懒，但是这种情况非常少见，而且我也会将其处理得当，不致让人说我的闲话；为了向大家表示我对工作的热爱，我还会将在商店里面买好的纸张放在独轮车上，然后大张旗鼓地推过街道运回家。

就这样，大家都认为我是一个非常进取的勤奋青年，严守信用而且从来不拖欠债务。因此，进口文具商人拉着我批发他们的商品，而其他商人们也要我帮他们代卖书籍。

在我的事业高歌猛进的同时，凯末尔的信誉和生意却一天不如一天了，最后他到了不卖掉店铺就难以为继的地步。后来他去巴巴多斯住了几年，听说他的生活一直很贫困。

而他的学徒，那个我给凯末尔打工时曾经教导过的小子哈利购买了凯末尔的设备，在那之后他又将凯末尔的店铺重新开了起来。

我开始还在担心哈利会成为一个强有力的竞争对手，毕竟他有一些很有势力的亲友。对此，我向他提出合作经营，但是他非常轻蔑地拒绝了我。

谢天谢地，我们没有合作。因为他这个人是一个自大狂，他常常打扮成上流人士的模样，过着奢侈的生活，而且常常到外面寻欢作乐，很快他就欠下了债务，印刷业务也一落千丈。

既然已经走投无路，他只好步了凯末尔的后尘去了巴巴多斯，将印刷所也搬到了那里。在那里，这位自大的学徒雇用了他过去的老板，他们常常吵个不停，而哈利债台高筑，面对越来越多的负债，他只好将铅字卖掉，回到宾夕法尼亚种地去了。

接收印刷设备的人雇用凯末尔作为员工，可是没过几年凯末尔就去世了。

　　至此，在费城，除了我的老竞争对手布雷福德之外，没有任何人能够与我一较高下。布雷福德资本雄厚，生活富足，因此他对冷淡的生意不以为意，只是偶尔雇一些伙计做点微末的印刷工作。但是，由于邮局处在他的管理之下，所以人们认为他会获得第一手新闻，这点他比其他人都强，认为他开办的报纸比我有着更大的影响力，因此他接受的广告比我多不少。

　　这对他来说大有裨益，却是我的软肋。虽然我也是通过邮局寄出报纸，但是外面的人并不知情。

　　布雷福德蛮不讲理，他下令禁止邮局的骑师们替我寄递报纸，所以我只能通过贿赂那些骑师才能将我的报纸散发到各个地区。因为骑师们只能暗中来做这事，所以给我带来很大的不便，对此我非常生气，也因此看不起我的竞争对手。即便我后来接管邮局时，我也从来没有使用过这样的手段对付别人。

第 10 章

创办美洲第一个图书馆

重拾旧情，与里德小姐结婚

这一段时间，我一直在戈弗雷家解决吃饭的问题，他与他的家庭仍然使用我房屋的一部分。他在我的印刷所旁边开了一家玻璃商店，但是大部分的时间里他都没有工作，而是一直沉迷于数学研究。而戈弗雷太太打算替我和她亲戚家的女儿做媒，常常帮我们创造机会见面，后来我与那个姑娘萌生了感情，因为那个姑娘的确非常可爱。

姑娘的长辈们常常鼓励我，并邀请我去吃饭，好撮合我们两个。到了后来我们之间一定要有个说法了，戈弗雷太太替我们传达了彼此的意思。

我告诉她我希望我能从他们那里获得帮助，以便付清我开办印刷所而欠下的借款。

当时这笔欠款已经不足100磅，而她的答复是他们家里并没有这样一笔钱帮助我还款。

而我建议他们将房子拿到银行去抵押，几天以后我收到了答复，她的父母不赞成我们的婚姻。

他们曾向波拉夫询问印刷所的情况，而波拉夫告诉他们印刷绝不是一个好行业，铅字的磨损率很高，所以更新的频率特别高。而这些铅字的价格也并不便宜，因为这个，凯末尔和哈利都相继失败，而我也许将要落得与他们一样的下场。

就这样，他们不欢迎我再去他们家里，也限制了他们女儿的外出。

我不知道他们是真的不打算将女儿嫁给我，还是打算要一些手段，认为我和她的感情已经深到无法自拔，让我们被迫私奔，这样一来他们就可以不用给或者只给很少的陪嫁。我没有验证过这些想法，但是我猜测他们一定是在耍手段，这让我感到愤怒，于是再也没有登过她家的门。

后来，戈弗雷太太告诉我他们对我的态度已经缓和了，打算让我去他们家，但是我直接告诉她我已经不愿意与他们再有任何来往。我的这一决定得罪了戈弗雷全家，我们之前和睦的关系被打破了，之后他们索性搬离了这里。

就这样，整栋房屋只剩下了我一个人，而我也不打算再与人合租了。

这件事情刺激了我，让我有了结婚的念头。我在周围的人中间看来看去，但是不久我就发现了一个问题。很多人认为印刷业并不会带来财富，而且我不能希望从妻子的身上得到金钱帮助，除非是那些不符合我心意的女人。

同时，我无法压抑作为年轻人的那种旺盛的情欲，所以我偶尔也会在冲动的驱使下与一些不三不四的女人发生关系。这样的事情不仅要花钱，还极有可能传染那种我最担心的疾病。谢天谢地，我没有患上这种疾病。

那一段时间，作为他们的邻居和朋友，我与里德太太的全家都没有中断那种友好的往来。

从我寄宿在他们家的第一天起，我就赢得了他们对我的尊敬。所以我常常被邀请到他们家里，商量一些家里的事情，有时候我也能够为他们提供力所能及的帮助。

里德小姐的命运很可怜，我对她所遭受的不幸表示同情。她总是一副没精打采的样子，很少流露出高兴的神色，甚至开始不愿意与别人来往。

也许正是我在伦敦期间表现出来的轻浮和对她的抛弃导致她后来的遭遇，我想我应该对此负有很大的责任。尽管里德太太很善良地以为造成里德小姐痛苦的根源主要在自己，因为在我到英国之前，她曾经坚决反对我们的婚事，而我在英国期间她也一直劝里德小姐嫁给别人。

就这样,我与里德小姐旧情复燃了,但是经过了这一切,我们的婚姻要面对更多的困难。她第一次的婚姻如我所想是无效的,因为我们得知罗杰斯在英国的前妻还活着,但是距离实在太远,以至于我们无法证明这一点;而且虽然传闻他已经死去了,但是我们同样无法证明;而且假设他已经不在人世,那么作为继任者也要对他生前的债务负责。

虽然我们要冒这些风险,但是我们在1730年的9月1日举行了婚礼。

我们之前担心的那些麻烦事一件也不曾发生,善良的里德小姐是一个忠实的妻子,她尽心尽力地帮我照顾印刷所的生意。

在我们共同的努力下,我们的生意渐渐火热了起来。我们的生活也很和睦,因为我们总是相互安慰、相互体贴、照顾对方。

至此,我终于又弥补了年轻时的过错。

北美第一个图书馆

大约就在这段时间,我们的社团聚会不再选择酒馆这种场合,而是转移到了格雷斯家里的一所专门用于开会的小房间了。因此我提议,既然我们在讨论问题时,常常要参考一些书籍,如果我们将所有的书籍凑起来放在聚会的房间里,那么我们阅读参考就更方便了。

在我的建议之下,我们将所有的书籍集中在一个公共的图书室中,只要我们愿意把书籍集中起来,那么我们就有机会阅读其他会员的书籍,通过这样的分享我们几乎拥有了全部书籍的阅读权利。

大家对我的提议都表示赞成,我们就这样将暂时不读的书籍放在房间的一侧,数量远没有我们预期的那样多,但是我们阅读起来已经方便多了。但是因为没有人负责保管这些书，图书室产生了一些麻烦，仅仅过了一年，这些书就物归原主，被各自的主人带回了家。

这时候，我着手准备第一个公益性质的计划，那就是成立一个会员制的订阅图书馆。

我起草了若干个方案，请我们的文件起草专家布洛克登将其审改为适当的格式，凭借着我们秘密集会中的朋友，我们征集了50个会员，每个人的会费为40先令，之后每年缴纳10先令，为期50年，而这个年限也是我们这个组织存在的最长期限。

在我们的会员人数达到一百时，我们申领了一张许可执照。这就是所谓北美会员制订阅图书馆的雏形，现在这样的图书馆已经不胜枚举了。

这本身就已经成为一种伟大的事业，而且它的发展前景大为可观，这些图书馆改善了美洲人的总体交谈方式，使得普通的农民如同别国多数绅士一般聪明睿智，在一定程度上，这也促进殖民地各地的人们团结起来展开维护自己权利的斗争。

备注：到此为止，上面的叙述是按照在本文开始时想要表达的目的写成，因此其中包括一些对外人并不重要的家庭琐事。下面的内容是在多年以后，遵照下面的信件提出的劝告写成的，为了面对大众而写。独立革命的工作造成了写作的意外中断。

詹姆士保存的信件

埃布尔·詹姆士先生的来信，里面附着我之前写下的自传（我在巴黎收到的）。

我无比敬爱的朋友：

我每每想写信与您，但是我深恐信件会落入英国人之手，又担心信件的内容被一些出版商或是好事者断章取义公布于众,造成您的痛苦,也使我陷入责难中,只得作罢。

不久前,我非常偶然地收到了您的 23 章手稿,我既兴奋又惊讶。这是您寄给令郎的手稿,其中详述了您自己的家世与个人的经历,直到 1730 年为止。

其中还附有一些笔记,也是您的手笔。

我将摘要抄录了一份,随我的信一同奉上。如果您还打算继续完成这部手稿,我希望能够看到上下两个部分接续起来。如果迄今为止您还没有继续写,我希望您不要再拖延了。正如传教士所说,天有不测风云,人有旦夕祸福。万一宅心仁厚的本杰明·富兰克林先生与世长辞,那么世界上就少了这样一部引人入胜、影响深远的著作。

何况这本自传不仅对一小部分人而且对世界众生来说都是一部集趣味性、实用性为一体的巨著。如果世人无法读到这部巨著会感到多么惋惜。

您写就的这类作品对青年人的心智有着巨大的裨益,依我看来,再也找不到任何比公众领袖的日记更有影响力的书籍了。它几乎潜移默化地引领着无数青年成为与您一般优秀的人。

假如您的传记有一天成功发表(我对此深信不疑),将指引着无数青年从您早年生活片段中学习到勤勉与节制,这对于他们来说是多么幸运啊!

当下,我无法找到任何一个人或是多人结成的群体,能够如您那样促使美国的青年人塑造那些强大的奋斗精神和敬业、勤俭、节制的伟大品德。

除此之外,我并非认为这本自传在世界上没有其他的用处,远远不是这样。只是我觉得那种无比重要的教育作用是那么的令人瞩目,我想不到有其他什么东西可以与其比肩……

埃布尔·詹姆士

我把上面这封信与和它一起寄来的附件给一个朋友看了，之后，我从他那里收到了下面这封信。

我最亲爱的先生：

当我拜读了您那位朋友替您找到的那些记载您生平事件的手稿之后，我曾经跟您说过会给您写信，告诉您为什么我坚持让您应他的要求将这本传记写完并出版是一件造福万民的事。

之前的那段时间我因俗务缠身，没有抽出时间写下这封信，而且我也不清楚这封信是否值得期待。

但是现在我正好有时间，可以将它写出来，哪怕仅仅为了从中获得愉快和收获。

然而我担心我的某些措辞会触犯您这样的一位伟人，所以我将告诉您如果我对另外一个如您一般善良而伟大，但是不如您那样谦逊的人写信，我会怎样说呢？也许我会如此说：先生，我恳请您发表您的自传。

理由如下：

您的一生如此的出类拔萃，就算您自己不打算写自传，别人也一定会编写，与其由别人来代笔而出现很多对您的危害，还不如由您自己提笔写就。

并且，您的自传能够介绍贵国的内情，这样的介绍一定会吸引那些善良勇敢的人们来此定居。

考虑到那些准备移民的人对信息的需求很迫切，您的声誉一定会成为吸引他们前来的最好宣传。

您一生的经历与这个正在日益崛起的民族的一切风土人情密不可分，从这个角度看，我认为您的自传非常重要，其中那些对风土人情以及人类社会的描写，与恺撒和塔西佗的著作相比也毫不逊色。

然而，先生，在我看来，如果与您的自传对未来那些大人物成长的促进，连同您打算发表的那本《道德的艺术》一起对个人道德的教化，进而对整个社会与万千家庭的影响相比，上面那些原因都微不足道。

先生，上面提到的两部作品，尤其能够成为自我教育的范例和方法。

学校教育与其他教育制度往往不会按照正常的法则运行，常常指向错误的目标，而且采用的都是顽固不化的笨方法。但是您成功的方法既简单可行，又目标明确。

当那些家长和年轻人因为找不到正确的方法而感到彷徨失措，不知道如何面对和规划未来的人生道路与方向时，您发现的东西就成了他们选择的必由之路。您的发现如此珍贵。

学校教育与其他教育制度对一个人品德的后天培养意义不是很大，不但太晚，而且效力渐微。

在青年时代，我们形成了影响我们一生的习惯和好恶，我们也是在这个时期选择职业、目标与配偶，甚至在这一时期形成了对下一代的教育观念。

因此，青年时期是人生的一个转折点。

青年时期决定了一个人的公共道德和个人修养。尽管人的一生能够从青年时代一直持续到晚年，但是我们仍然要好好珍惜青年的时光，让自己有一个好的开始，特别是我们在对自己人生的目标还没有作出决定之前。

您的传记不仅能够帮助人们自我教育，而且能够让人成为一个睿智的人。即便再聪明的人，也能够从其他智者的故事中发掘智慧，接受人生启迪，让自己变得更加优秀。我们知道人类从远古以来就在不停地探索，而这种探索全凭人类自己，那么为什么还不对那些弱者提供帮助呢？

基于这些原因，先生，把您的经历讲给所有的父子吧，帮助普通人成为智者，让智者成为与您一样的伟人。

我们的政客和军人对平民百姓何等残酷，杰出人士又如何违背情理地背叛自己的老朋友，此时，当我们看到温厚善良的风气弘扬，看到伟大与平和、令人羡慕与亲切和蔼的品德如何集于一身时，是多么让人大彻大悟。

您一定不要忘记那些个人的琐事，它们也有着不同的用处。我们关注那些日常生活中谨言慎行的行为准则，因此我们愿意知道您是如何处理事务的。在这一方面，您的自传将成为社会生活的百科全书，向人们解说那些他们早该知道的道理，让他们有机会成为睿智的人。

那些用诙谐幽默风格写成的个人经历常常引人入胜，因为这样的阅读最接近亲身经历。看见您描写的生活就好像看到我们自己所面对的生活，阅读就没有距离感，会令人深刻地认识其中处世之道的重要性。

我深信在叙述这些事情时您是独出心裁，宛如您在主持政治或哲学的讨论一样。（假如我们考虑到生命的重要，以及生命中那些过失，还有什么东西比人生更值得实践并且遵循规律呢？）

有些人是盲目的高尚，有的人异想天开，也有人目的不纯、心怀鬼胎。但是先生，我相信您写的都是既睿智又不失善良，而且非常实用的内容。

您的自传（我想我正在形容的是一个不仅在品性方面，而且在个人经历方面都能够与富兰克林博士相比肩的人）会显示出您没有看不起自己的出身，这一点非常重要，因为您的出身好坏对您以后所获得幸福、美德或是取得巨大的成就来说，都影响甚微。

要想达到目标，一定要有具体方法。所以我们将看到您也制定了一个职业生涯规划。

但是我们也会发现，虽然您的结局圆满，但实现这个结局您只是运用了人类智慧所能想到的最简单、最朴实的手段，那就是凭着本性、德行、思维和习惯去做人和做事。

在您的自传中我们发现，每个人都要等待那些能够登上世界舞台的机会。由于我们的注意力总是放在当前，而忘记了未来，所以我们应该做好影响一生的长远计划。

您取得的巨大成就看起来仿佛归功于您的整个人生，您使得生命中那些稍纵即逝的瞬间都充满着知足和快乐，而不是因为愚蠢的急躁或懊悔而感到痛苦。对于那些模仿您真正的为人处世方法并不断自省的人来说，这是通向伟大的捷径，因为善于忍耐是伟人们普遍具备的素质。

那位写信给您的贵格会朋友，先生（这里我又假设我信中的主人公是与富兰克林博士比肩的人），他赞扬您的诚恳、勤俭和节制，认为您足以成为所有青年人的榜样。

但令人惊讶的是，他竟然没有提到您的谦逊和大公无私。如果不是这些品德，您绝对无法耐心地等到成功机会，也不会在贫困中坚守自己高贵的品德而泰然处之。

这个教训说明了荣誉是多么的虚荣，而控制我们思想的力量是多么可怕。如果这位朋友能够如我一样知道您对荣誉的看法，他就会本末倒置地说：您以前所写的文章和您提出的议案使人们愿意阅读您的自传和那本《道德的艺术》。事情可以反过来，您写的自传和《道德的艺术》会促使人们去注意到您之前所写的文章与提出的议案。

这就是一个人有优秀品格的结果，这样的品德结合能够充分发挥内部的所有力量。因此您的自传就更有意义，事实上，与那些没有时间或者根本不愿意改善自己品格的人相比，更多的人根本就不知道应该如何改善自己的品格。

最后，关于您的传记作何用途我还有一个想法，自传这种形式现在看起来不那么时髦，但是它拥有重要的意义。您的传记会起到巨大的作用，因为它可以反衬那些社会上知名的暴徒和阴谋家的传记，也可以用来反衬与那些荒诞的苦行僧相似的或者自以为是的所谓文人的传记。

如果，您的自传能刺激别人写出更多的此类作品，并且引领人们按照这样的处世方法度完余生，那么您传记的价值完全不止这些，它的价值将可与普鲁泰克的全部传记比肩。

尽管我已经厌倦了将所有美好的特质都集合于世界上某一个人的想法，我也不会为此而对其大为歌颂。在这封信的结尾处，我仍然诚恳地向您提出一个私人要求。

在此，我真诚地希望您，我无比敬爱的先生，您应该让世人了解您真正的品格，毕竟政治斗争可能使您真正的品行受到诋毁和掩盖。

鉴于您年事已高，而且做事谨慎，以及您独特的思维方式，恐怕再没有人能够充分了解您的人生经历和思想动机。

为了促进人类的福祉，我一贯主张我们不仅要证明现代人类是一种品行恶劣、惹人生厌的动物，更要证明良好的自我管理可以有效地改变人们的本性。为了类似的理由，我想让人们认可这样的观点：

在人类社会中一定存在那些具有高尚品德的人，因为假如我们认为所有人都无可救药，那么善良的人也会放弃努力。他们或许只能在人世间的争夺中为了获取自己的利益而努力，或仅仅是独善其身罢了。

那么，我亲爱的先生，您赶快动手写作吧，如实展示您内外如一的善良吧，如实地展示您的崇高品行以及节制的美德吧！最关键的是您一定要如实展示您自己是一个从小就坚持正义、自由与公平的人，就像我们在最近的17年所见到的一样。

英国不仅会尊敬您，还会爱慕您。当英国人尊敬某个国家中的一个人民时，那么他们就会不可避免地尊重这个国家。不如把目光放得长远一些，不要将眼睛禁锢在只说英语的人当中。在您解决了关于人性与正直的问题之后，就应该为改善全人类的生活而努力了。

我从没有看过这本传记，我只认识这个自传的主人公，所以我写信时难免有些疏漏，但是我十分确信，我所说的这本自传将与《道德的艺术》一样让我惊喜。假如您认可我之前所说的一些意见，那么我就更加高兴了。

退一步来说，即便这些作品不能满足您的那些虔诚的跟随者所寄予的厚望，那么至少您也能够出版两本风趣幽默的作品。

如果一个人能够给他人创造单纯的快乐，那么他就会为他人承受着太多焦虑和痛苦的人生点燃幸福之光。因此，我盼望您能听取我的诉求，我最亲爱的先生，凡此等等。

——本杰明·沃恩

第 11 章

我所坚守的品德与宗教

图书馆带来的巨大影响

备注：1784年开始写于巴黎近郊的帕西。

很久以前，我就接到了上面的两封信，但是我一直没有时间来满足信中提出的那些要求。而且，我现在不在家中，写作有些不便；如果能在家动笔，就可以靠着手边的笔记来帮助我回忆，从而确定一些事件的具体时间，这样写起来就方便很多。但是我无法确定归期，而目前恰恰有点空闲时间，那么我就尝试着去回忆吧，将我能想起来的事情记录下来。如果我能活着返回家乡，那时我再对其更正、修改。

因为之前写的上半部手稿没有在我身边，我记不起来是否叙述过创办费城公共图书馆时所用的办法。那时的图书馆规模很小，但是现在已经取得巨大发展。我记得我已经讲到大概创办图书馆的那个时期（1730年），我现在将从创办图书馆写起，如果以后发现这些事情已经有所提起，那么删去便是。

我在宾夕法尼亚开办图书馆时，在波士顿以南的地方还没有一家像样的书店。

诚然，在纽约和费城印刷所兼营文具的业务，然而他们销售的只是一些纸张、日历、民谣歌与一些普通的教科书，所以喜欢读书的人只能从英国订购书籍。"政治促进会"的会员们手中有一些书，我们开始在一家酒馆聚会，后来我们离开了那里，租了一间专门聚会的房间。我建议将我们的书籍集中在那里，这样我们在聚会时就可以随时参考书中的内容，这样不仅方便聚会，而且也让我们能够分享不同的书籍。我们都对此感到满意，而且很快实行了这个计划。

后来我发现了这样做的好处，我主张筹建一个会员制收费图书馆。我起草了一个章程，拟定了一些制度，请了一个精于此道的公证人查尔斯·布洛克登先生将这些制度修改成了正式的合同条款，然后由大家签署契约。

按照契约规定，第一批会员要付一些费用，之后每年都要再付一些费用，用以购置图书。那时报名的会员寥寥无几，而且我们也不宽裕，我们费尽周折也就找到了50个会员。他们大多数都是一些工人和手艺人，他们愿意每年为此付40先令，之后每人每年再付10先令。这些钱就是我们的启动资金。

书籍购进以后图书馆就正式开放了，但是每周只开放一天，必须凭借会员身份才能借阅，而且还要签订合约，同意如果书籍无法按时归还就要为此赔偿。这种图书馆很快就扩大了影响，其他州也陆续出现了类似的图书馆。这些图书馆得到了一些私人捐助，规模也变得越来越大。那时，读书是一件时髦的事。特别是我们的人民没有其他娱乐方式来转移他们对读书的兴趣，所以他们热衷于读书。不仅如此，根据国外一些专业人士的观察，仅仅几年之后，热衷于读书的居民就会拥有比其他国家同等的普通民众更高的文化水平与个人修养。

总之，我们已经准备签署上述的契约，这份契约为期50年，该契约对我们自己以及后代都有等同的拘束力。我还记得当时的公证人布洛克登先生对我们说道："你们虽然年轻，但是也许你们中间没有几个人能撑到这个合同到期的日子。"

然而，与他的预言相反，我们中间有几个老家伙现在还活着，而那份契约却在几年之后被宣布无效而解除了。

在邀请人们成为图书馆的会员时遇到了不少反对与拒绝，从中我发现，当一个被认为比他周围人拥有更多名誉的人提出一个切实的计划，而这个计划又需要他周围的普通人去拥护时，那么你千万不要对外声称你就是这个计划的倡议人。

基于这样的认识，我尽量不露面，只向大家宣布这是来自我几个朋友的主意，而我仅仅是受到他们的委托去邀请那些潜在的爱书人来参加。这样我受到的阻力就变小了。在那之后的情况中,我也选择这样的方法。它的效果确实不错,所以我衷心推荐你们这么做。你只是牺牲了眼前的一些小荣誉,却获得了更大的回报。如果一时半会儿无法确定谁才是最大的功臣,那么有些比你更加爱慕虚荣的人就会跳出来抢功。到那时候,就连嫉妒这个家伙的人也会愿意还你一个公道,替你拔掉那些假货的羽毛,将桂冠还给它真正的主人。

我从图书馆获益匪浅,大量的图书给了我不断提升自我的机会。我每天都规划出两个小时用于阅读,在某种程度上,这弥补了我没有接受过高等教育的缺陷——这一直以来都是我父亲殷切期望的。

除了阅读,我没有让自己参与其他的娱乐活动。我从来没有到酒馆、赌场或任何其他娱乐场所去消磨时间。除了休息,我一直在勤勤恳恳地工作,因为我开办印刷所的欠款还没有还清,我的孩子也需要缴学费来接受教育,而且在工作上我也要面对之前就存在的两个主要竞争对手。尽管我现在的生活条件在渐渐好转,但是我依然保持着之前艰苦朴素的好习惯。

童年时期,我父亲就曾教育我如此。他常常提到所罗门的一句箴言:"你看见勤勉工作的人吗?他将立于君王之前,并立于下等人之前。"

我一直认为勤奋是我谋富求名的手段,这一箴言激励了我,虽然我从来没有真正站在某位君王面前。但是后来我的确做到了这一点,我曾经在5个国王面前站立,还获得了与1位国王——丹麦国王就餐的殊荣。

妻子与我一生勤勉行事

在英国有这样一句谚语:"想要发财,就要请教自己的妻子。"我感到非常庆幸,因为我的妻子愿意与我一起勤勉地生活。她非常愿意在事业上给予我帮助,常常帮我折叠和装订小册子,帮我打理店铺，帮助造纸商收购破布，等等。

我们从来不雇偷懒的伙计，我们的饮食常常是家常便饭，而且我们也没有那些奢华的家具。举例来说，在相当长的一段时间内，我早餐只吃面包和牛奶，没有茶，使用的餐具是一只花两便士买来的陶碗，和一只锡制的调羹。

但是，一定要对奢侈防微杜渐，尽管我一直坚持反对奢侈的原则，但它还是慢慢侵入了我的家庭并且生根发芽了。一天早晨我吃饭时发现餐具换成了一只瓷碗和银质调羹。我的妻子瞒着我花掉了23先令的巨款替我买了这些餐具。妻子并没有找借口，她说她亲爱的丈夫也应该与邻居们一样，享受这样一只瓷碗与银质调羹。这是我们家出现的最初的奢侈品，在之后的许多年内，随着我们的财富逐渐增长，这样的餐具也慢慢多了起来，甚至价值高达几百磅了。

宗教方面，我从小受到长老会的教育，其中的一些教条我觉得不可思议。尽管我很早以前就不到教堂做礼拜，而是将礼拜天作为我用来看书的休息日，但是我仍然保持着一些信仰，比如我对上帝的存在毫不怀疑，我不怀疑上帝创造了世界，并且一直由他统治；上帝最喜闻人们行善积德；我们的灵魂不朽，而且善行必有善报，恶行必有惩处，不在今生就在来世。

我认为这就是宗教的精髓所在，我在国内的许多教派中都能够找到这些教义。我愿意尊重一切教派，尽管我没有对其同等视之，因为我发现教义中还夹杂了其他内容，这些内容并不能激发、促进和巩固正面的道德观念，而是用来分化我们，让我们互相敌视对方。然而我仍然认为即便是那些最坏的教派也有正面的效果。

我对各种教派的尊重使我避免了那些可能让人对自己的信仰产生怀疑的谈话。当我们州的居民数量逐渐增多，许多通过人们自愿捐献而建成的新教堂树立了起来。而无论是哪种教派，只要人们需要我就会捐助一些钱。

尽管我很少参加任何公共礼拜，但是我承认，如果主持得当，那么这种礼拜是必要而且有益的。我每年都定期为费城唯一的长老会牧师或是教堂捐献。有时候，那位牧师会以普通人的身份来拜访我，劝我到教堂里面做礼拜，偶尔我也会被他拉去做礼拜，甚至曾经连续去了五个礼拜天。如果我认为他是一个不错的传教者，那么我会不遗余力地参加礼拜，尽管我是那么渴望在休息日多读一些书。

可惜，他布道的内容不是有关神学的争辩，就是阐述长老会的独特教条。这些内容在我看来枯燥无味，对人也毫无启迪，因为这种传道毫无启发性，其讲道的目的是致力于发展我们成为长老会教徒而不是成为正直的好公民。

后来，他用《腓立比书》中第四章的一节作为讲道的题目："亲爱的弟兄们，凡是真实的、正直的、公正的、纯洁的、可爱的、有美名的，若是有什么美名，若是有什么德行或是任何可赞美的，你们都要加以思考。"

我想，以这样一段经文为主题的讲道总不会绕过一些美德吧，然而他的布道仍然只限于五点：

1. 敬守安息日。
2. 勤读《圣经》。
3. 按时参加礼拜。
4. 分享圣餐。
5. 尊敬上帝的牧师。

这些都称得上是善事，却不是我在那段经文中所期待的精华，我打消了从任何其他经文中获得我期待的内容的期望。我彻底死心了，再也不去聆听他讲道了。

在1728年之前，我曾经使用过一本小小的祈祷书，我称之为"信条与交易"。后来，我又重新启用了这本祈祷书，但再也不去教堂做礼拜了。我的行为也许应该受到责罚，但是我不去管它，也不为自己作辩解，因为我的目的是陈述事实，而不是为事实辩护。

第12章

成就一生的13个好习惯

13 个成就一生的习惯

就在这段时间,我酝酿了一个趋近完美品德的大胆计划。我期盼我一生中任何时候都能够不犯错误,我想要克服所有缺点,不论它们是天生的爱好、习惯,还是交友不慎带来的恶果。

我知道,或是自认为我知道何为善、何为恶,我想我能够尽量做到只做好事而避免做坏事,但是不久之后我发现现实比想象的更加困难。当竭尽全力克服某一缺点时,另外一个缺点会意外地暴露出来。一不留神,理智就败给了久而久之形成的习惯。

后来我断定,光想着不做坏事无法避免坏事发生。我必须将那些坏习惯打破,然后建立起好习惯,这样我才能始终如一地做正确的事。

为了达到这个目标,我想出了下面这个方法。

在我的阅读生涯中,我发现作者对于道德品行这件事有着不同的看法,相同的词在不同的人眼中也有着不同的含义。举例来说,有人把"节制"这个词看作限制饮食,也有人将其外延扩大,认为它代表的含义包括调控欲望、癖好和肉体上或精神上的情欲,甚至将外延扩大到野心方面。

为了明晰其意,我主张多增设一些板块,每一条法则下面作一些注释,用以解释并限定这个词语的外延。

这些德行的名称及其含义如下:

1. 节制

食不过饱,饮不至醉。

2. 慎言

言必益人益己,避免无益的闲聊。

3. 秩序

每件物品都有其位置,做事时一定要限定完成的时间。

4. 决心

决心做的事情必须去做,不能半途而废。

5. 节俭

钱要花在益处。换言之,切戒浪费。

6. 勤勉

不浪费任何时间;做有用的事,力戒一切不必要的行动。

7. 诚恳

不欺骗他人;思想要公正无邪;说话也如此。

8. 公正

不损人利己,履行应尽的义务。

9. 适度

避免走极端;要学会容忍。

10. 整洁

身体、衣服和住所要保持干净整洁。

11. 镇静

不要因为小事而惊慌失措。

12. 节欲

在合理的限度内行房事。不要损害自己或他人的声誉与平静的生活。

13. 谦逊

以耶稣和苏格拉底为榜样。

我的目的在于养成这一切良好的习惯,所以我没有立刻全面践行,因为那样会分散我的注意力。我想我应该在一段时间内集中所有力量完成其中一个,当我彻底养成了这个习惯,再选择下一个,依此类推,直到完成这 13 条为止。

因为其中有一些习惯可以推动其他习惯的养成,所以我将这些习惯进行了排序。

节制,被我放在第一位。因为节制可以使我保持头脑冷静,思维清晰。为了时刻保持警惕，抵抗旧习惯的惯性作用和来自外界的引诱，冷静的头脑和清晰的思维是必需的。当我养成了这个习惯，慎言就变得轻松多了。

在培养好习惯的同时，我还打算积累更多的知识。我认为在与人的交流中，多听比多说能够获得更多的知识，所以我打破了之前说个不停、说俏皮话、喜欢取笑他人的坏习惯。这样的习惯只能让我与轻浮、浅薄的人成为朋友，因此，慎言成为第二位的习惯。

在养成这个习惯与下一个习惯（秩序）之后，我预计我会有更多的读书时间。所以养成决心这一习惯后，我就能更加坚定地养成剩下的习惯了。节俭和勤勉能够使我远离债务，可以赐予我财富和产业，还有利于我养成诚恳与公正的习惯，等等。

随时准备自我检查

接下来，遵照毕达哥拉斯《黄金诗歌》里所提出的意见，我需要每天自省，因此我想出了下面这个办法来监督自己。

我订了一本小册子，将每一个习惯写到一页中。每一页用红墨水画七行，每一行代表一个星期中的七天，在每一行的前面标注上一个字母代表星期几。

我用红色的笔将这些直行画成13个方格，在每一个方格之前注明每个习惯的大写字母。在这些方格中，我用小黑点来记录我当天自查的成绩。我决定给每一项习惯分配一个星期的关注期，轮流监督。

就这样，我在第一周中密切注意那些违背节制这一习惯的细微过失。而对于其他习惯，我只是在晚上记录下过失。如果在第一周中，我发现注明"节制"的这一行里没有黑点，那么我就认为这一习惯已经牢固了，它相反的影响已经削弱到我可以注意下一项习惯的地步，所以我就力争下一周中两行中都没有黑点。依此类推，一直到最后一项。

我可以在 13 个星期内完成一次循环,一年内可以循环四次。正如一个人替花园除草,他不能妄想一次就消灭所有的野草,这样超越了他的能力。如果他在一段时间内只对付一片草地,在解决一片草地后再接着解决下一片,那么工作就会更加有效。我也像一个园丁一样,打算通过逐步清除表格中的黑点来见证我在习惯上的进步,经过几个循环,完成了 13 个星期的逐步检查,我会为最终获得了一个干净的本子而由衷高兴。

我从艾迪逊的《卡托》中引用了几行诗作为小册子的卷首语:

在这里,我愿意相信,
如果上苍有灵,
(整个世界都在大声呼喊着证明上帝的存在),
他一定对美德青睐有加
持美德的人也必定因此而幸运。

另外还引用了西塞罗的话作为题词:

啊!哲学!
人生的指南!
啊!美德的探索者,罪恶的修理者,
总有一天,
遵循您的旨意,
再付诸努力,
你总会远离灾难,
无限趋近吉祥。

另外一句题句引自所罗门谈论智慧和美德的箴言:

她右手握满无尽的岁月,
左手握满财富和荣耀;
她所走的道路,

尽是幸福与快乐；

她引领的方向，

通向和平与美满。

我深信上帝是所有智慧的源泉，所以我认为寻觅智慧的途中一定离不开上帝的指引和帮助。为此，我写了一篇短小的祈祷文，放在我检查表格之前，以便每天激励自己：

啊！万能的上帝！

慈悲的天父！

仁慈的引路人！

赐予我智慧，让我看到真正的利益所在。

给予我意志力，让我执行智慧下达的命令。

接受我对您其他子民的服务吧，

作为我对您持续护佑的唯一可能的报答。

有时我也引用汤姆逊的一首短诗放在检查表格之前：

光明与生命之父，至高之神！

啊！

教我识得美德，认识至善之神！

救赎我逃离放荡、虚荣和恶习，

逃离一切下贱的追逐；

求神

让我的灵魂注入知识，

让我的心神充满安宁，

让我的德行纯洁起来，

让我获得圣洁、真实、永无止息的福祉。

另外，对于秩序这一项习惯，我要为自己做的每件日常事务限定时间，因此我的小册子上也有一页用来记录一天的作息时间表。

完成计划贵在坚持

为了自我监督,我开始执行这个计划。除了意外的间断外,我将这个计划持续了很长时间。

我意外地发现,我的毛病远远多于我的想象,但是我庆幸地发现我的缺点在慢慢减少。

由于我常常把表格上记录的记号擦去,以便开始下一次记录,我的小册子很快就变得千疮百孔了。于是我把表格和箴言写在一本用光滑的厚纸订成的备忘录里,横线用红墨水画成,可以反复使用多次。

因为我用黑色铅笔来记录我的过失,而这种笔迹可以很容易地用沾水的海绵轻轻擦掉。

我用了一年的时间仅仅完成了一次循环,在之后的几年中又完成了一次,直到后来我彻底放弃了这一计划。那时,我常常在外面旅行或者因公出国,往往有很多事情让我无法坚持这一计划,但是我一向将这个小册子带在身旁。

"秩序"这一习惯给我带来了最大困扰。我发现虽然对于一个人,就拿印刷所的工人来说,他的工作时间固定,他可以严格地遵守时间,但是如果老板有事外出,那么当印刷所来了客人,他就无法严格按照计划的时间表来工作了。

而且我还发现,对于杂物与文件等物品的归类也很难做到。我在早年间不愿意这样做,因为我有着不错的记忆力,所以不会为找不到东西等缺乏秩序的问题而烦恼。

坚持这个习惯费了我不少精力,也给我带来了不少麻烦。我这方面改善得非常慢,而且反复无常,最后我几乎放弃了努力。暂且让我接受这个缺陷吧。

正如一个从我邻居手中买斧子的人，他让铁匠将整把斧头磨得像斧口一样光亮。

铁匠同意帮他磨斧子，但是铁匠要求他帮自己转动那个磨轮，他同意了。

铁匠把斧头的整面紧紧地贴在磨轮上，这个人到后来越摇越吃力。他不断从转动磨轮的地方跑过来看斧子磨得怎么样了，直到他自己都想放弃了，宁愿接受原来的斧子。

"不要放弃，"铁匠说道，"继续摇吧。很快我们就会把它磨得铮亮，你看它现在只剩下一些斑点了。""是的，"那人说，"但是我宁愿要一把带有斑点的斧子。"

我相信许多人都会如此，因为没有使用类似我发明的那种方法而很难改变自己旧有的习惯，于是就不再改变，最后"宁愿要一把带有斑点的斧子"。

一些看似很有道理的说法不时暗示我，比如，像我这样苛求自己，是不是太愚蠢了？要是别人知道了，会不会因此嘲笑我呢？另一方面，如果我真的养成了趋于完美的习惯而招致别人的嫉妒与敌意，事情不是更糟糕了吗？再者，一个仁慈的人总要留有一些缺点，给朋友们留点儿面子。

实话实说，我发现自己无法改正保持秩序的习惯，如今，我的年纪越来越大，记忆力也在衰退，所以我知道遵守秩序的好处是什么。

但是整体来说，我从来没有达到完美的境界，甚至距离完美甚远，但是我发现努力的过程比到达终点更有价值。

就如临摹字帖的人，他们追求完美的书法，尽管他们永远无法达成字帖中的完美程度，但是在临摹的过程中他们的字迹的确得到了改善，他们的字变得整洁而流畅起来。

我的后代们应该会知道这一点，写下这些文字时，他们的先辈已经79岁了，我一直都依靠这13个习惯和上帝的眷顾而好运不断。也许他的晚年还不知会遇到什么挫折，但是那些也都握在上帝手中。

即便遇到了什么不测，他往日获得了那么多快乐，也不觉得遗憾了。

他将在长期内保持健康和迄今依然拥有强健的身体归功于节制。

他将早年得到的安稳境遇与赚取的财产，以及获得所有让他成为一个有用公民与取得的一些学术上的成就与声誉的知识归功于勤勉和节俭。

他将国家给予他的信任和光荣的职位归功于诚恳和公正。

他将性格中的和气和他谈话时的愉快爽朗归功于这些习惯的整体影响，即便他没有达到完美的地步，但是由于和他谈话能感受到愉快和爽朗，在晚年人们也愿意与他交往。

因此，我希望我的后代中也有人能踩着我的步伐前行，并从中获益。

因谦虚而感到自豪

有一点你们需要注意：我的计划并非毫不涉及宗教，但是其中没有一丁点儿关于任何一种教派的特殊教条。

我可以回避这些内容，因为我清楚自己的方法有着独特的实用性，而且非常优秀。它们适用于不同教派的人们，而且我迟早会将这些内容发表出去，因此我不愿意在其中提到任何有可能引起不同教派的人们反感的内容。

我原本想为每一个习惯作些说明，注明这个习惯有什么好处和与它相反的习惯有什么害处。

我原本将此书命名为《道德的艺术》，因为其中会介绍高尚的品德能为你带来怎样的好处，要知道，没有任何东西能够比道德更能让人获得财富。

我将介绍培养这些习惯的方法，这样一来，这本书就能与那些仅仅劝人向善的书区分开。

那些书只会空洞地劝你向善，而这种理论根本无法真正给人教诲，也无法提出有效的方法。简直就像那个口头慈善家一样，不告诉那些忍饥挨冻的人如何或是从何处找到衣服与食物，而仅仅告诉他们必须要吃饱穿暖一样。

但是，我打算写作和出版这些评论的计划最终没有完成。我曾经尝试摘录一些想法、一段议论之类的文字，打算以后写作引用，我现在头脑中仍然记得那些东西。但是，早年间我需要花更多的时间在私人事情上，后来又不得不花精力去关注国家大事，所以只好耽搁了。

况且，既然我一直认为它与那个涉及广泛的大计划有关，而那个计划又需要人付出全部精力去执行，那么接踵而至的职务又使我无法实现这一计划。所以这些说明与评论也就没有提笔写就。

在这篇自述中，我的计划就是解释并强调这一原则：假如只考虑人性，那么不道德的行为之所以有害并非因为它们遭到禁止，而是因为其确实有害。

因此，做一个有道德的人吧，即便一个人只想在今生得到快乐，道德也会为他带来益处，从这种情况（世界上总有些富商、王亲贵胄需要诚实的仆人管理他们的事务，而这种诚实的仆人又是凤毛麟角）来看，我尽力使年轻人相信这一观点，想让一个穷小子发大财，世界上再没有比诚信更有效的手段了。

我设计的优秀习惯开始只有12点，后来一个贵格会的朋友善意地提醒我，别人普遍认为我是个自大狂，而我常常在谈话中表现出傲慢与强势，讨论任何问题时我不仅证明我的正确，而且还要在气势上压制对方。

关于这点，他举出几个例子来证明，对此我信服不已。我决定在竭尽全力克服其他缺点时，努力改掉这个盛气凌人的习惯。所以我给自己立下另外一条规矩，增加了谦逊这一项，并且赋予其更宽泛的外延。

我不敢吹嘘我有多么谦逊，但是我起码看起来改善了很多。我经常禁止自己说出与人针锋相对的自大话，我甚至在我们的"政治促进会"中订立规矩，不许我说出那些表明肯定的短语或单词，比如"肯定地""无疑地"等。

相反，我用这些词语取而代之，比如"我想象""我的理解是"，或是"我猜想一件事情是"，或者"目前在我看来好像……"，等等。

别人对我的想法提出异议时，我也不会粗暴地反驳对方的意见而立刻指出他发言中那些荒谬的地方，我放弃了这样的直接反驳给我带来的快感，回答时我先承认在某些情况下他的意见是正确的，但是在当前情况下，他的想法并不适用，诸如此类。

后来我发现这样的谈话方式给我带来了很大好处。我与别人的谈话更加融洽了，由于我能够以谦逊的方式提出我的意见，反而使这些意见更容易被别人接受，更少地受到别人对我针锋相对的反驳。如果我发现我是错的一方，我也不会过分懊恼；当我发现自己是对的一方，我也能够顺利地劝服别人，让其接受我的观点。

开始的时候，这样的做法让我感到不舒服，后来我就运用自如了。也许，在过去的50年中没有人曾经听我说过任何一句武断而粗暴的话。

我想我年轻的时候，每次提出的新议案或是修改某些制度的观点总能受到人们的重视，以及我作为一个议员能够在议会获得巨大的影响力，归功于我谦逊的讲话方式（抛开我的诚实正直的品格不说）。

我绝非一个善于辞令的人，从来做不到滔滔不绝，讲话也磕磕绊绊，常常出一些语法错误，正是由于我谦逊的讲话方式，我的观点才能够得到人们的认可。

实际上，在我们天生的情感中，恐怕骄傲是最难驯服的了。即便你改头换面，与它斗争，把它打倒，将它剿灭，竭尽全力将其压制下去，但是它仍然存活着，并且随时准备钻出头来。在这部自传里面，你可能会随时遇见它，即便我确信我已经彻底将其击败，我也会为我的谦虚而感到无比自豪。

1784年写于巴黎近郊帕西

第13章

出版超级畅销书

我未完成的巨大计划

1788 年 8 月，我现在准备要在家里动笔写作了，但是许多可以帮我回忆的笔记都在战争中丢失了，因此我不能如我期望的那样从笔记中找到素材。

最终，我还是找到下面这些。

既然我之前提到了那个涉及广泛的大计划，那么我想我应当在这里叙述一下那个计划酝酿的过程与它预期的目标。

下面这个被偶然保存下来的材料说明了这个计划在我头脑中是如何萌生的。

我将其初次在我头脑中闪现的情况记录在了一张保存下来的纸片上面：

1731 年 5 月 19 日，在图书馆阅读历史时的随感：
世界上的那些大事，无论战争、革命还是其他，都由政党来推进。
这些政党的诉求代表着它们的当前利益或是它们的利益所在。
来自不同政党的不同见解足以引起混乱。
当一个政党在规划蓝图时，所有参与者都会想着自己的利益。
在政党达到了整体目标后，每个成员就专心致志地追求自己的利益了。
这些个人的利益错综复杂，而且相互阻碍，最终导致一个政党分崩离析，引起更大的混乱。

不管他们口头上怎样为自己辩解，政客们的行为很少真正是为了国家利益。尽管他们的行为的确让国家受益，但他们也不会单纯地从此角度出发，而是发自个人利益和国家利益的统一，绝非一心为国。

在政界中，为人类的利益服务的政客更是凤毛麟角。

在我看来，很有必要将各国那些高尚的人组织成一个正规的团体，取名为"美德联合党"，党员要服从合适而又明智的条约约束。这些高尚的人自然比普通人更能遵守常规的法律，那么他们一定能够更自愿地遵守这些条约了。

以我之见，任何一个能够正确地建立这样的"美德联合党"的人，他一定能够获得上帝的眷顾，获得成功。

本·富兰克林

这个计划在我的脑海中酝酿已久，我原计划一空闲下来就着手实现它。

而在那之前，我会把我想到的有关思想记在纸上。然而，这些笔记的大部分都丢失了，好在我找到了一个原打算作为教义的文件，其中包含在我当时看来的各种教派的精华，而同时也规避了那些可能引起其他教派对其反对的所有内容。

原文如下：

天地间有个上帝，他是创造万物的主宰者
上帝的天道统治着全世界
人类要对上帝崇拜、祈祷与感恩
上帝的最大希望在于造福全人类
灵魂永垂不朽
不论今生还是来世
上帝都将惩恶扬善

当时我认为这一教派应该在年轻的单身汉之间传播，每一个入会的信徒不仅要宣誓接受这些教义，而且要按照之前的方法通过13个星期的循环来提升自身的修养。

在这个教派变得举足轻重之前，关于教派的信息应当尽量保密。为了避免那些品行不端的人加入进来，这个教派要挑选那些智力超群且品行端正的青年作为入会者，再对其进行考核，之后审慎地将教派介绍给他们,告知其教派的目的所在。

会员们一定要相互扶持,相互促进,保证每个人的利益,促进每个人在各自事业中的进步。这一教派的名字应该叫作"自由安逸会"。

这里的自由,是指由于普遍养成了好习惯后人们能够脱离恶意的统治,尤其是养成节俭的习惯后人们可以避免负债,因为债务人有遭到拘捕或者成为奴隶的风险。

对于当时的计划,我只保存了这么多记忆。

我曾经将我的计划告诉给另外两个人,当时我受到了这两位年轻人的强烈拥护。但是我当时俗事缠身,境况并不如意,只能一心工作。

就这样我只能将这个计划无限期推迟,后来我又陷入千头万绪的活动中,这个计划就被搁置了。

可是,再后来,我已经没有足够的精力和活动能力来完成这样的事情了。

即便是现在,我依然觉得这是个能够执行的计划,如果我能够把很多优秀的公民组织起来,那会是一件非常有意义的事。

同时,我也没有被这件事所吓倒,我一向认为一个能力超强的人可以改变世界,发动这些优秀的人做他们力所能及的事就能够完成许多伟大的事情。

假如他能够为自己设计一个完美的计划,集中自己的全部注意力,不去参加无意义的娱乐活动以及杂事,而专心致志地完成这一事业。

《穷理查年鉴》与大众教育

1732年,我首次使用理查·桑德斯的名义出版了我自己的年鉴,我坚持着将其发表了大约25年,它通常被称为《穷理查年鉴》。

我尽全力将其写得既幽默风趣，又不失实用性，所以它那时颇为流行，年销量达到万册之巨，而我也从中获利良多。我看到许多人都在读这本书，甚至在宾夕法尼亚无人不知。我意识到可以将其作为一种在人民大众间进行教育的有效手段，因为人们几乎只买这一本书。

我将一些成语格言写在书中那些重要日子中间的空白处，主要目的在于告诉人们将节约作为发财致富的手段，要知道，一个穷人一直坚持诚信是一件多么困难的事情。在这里用一句格言来说明："一个空袋子很难站起来。"

这些成语格言集合了许多国家不同时期的智慧，我将它们整合在一起，连词成句写成一篇完整的文章，作为1757年年鉴的卷首，就像一个睿智的老头子对拍卖场上的人们发表的演说。因为这些分散的格言通过这种方式集中在一起，就能产生瞩目的效果，让人们对其印象深刻。

这篇作品得到了普遍的推崇，几乎所有美洲的报纸都将其转载了，之后又在英国广泛流传。

在英国，人们将其进行大尺寸翻印，制成海报贴在家中，甚至它还有了两个法文译本。

传教士和乡绅们大量购买，然后无偿发放给贫穷的教徒和佃户。在宾夕法尼亚这本书起到了很大的作用，书中反对将钱财浪费在购买外国奢侈品上。

所以在它问世的几年中，市场上的货币持续增加，甚至有人认为这也是《穷理查年鉴》带来的部分影响。

后来我发现报纸也是对普通大众进行教育的手段之一，因此我经常在报上转载《旁观者》或者其他有关伦理道德的文章摘要。偶尔我也会发表一些自己的文章，它们本来是为了在我们的"政治促进会"上讨论而写的。

其中有一篇采用苏格拉底的对话体写成，目的在于说明无论一个坏人多么聪明，他仍旧是一个坏人。还有一篇讨论自我克制的话题，指出要将良好的品德培养成为一种习惯，而且不再受到相反习惯的干扰才算牢固。如果你愿意，你可以在1735年早期的报纸上找到这些文章。

我对报纸的舆论导向非常慎重，我谨慎地避免刊登所有带有诽谤和人身攻击意味的文章，这种诽谤与攻击近年来成为我们国家的耻辱。

每当人们要求我发表这类文章时，那些人总是狡辩说他们拥有言论自由，他们将报纸看成公共马车，认为花钱买票就能赢得一个座位。

我给他们的答复是：如果他们愿意自己散发，那我就为他们单独印刷，多少份都没有关系，但是我没有承担为他们散播诽谤的义务。

既然我与订户们达成协议，就有责任向他们提供一些有益或有趣的文章，而不是在他们阅读的报纸上刊登那些与他们无关的私人恩怨。如果我那样做，就违背了公道。

现在，我们国家有许多报纸发行商，为了满足别人泄私愤的需求就随意刊登一些不负责任的文章，变成了一些人诽谤那些非常优秀的人的场所，极尽挑拨是非之能事，甚至引起了人与人之间的决斗。

除此之外，有些报刊甚至不顾一切，动不动就刊登文章，对邻国政府甚至我们盟国的一些措施进行卑鄙下流的污蔑，要知道，这种不负责任的举动可能会引起非常严重的后果。

我之所以说起这些事，是想告诫那些年轻的报纸发行商不要染上这样的恶习，这样是侮辱他们自己的报纸，也会让他们自己蒙羞。他们应该拒绝这样的要求，因为从我身上发生的例子就可以看出来，整体而言，这种拒绝更符合他们的长远利益。

引用的布道，好过刻板的说教

1733 年，我派了一个下属到南卡罗来纳州的查理斯顿，因为那里需要一家印刷所。

我为他提供了一架印刷机和一些铅字，并且与他签订了一个合伙协议，规定了我将获得 1/3 的收益，与之相应我也要担负开销的 1/3。

这位下属是一个有学问的人，他为人诚信但是对财务一无所知。所以他会定期给我汇款，但无法提供财务报告，在他去世之前我也没有从他那里获得一份让人满意的关于我们合伙情况的报告。

他去世后，他的妻子接替他管理印刷所的事务。这位女士出生在荷兰，据说那里的妇女都会学习财务知识。她不仅为我提供了一份关于之前的收支情况报告，而且每个季度都会寄来一份精确的财务报告。

她有着出色的管理能力，不仅将孩子们抚养成人，并且让他们获得了不错的声誉，甚至在合同期满后从我手中收购了那家印刷所，让她的儿子们经营。

我讲这件事的目的在于向我国的年轻妇女们推荐这一学科，退一步讲，万一她们不幸地失去了丈夫，那么财务知识总比音乐或是舞蹈对她们自己以及孩子们更有价值。

它能够使人不致遭受不法分子的欺骗而蒙受经济损失，而且她们也许能够靠着自己建立的人际关系来继续管理一家商店，并使之赢利，直到孩子们能够成长到肩负这项事业为止。对于一个家庭来说，这样做是多么的有利。

大约在 1734 年的时候，一个叫作汉姆菲舍的传教士从爱尔兰来到了我们这里。

他布道时声音洪亮，而且未经准备也能滔滔不绝，他的演讲吸引了许多不同教派的人。他得到了大家异口同声的赞美，我也同大家一起去听他讲道，我喜欢听他的布道，他不会像其他人那样做一些刻板的说教，而是热忱地劝人向善，或是用宗教语言来劝大家做好事。

我们中间有一些自诩为正统的长老会信徒反对他的观点，大多数年长的牧师表示反对，并且在宗教议会上控告他传播异端，取消他的传教权利。

而我成为他积极的拥护者，并且尽力帮助他将支持者们组织起来，我们为他抗争了一段时间，而且还满怀获胜的希望。双方进行了口诛笔伐，我发现他是一个不错的传教士，但是疏于文笔。因此我为他代笔，写了两三本小册子并在1735年4月的《公报》上发表了一篇文章。

这些小册子像其他那些有争议的文章一样风靡一时，但是很快就无人关注了，也许现在连一本都找不到了。

论战时，一件突然发生的倒霉事给他带来了沉重的打击。敌方阵营中的几个家伙听了一段他非常受人们欢迎的讲道后，觉得其中的内容似曾相识，最终发现这段布道出自《英国评论》的一篇文章中，原来这是从德博士的讲道文中引用的。

这一发现让许多人鄙视他，使他失去了人们的支持，我们因此在宗教议会的争斗中败北。

但是我仍然一如既往地支持他，因为我宁可听他背诵别人优秀的讲道文，也不愿意听人讲述那些杜撰而来的拙劣说教，虽然后者的布道词是原创的。

后来他向我坦白，他的那些布道词都不是他自己所写。因为他有着不错的记忆力，看过一篇讲道就能将其背诵下来。

我们的斗争失败以后他就离开了，到其他地方碰运气去了。而我也离开了这个教会，虽然我后来的很多年一直为那里的牧师捐款。

学习外语要循序渐进

我在1733年开始学习外语。一开始我很快就学会了不少法语知识，这样我就能通畅地阅读法文书籍了。紧接着我又学习了意大利语，当时我的一个朋友也在学意大利语，他常常拉着我与他下棋。

当我发现用于下棋的时间挤占了我原计划的学习时间，我就不再和他下棋了。只有在一种情况下例外，那就是：每盘棋的胜者有权指定一项学习任务，可以是语法背诵，也可以是翻译，失败一方要在我们下次见面前完成学习任务。由于我们的棋艺相差不大，这样我们就能够互相促进，结果每个人都将意大利语灌进了头脑中。

后来，我又下功夫学习西班牙语，很快我又能凭借这门外语知识阅读西班牙文写作的书籍了。

在上文中我曾经提起过，我幼年时在拉丁语学校学习过一年的拉丁文，后来就将这一门语言忘得一干二净了。但是当我学习了法语、意大利语和西班牙语之后，随意翻起一本拉丁文版《圣经》时，我竟然发现我掌握的拉丁文远比我想象的要多得多。在这样的鼓励下，我又系统地学习了拉丁文，收获颇多，因为之前学习外语的经历为我学习拉丁文打下了坚实的基础。

从这样的例子来看，我觉得我们平时教授外语的方法普遍存在不合理的地方。有人认为学习外语应该从拉丁文开始，掌握了拉丁文以后再学习由拉丁文衍化出来的现代语言就容易得多了。

但是我对此颇有疑问。既然如此，我们为了更容易地学习拉丁文，为什么不从希腊文学起呢？当然，如果你能舍弃台阶而直接到达顶峰，那么下来时就会更容易。但是毫无疑问，如果你从低级台阶开始，则更容易到达顶点。

很多人先学习拉丁文，可是几年之后毫无成绩，结果就半途而废了。那么几年的学习毫无成果，时间就白白浪费了。

有这样的前车之鉴，我建议主管我们青年教育的职能部门考虑改善语言的教育方式，是否应该先从学习法文入手，然后学习意大利语，最后学习拉丁文。这样一来，就算他们最终觉得拉丁文过于复杂无法掌握而放弃学习，他们那时也已经掌握了一些外语。而这些现代语言在世界上是通用的，日常生活中也可以用到。

第14章

进入政界，获升迁

扩大社团的影响力

我离开波士顿已达10年之久,后来我的经济条件也变得优越起来。于是我打算回到波士顿去探访我的家人,在那以前,我一直不具备长途旅行的能力。从波士顿返程的途中我去新港拜访了我的哥哥,那时候他已经将他的印刷所搬到了那里。

我们旧日的矛盾早已化解了,所以我们见到彼此都非常热情与诚恳。我注意到他的健康状况不容乐观,他担心自己大限将近,于是请求我在他去世后将他年仅10岁的儿子带到我家中,将他领入印刷业。

我答应了哥哥的请求,送侄子到学校上了几年学,然后教他学习印刷。在他成年之前,他的母亲负责印刷所的业务。因为他父亲使用的铅字已经磨损,所以在他成年的时候我送给他一套新铅字。这样我就在侄子的身上赔偿了由于我违背合约,当年过早地离开了我哥哥所造成的损失。

1736年,我一个4岁的儿子因为感染天花而夭折了。我在相当长的时间内都非常痛苦和悔恨,直到现在为止,我仍然后悔当初没有为他接种牛痘。

我提起这件伤心事是为了提醒那些不为孩子接种牛痘的父母,如果孩子因为天花而死,那么他们将永远活在深深的自责中。用发生在我身上的事情告诉父母们,他们应该让自己的孩子尽量避开危险的道路。

我们的"政治促进会"成为一个有益的组织,会员们觉得非常满意,其中好几个会员都想把他们的朋友介绍进来。如果他们这么做,就会超过我们之前决定的成员数量——12个人。

从一开始,我们的社团就是不公开的,我们对此信守不渝。这样做的目的在于避免坏人加入进来，因为我们有时难以拒绝一些人的加入。我就是反对扩大成员数量的人之一，但是我提出了一个书面建议，提议每个会员以同样的规则组织一个附属性质的社团，但是对与"政治促进会"的关系秘而不宣。

这个提议的优点有很多，越来越多的青年能够通过我们的社团来提升自己。无论何时我们都能听取来自普通居民的意见，因为社团的成员可以在分社中提出我们想要讨论的议题，并且向总社报告通过的议题。凭借更为广泛的推荐和介绍，我们可以扩大各人生意上的收益。我们也可以把总社的主张和观点散播到各个分社中，这样可以扩大我们的政治影响，更好地服务社会。

我的提议通过了以后，每一个会员就开始着手建立分社，但是并非每个人都成功了。只有五六个分社建立起来，它们有着奇特的名称，比如"葛藤社""同盟""帮会"等。这些分社不但为其社员带来了收益，而且还为我们提供了很多娱乐、信息与指导，很大程度上实现了我们当时的期望，在一些特殊的事件上影响了公众的舆论，后面我还会举出这些例子。

正式进入政治生涯

1736年我获得了生平的第一次升迁，当选了州议会秘书。第一年我获得了一致通过，而第二年（秘书的任期与议员的任期一样为期一年）当我的名字被提出时，一个新的议员为了赞成另外一个人而发表了一篇长篇演说来反对我当选。最终我获得了胜利，心里非常高兴，因为秘书这个职位本身会发放一些薪水，而且这个职位能够让我拥有不少机会与议员们建立关系，而这种人脉关系可以帮我招揽印刷选票、法律条文、纸币和一些其他政府生意。无疑，那些生意为我带来了巨大利润。

我不愿意让这位新当选的议员对我有意见，因为他不但是一个受过教育的富人，而且非常有能力，我认为他以后会掌握更多的权力，后来的事实证明了我的推测。但是我不想直接巴结他，以便获取他对我的支持。过了一段时间，我想到了一个好办法。我给他写了一张便条，告诉他我听说他收藏了一本稀有珍本，向他表示我很想读那本书，希望他能借给我。

他立刻就寄了那本书给我，约定一星期后归还。还书时，我在书中附了一张字条，向他表示诚挚的谢意。所以，当我们下次在议会中见面时，他第一次跟我打了招呼，而且礼貌有加。从那以后他就非常愿意为我提供帮助，我们成为知心朋友，我们的友谊一直保持到他去世为止。

这一故事又验证了一句我曾听说过的古老箴言，这句箴言是"相比那些受尽你的恩惠的人，那个帮过你一次忙的人更愿意帮助你"。同时，这个故事告诉我们与其对人憎恨、报复或是耿耿于怀，不如小心翼翼地将恩怨化解掉。

1737年，因为对费城邮务代办在处理账册等方面不满意，施保茨乌上校（弗吉尼亚的前任总督，当时他是邮务总局局长）就将其革了职，并且提议我接替他的职务。我欣然接受了这个职位，后来我发现这个职位的薪水很低，但是对我的生意来说有巨大帮助。我的身份方便了信件往来，进而间接地改进了报纸，促使报纸的发行量大大增加，与此同时，我的获益也随之上涨，这都是这个职位带给我的好处。

此消彼长，常年与我竞争的报纸迅速衰落了。因为对此心满意足，我没有就他在作为邮务代办期间不许骑师递送我的报纸的行为而报复他。

我想，他之所以遭受挫折是因为他没有重视财务制度，我提到这个故事是为了告诫所有年轻人，以后在帮别人办事的时候，一定要将账本做得一清二楚，而且老老实实地上缴钱款。如果你能做到如此，那么你个人的品行就成为最好的推荐信，会为你带来更好的职位或是生意。

建立第一支消防队

那时,我开始把注意力转到公共性质的事务上了。开始我只是从小事着手,认为费城的夜巡制度是需要整顿的事情之一。巡夜任务原来由各区域的警官轮流负责,警官提前通知一些居民在夜里与他一起巡夜,而那些不愿意巡夜的家庭每年出资6先令就可以免去这个苦差。这笔钱原来用于雇用替他们巡夜的人,但是它的数额超过了实际需要,所以警官这一职业炙手可热。

警官们常常花钱买点酒就可以收买一些乞丐无赖一起去巡夜,而那些有一些社会地位的居民不愿意与这样的人为伍。巡夜工作的本质也被他们忽略,大多数夜晚他们没有履行职责而是在喝酒中度过。对此我写了一篇文章,准备在"政治促进会"中批判这些不正常的情况。我特别强调警官在收费的时候没有询问被征收人的情况,一概征收6先令,这样违背了公平。因为一个贫困寡妇的家产也不过50英镑,却要和仅仅一个库房就储藏几千磅货物的富豪缴纳同样的费用。

为了兼顾各方面的利益,我提出了这样一个有效的巡夜制度:雇用一定数量的人来负责巡夜工作。至于巡夜产生的费用,我也想到了一个公平摊派的方法,那就是按财产的比例纳捐。"政治促进会"同意以后,这一议题散播到各分社中,虽然这一计划并没有立即实行,但是我们在思想上为这一变化做足了铺垫,最终为几年后通过那条法律条文铺平了道路。可以预见到,那时我们的社员已经有了更为重要的社会地位。

就在那时,我写了一篇文章(最先在"政治促进会"宣读,后来发表了),其中讨论了那些酿成火灾的各种疏忽和事故,并且附上了防火知识,劝诫大家注意火灾。这篇文章被广为认可,为此这件事促成了大家组织成立消防队的计划，以便再发生火灾时能够迅速灭火以及搬运或保管货物。

不久之后，就有 30 个人自愿报名参加这一组织。根据我们的约定，每一个队员都要经常准备一定数量的皮水桶、耐用的袋子和装运货物的筐，一旦发生火灾事故就把这些救火工具送到现场。我们决定每月开一次晚会，讨论和交换我们关于如何防火的看法，分享那些在发生火灾时有用的知识。

消防队很快就起到了大作用。自愿加入消防队的人员数量也超过我们原来设想的限额。所以我劝他们另外再组织一支消防队。就这样，新的消防队像雨后春笋一样不断建立起来，数目众多，后来大多数有房产的居民也都加入其中。

写这本传记时，距离我最初建立的那个叫作"联合消防队"的组织已经过去 50 多年了，迄今为止它还存在着，而且还在蓬勃发展，虽然除了我和另外一位年纪大我一岁的人之外，其余的第一批队员都已经过世了。

有时候，队员因不出席每个月的聚会而被处以小金额罚款，然后用这部分钱购买消防设备，比如灭火器、云梯和其他消防所用的器械。

这样一来，恐怕费城可以比其他城市更迅速地扑灭火灾了。事实证明，消防队成立以后，费城从来没有发生过烧毁两间房屋以上的大火灾，通常情况下，火势在迅速蔓延之前就被扑灭了。

怀特菲尔德牧师

1739 年，怀特菲尔德牧师从英国到了我们这里，在爱尔兰，他已经将自己打造为著名的巡回传教士。开始，他被允许在我们当地一些教堂中布道，但是牧师们不喜欢他，就禁止他在教堂里讲道，后来他到郊外的旷野里去布道了。

无数不同教派的人都跑去聆听他的讲道，而我也加入其中。我看到他的演说给他的听众带来了巨大的影响，尽管他常常辱骂他们，说他们一半野兽一半魔鬼，然而人们仍然赞美他、尊敬他。这真是不可思议。

他的布道对我们这里的居民产生了巨大的影响，让人叹为观止。他们原来认为宗教是一副无所谓的样子，然而现在好像整个世界的人都沉迷于宗教崇拜中了。如果你在黄昏时到街道上散步，就能听到每家每户都在大唱赞歌。

露天集会总是被天气干扰，而且也很不方便，于是有人计划着建造教堂。这一计划抛出来，很快就指定了处理捐款的负责人，并且迅速募集了充足的资金，用于购买修建教堂的土地与材料。

新修的教堂有100尺长、70尺宽，面积甚至堪比威斯敏斯特教堂。施工在激情四溢的氛围下进行，而在出人意料的短时间内就完成了工程。建筑和地产归特定的管理人负责，并明文规定无论哪个教派的牧师都可以用这间教堂对人民布道，因为这座教堂并非为某一教派单独所建，而是为了全体人民。

怀特菲尔德牧师离开费城后，在殖民地的沿途一路布道直到佐治亚。那时佐治亚的殖民刚刚开始，移民到那里的并不是习惯辛勤劳作的农民，那里的移民多是由一些破产商人和一些负债者以及他们的家属构成。因为他们中的很多人习惯好吃懒做，或是从监狱中出来的人，可想而知，他们住到森林以后，并不能胜任开垦土地的劳动，在艰苦的生活条件下他们大批地死掉了，只留下了一些孤苦无依的孤儿。

这些悲惨的场景触动了怀特菲尔德牧师，这位仁慈的先生打算在那里开办一所孤儿院来抚养和教育这些孤儿。在他回北方的途中，他极力宣传这一慈善计划，募集了大量善款，这都得益于他良好的口才，因为他的演讲具有一种魔力，能够让听者慷慨施援，而我就是其中一个。

我支持这个计划，但是我认为佐治亚缺乏建筑材料与工人，虽然有人建议花重金将这些工人和建筑材料从费城运到那里，但是我想不如把孤儿院建在这里，将那些孤儿接到这里不是更合适吗？

我曾经向他建议，但是他坚持原来的计划，没有听我的劝告，因此我拒绝为他捐款。可是不久以后，我又偶然听他讲道，我知道他打算在讲道结束后募捐，我下定决心一分钱也不给他，那时我口袋中有一些铜币，三四块银圆，以及五块金币。

但是他一开口，我的决心就动摇了，我决定把铜币捐给他；后来他的三寸不烂之舌又让我感到惭愧，觉得只捐铜币太少了，我又决定将银币捐出来；最后他的讲道更加动人，我只好把所有钱都倒进了募捐盘，包括金币在内的所有钱。

与我一起聆听布道的还有"政治促进会"中的一个会员，与我一样他也反对在佐治亚修建孤儿院。他为了防止自己捐款，从家出来时把口袋掏得一干二净。但是听完了整个布道，他打算捐一些钱，于是他就向站在他附近的邻居借钱好去捐款。不幸的是，他似乎遇见了一个当时听众中最有定力而不受传教士影响的家伙。他答复道："霍布金森兄弟，如果是在其他任何地方，无论你向我借多少钱，我都不会拒绝。但是现在不行，因为你现在好像神经错乱了。"

怀特菲尔德牧师的一些反对者宣称他会把这些捐款塞入自己的口袋，但是我跟他接触很多（他常请我替他印刷道文、日记等），我毫不怀疑他的诚信与正直，迄今为止我依然坚信他在慈善活动中是一个坚定不移的诚实者。

我想我替他做证应当会特别受人的重视，因为我们不属于同一教派。的确，他曾经为我的改信而祈祷过，但是他从来没有满意过，他祈祷的事情也没有实现。我们之间仅仅保持着普通的友谊，双方都坦诚相待，一直到他去世为止。

下面的事情可以看出我们之间的交情。

有一次他从英国来波士顿，之前他写信告诉我他将要来费城，但是没有在费城找到可以住宿的地方，因为原来让他住宿的老朋友贝尼泽特搬到德国去了。

我答复他道："你知道我家的住址，如果你不嫌弃，我们欢迎你来我家住。"

他回答我："如果你是看在基督的面子上愿意招待我，那么上帝一定会祝福并酬谢你。"

我回答他说："不要搞错了，我没有看在基督的面子上，而是看在你的面子上。"

我们的一个朋友开玩笑说，因为信徒们有这样的习惯，当他们受到人们的款待，总是把人情债算在空中而不愿意说自己领了情，但是我恰恰要把这笔人情债算在地上。

我上次在伦敦遇见怀特菲尔德先生时，他跟我商量孤儿院的房屋问题，他计划用这些建筑来开办一所学校。

他发言的声音洪亮清晰，每个音都非常清晰，即使站得很远也能听清楚他说的话。而且无论他的听众有多少人，他们总是安安静静地站在那里。

一天晚上，他站在法院的台阶上面布道，法院位于市场街中段和第二街西段的路口（这两条街是成直角的）。街上站满了人，队伍排到很远的地方。我站在市场街的末端，打算看看他的声音究竟可以传到多远的地方，我一直沿河边的方向后退，直到前街不远处我还能听得清清楚楚。于是我跑到前街，街上的喧闹才掩盖了他的声音。

当时我就想：假如以我所在的位置画一条弧线，当中站满了听众，如果每人占地两平方英尺，那么至少有3万人能够听到他的演讲。这时我才相信报纸上的报道，说他曾经在旷野里给2.5万人讲道。我曾经怀疑历史上记载的将军向全军作战前演说的真相，直到那时我才相信了。

因为常常听他讲道，我终于能够区分哪些内容是他刚写好的，哪些是他在旅途中多次演讲过的。

由于多次重复演讲,他再选用那些演讲过的内容时就作了很大的改进,他演讲中对重音的使用非常得当,声调抑扬顿挫,非常悦耳。即使你对他演讲的内容毫无兴趣,也会喜欢他的演讲,因为听他演讲就像置身于悦耳的音乐中。这是巡回传教士比其他传教士更出色的地方,因为后者不能反复使用同样的道文,也无法改进演讲的声调与姿态。

怀特菲尔德没有想到他发表的一些文章给了反对者机会,当他在布道时不留神说错了话或者提出了不同的意见时受到了抨击。虽然他以后还能够解释,或者加以否定,但是无法磨灭白纸黑字的证据。

他的反对者抓住这些机会猛烈地抨击他,而且看似有些道理,自此以后他的信徒不再增加了。所以我认为如果不是那些文章,他会获得更多的信众,他建立的教派还会有更大的发展,而且他的声誉在他去世后还会广为流传。

如果没有那些文章,反对者就没有攻击的目标,他的信徒们就可以想象他具有许多优秀的品格,因为他们狂热地崇拜他,就会为他塑造更多高贵的品格。

第15章

筹建州防务体系

成立"哲学研究会"

我的生意越来越好,我的生活条件也变得一天比一天好,因为我发行的报纸带来了巨大的利润,在一段时期内这是本州和邻州中唯一的报纸。

这让我体会到了一句格言的寓意:"在获得了第一个一百英镑以后,两个一百镑很快就来了。"

我在卡罗来纳的合伙很成功,在这样的情况下我打算给那些一向行为端正的员工升职,以卡罗来纳合伙的条件订立新的合伙合同,让他们在各地开设印刷所。这些职工之后都有了巨大的发展,当我们为期6年的合同到期后,他们就有能力向我购买设备而独自经营,靠着这样的方式,他们能够养家糊口,将自己的孩子培养成为优秀的人。

虽然许多合伙关系最终以争吵的方式结束,但是我仍然很高兴,因为我的合伙经营非常顺利,而且结局很圆满。这在很大程度上归功于我事先对权利与义务的限定,这样就很难再出现争执。因此,我建议所有合伙人都采用这样的方式。无论在开始订立合同时,甲乙双方是多么相互尊敬及相互信任,也无法避免日后可能产生矛盾与猜忌等问题,这些小问题往往会导致合作关系的破裂,甚至引起法律纠纷和不幸的后果。

总体来说,在宾夕法尼亚创立的事业让我非常满意,我只有两个遗憾:一是宾夕法尼亚州没有建立房屋体系;二是这里没有一所能让青年人接受教育的高等院校。

出于这样的考虑,我在1743年提议筹建一所高等学校。当时有一个叫作彼得斯的牧师先生正赋闲在家,我将其视为管理学校的合适人选。

我对他讲出我的计划，但是他一心想要为富人服务，闷声发大财，况且他已经找到心仪的职位，所以他不肯帮忙。一时间我无法找到更适合的人选，只好将这个计划搁置了。

接下来的一年（1744年），我提议成立"哲学研究会"，之后顺利通过了这个提议。我为成立"哲学研究会"写了一篇文章，将来我的文集出版的时候你们可以在那里找到这篇文章。

筹建州防务体系

说到防务的问题，那时西班牙跟英国已经交战多年，最后法国也加入西班牙一方，所以我们的处境变得非常险恶。

总督托马斯曾经不遗余力地说服州议会通过一项民兵自卫法案和其他条款来保障本州的安全，但是他的努力没有效果，所以我就打算从人民中间征募义勇军。

为了推动这件事，我撰写并发表了一本小册子，名为《平凡的真理》。通过这本小册子，我向人们指出我们当时处于毫无防备的情况，为了加强防务，我们必须征募并训练士兵，并且通知在几天之内我将开始组建义勇军团，广泛征集士兵巩固国防。

没想到，这本小册子竟然发挥了令人意想不到的效果。很多人要求加入义勇军，我和几个朋友共同起草了一份志愿书之后，就在之前预定的会场召集了一个市民会议。会场里人头攒动，我提前印好了志愿书，并且准备了笔墨。

我就国防问题发表了演讲，向大家训读并解释了志愿书的内容，之后将志愿书广为散发，大家没有任何异议，非常踊跃地在志愿书上签了名。

散会后，我们将志愿书收集起来，经过统计我们至少招收了1200名队员。

除此之外，很多志愿书散发到各地，最终报名的人数超过1万以上。这些人很快就自带枪械组成了团队，他们推举了军团的长官并且每星期进行一次训练。妇女们也被发动起来，她们集资购买了丝绸的军旗，赠送给军团，旗帜上画着由我们设计的各种各样的图案和箴言。

在费城的义勇军团推举我做他们的团长，但是我自认为无法胜任，推荐了具有高尚品行又有社会地位的劳伦斯先生，最终他被确定为军团长官。

之后为了集资修筑城南炮台，我提议发行彩票。就这样，我们收到了足够的资金，炮台很快建成了。炮口之间用圆木构成，缝隙用泥土夯实。

我们从波士顿购买了几座旧炮，但是数量远远不够。之后我们写信到英国采购，虽然没有抱多大希望，但是我们还是要向领主写信求援。

同时，军团派我和劳伦斯团长、威廉·艾伦先生、亚伯拉罕·泰勒先生到纽约向克林顿总督借几尊炮。

开始他对我们严词拒绝，后来我们与他和他的参事共进了晚餐，按照当地的习惯他们喝了很多白葡萄酒，之后他的态度就渐渐缓和了，他同意借给我们 6 尊大炮；接着又满满地喝了几杯，这个数目增加到 10 尊；晚餐结束时他非常爽快地答应借给我们 18 尊大炮。

这 18 尊大炮质地优良，而且为我们配齐了炮架。很快我们就将这些大炮安装在了炮台上。

战争期间，队员们每天都在炮台上放哨瞭望，我也与他们一样轮流值勤。

我在这方面的努力获得了总督和参议会的认同，他们将我视为知心朋友，总是向我询问应该采取什么措施来促进民团。为了获得宗教上的支援，我建议他宣布吃斋一日以求改善与军团的关系并获得上帝的祝福。

他们非常欢迎这一建议,但是宾夕法尼亚州从来没有举行过斋戒日,秘书找不到范例来起草这个公告。

在英国,这样的斋戒日每年都会宣布,当时我在那里接受的教育也有了用处。我按照那种传统格式起草了一份公告,并且翻译成德文,用这两种文字印刷出来向全州散发。这就为各教派的牧师创造了一个去鼓励教徒参加民团的机会。

如果不是战争很快就结束了,没准贵格会之外的所有教派都会参加民团。

一些朋友觉得我从事的这些活动触犯了贵格会,将失去我在州议会中的权力,毕竟他们在州议会中占大多数席位。一个在州议会里有一些朋友的年轻人打算把我挤走,准备接任州议会秘书。他们好意劝我不如现在辞职,因为议员们已经决定在下次选举时免去我的职位,与其那样不如主动辞职体面些。可是我如此答道:"我曾经知道有一个政治家,他有一条原则就是:'绝不请求任何职位,但是也不会拒绝任何一个职位。'我赞成他的原则,只是我在执行这个原则时补充了一些内容,所以这个原则变成'永远不会请求职位,也不会拒绝职位,而且也绝不辞职'。如果他们将秘书的职位交给另外一个人,那么我接受他们的免职,但是我绝不辞职,我不会放弃在适当机会报复对手的权利。"

在那之后,再也没有人来劝说我了,下一次选举中我又像以往那样得到全体一致通过。

历任总督与他们的参议会在军事准备问题上一向与州议会有着不同的看法,而州议会对这些问题感到很麻烦。

可能因为议员们不喜欢看到我与参事们走动密切,他们想要我主动离开他们,但是不愿意因为我热心团练就将我免职,除此之外又找不到别的借口。

实际上,我相信即便没有我们的要求,州议会中也会有人赞成防务建设的。我发现很多人反对侵略战争,却从不反对抵抗战争,持这种想法的人远远大于我的想象。

就国防问题，双方都发表了许多小册子，有一些出自优秀的贵格会教友。我相信这些文章说服了许多年轻的贵格会教友，并给他们带来了很大的震撼。

攻克难题，不一定要走直线

在我们的消防队中发生了一件事，使我弄清了一些贵格会教友的普遍想法。有人提议从消防队的资金中拿出大概60英镑来购买彩票，用以资助炮台的修筑。

但是根据我们的制度，动用专用款必须在下一届的会议中提议并通过。

消防队共有30个会员，其中22人是贵格会教友，仅仅8个会员属于其他教派。

我们8个人准时出席了这次会议，虽然我们已经知道有一些贵格会教友会选择支持我们，但是我们没有把握在会议中获得多数票。

结果，只有一个贵格会教友——詹姆斯·莫里斯先生出席并反对这一提案，他对我们提出这个议案表示遗憾，因为他认为所有贵格会教友都不会同意这件事，所以这个提案会引发争执，而这种争执最终会使消防队的阵营彻底瓦解。

我们说事情不会闹到这种地步，按照议事规程，如果多数贵格会教友反对这一提案而在投票时胜过了我们，那么按照少数服从多数的原则，我们不会有怨言。

到了讨论议案的时候，有人提议进行表决。詹姆斯·莫里斯提出有一些会员还没有到场，因为他们表示将投出反对票，出于公平起见，我们应该等他们一会儿再表决。

当我们争论不休时，一个侍者跑来告诉我楼下有两位绅士找我谈话。

我到楼下一看，原来是我们消防队中的两个贵格会会员。他们对我说有八位贵格会会员在附近的一家酒馆里，如果我认为有必要的话，他们就会赶来参加会议并投票支持我，但是他们希望能够避免这种情况。

如果我们能够不借助他们的出席而通过议案，那么他们就尽量不来投票，因为他们一旦帮助了我们，就有可能受到长辈和朋友的责难。

有了通过议案的把握，我同意了詹姆斯·莫里斯的说法而将决议推迟了一小时。

他认为我的做法非常公正，但是他那些准备提出反对票的朋友一个也没有来，这使他非常惊讶。

一小时后，我们以8:1的优势通过了这一决议。因为在22个贵格会教友中，8个人投了赞成票，另外13人弃权，所以我认识到反对与支持国防的贵格会教友的比例是1:21，这些人都是贵格会的忠实信徒，而且声誉颇好，并且清楚这次会议的主要内容。

有一位德高望重、博学多才的贵格会教友罗根先生给所有贵格会教友写了一封公开信，说明自己为什么支持国防，并且说得有理有据。

他给了我60英镑去购买关于炮台的彩票，并且告诉我一旦这些彩票中奖，那么就将奖金全部用于修建炮台。

关于防御，他给我讲述了一个他从前的东家威廉·潘恩的故事。

在他年轻时，他作为威廉·潘恩的秘书从英国渡海到美洲。那时正是战争时期，一只武装船紧紧地追着他们，他们猜想这是一只敌方船只。

他们的船长准备战斗，但是船长没有期望获得威廉·潘恩和他的贵格会随从的协助，而是告诉他们可以躲到船舱里去，除了詹姆斯·罗根之外的所有人都进了船舱，因为与其躲避他更愿意留在甲板上，船长下令让他看守一尊炮。

后来证实这只船是友好的船只，所以战斗没有打响。

当秘书跑下去报告消息时，却被威廉·潘恩责备了一番，他严厉地指责秘书不应该留在甲板上，因为这违反贵格会的教规——不准参加船的保卫工作，尤其是在船长根本没有下令要求他这样做的情况下。

威廉·潘恩当众的责骂惹怒了这位秘书，他反驳道："我是你的仆人，那么你为什么不给我下去的命令呢？也许因为当时情况危急，你倒是宁愿我留在甲板上保卫船只吧！"

州议会中的成员绝大多数都是贵格会教友，我在那里多年，常常看到这样的情况，当国王命令他们通过军事补助金时，他们会因为教规反战而感到左右为难。一方面，他们不愿意得罪英国政府，将命令驳回；另一方面，他们不愿意触怒那些违背教规而顺从国王的朋友。

因此他们绞尽脑汁想出各种各样的托词来搪塞英国政府，到了退无可退的地步时，他们就会掩耳盗铃一样，将军事补助金冠以"供国王应用"的名义通过，然而他们从来没有过问这笔拨款的最终用途。

假如请求拨款的要求不是来自英国国王，那么这个理由就不合适了。于是他们就要想到其他名义。比方说，有一次新英格兰的政府因缺乏火药（我想是为了防守路易堡）而请求宾夕法尼亚州拨付一批火药，托马斯总督极力主张援助火药，而州议会又无法拨款购买火药，因为火药是战争的一部分，但是他们拨款3000英镑支援新英格兰，而这笔钱由总督使用，作为购买粮食、面粉或"其他粒状物"所用。

有些参事想给州议会惹麻烦，他们劝总督不要接受这笔拨款，因为它名不副实。

但是总督回答说："我接受这笔拨款，因为我很了解它代表的真正意义。那些所谓的'其他粒状物'指的就是火药。"后来他用这笔拨款购买了火药,而议员们也没有反对。

这件事给我提了个醒。

当我们担心将消防队的资金用于买彩票的议案不能通过时,我想到了这个办法,我对朋友辛先生(消防队的会员之一)说:"假如我们的提案没有通过,那我们就提议用这笔钱来购买一辆消防车,贵格会教友一定不会反对这个提案。接着咱们两个就互相推举组成一个委员会去购买机器,我们就买一尊火炮,这当然是一辆消防车呀。"

辛先生说:"你在州议会真的没有白白浪费时间,终于也有进步了。你的这个双关语简直可与他们的'其他粒状物'媲美了。"

遗训神圣不可侵犯

贵格会教友把坚决反对战争作为他们的原则并且公之于世,尽管他们以后想改变观点,也很难将原来的规则彻底推翻。这样进退维谷的情形让我想起了一个叫作"德国浸礼会"的教派。

那个教派成立后不久,我认识了创办人之一的迈克尔·维尔法特。他向我抱怨他们受到了其他教派狂热信徒的无端诬告,指责他们有一些令人憎恶的教条和习惯,其实根本就是无中生有。

我对他说:"这样的抨击对于新成立的教派是常见的,为了避免这些无耻的攻击,我觉得你最好将信条和教规公布出来。"

他说:"我们中也有人这样建议过,但是因为有一个人反对而迟迟没有推行。"

"当我们的教派刚成立时,蒙上帝的启示,我们看到某些我们过去认为是真理的教条其实有些偏颇,而有些我们过去认为错误的内容却是真理,上帝不时地引领着我们,我们坚持的原则在不断地改进,我们所犯的错误也在不断减少。

但是，我们无法确定这种进步已经足够，我们的内心和知识已经完美无缺。我们担心如果公布了信条，就会一直受到约束和限制，也可能使我们裹足不前，而我们的后代也是如此，也许他们会认为他们的长辈和创立人的遗训神圣不可侵犯，他们应该矢志不渝地恪守。"

如此谦逊的教派恐怕在人类历史上绝无仅有吧！其他教派总是认为持不同观点的人是错误的，而坚信自己占据了全部真理。这就像在雾中行走，前面远处的人好像沉浸在雾中，后面和两边的人也是如此，却能将附近的人看得很清晰，但是他与所有人一样都沉浸在大雾中。

为了避免这种左右为难的窘境，近年来越来越多的贵格会教友辞去了州议会与政府的职位，他们宁可放弃权力，也不愿意违背教会的原则。

第16章

筹建费城第一所大学

人们应该慷慨地奉献自己的发明

如果严格按照时间顺序来写，我应该在之前就提起这件事。

1742年，我发明了一种"敞开式壁炉"，冷空气一进入炉中就被加热了，所以这种壁炉能够有效地提高房间的温度，又能节省燃料。

之后我又制造了一个模型送给我的老朋友罗伯特·格雷斯，他开设了一家铁厂。

之后他发现制造这种火炉的铁板能够赚不少钱，因为订购这种壁炉的人越来越多。

为了帮他拓展销路，我编写并发表了一本小册子，名为《新发明宾夕法尼亚火炉说明书》。

文中介绍它的构造以及使用方法，介绍它较其他取暖方法的优点，驳斥反对使用这种火炉的所有议论。

这本小册子发行后带来了不错的效果，托马斯总督非常看重书中所介绍的这种火炉的结构。

他甚至提议授予我专利，但是我没想过要申请专利权，对这个问题我一直坚持一个原则：别人的发明带给了我们巨大的便利，那么我们也应该乐于让别人利用我们的发明，而且我们应该慷慨地将发明无偿地奉献给他人。

没想到伦敦的一个五金商人从我的小册子里窃取了很多内容，将我的发明改装成他自己的东西。

他仅仅作了一些改动，而这种改动除了降低壁炉的使用效率外没有任何改进，但是他在伦敦获得了专利，我还听说他因此发了一笔财。

他并非唯——个从我的发明中偷走专利权的人，虽然大多数情况下他们都失败了，但是我从没有为此与他们争吵。

因为我从来没想过利用发明的专利权来获利，而且我也不屑于争吵。

我设计的壁炉得到了广泛的推广，不论是在宾夕法尼亚还是附近的地区，这种火炉帮助居民们节约了大量的木柴。

从一无所有到建立大学

随着合约的签订，战争宣告结束了，因此我在军团的工作也结束了，我的精力再次转到开办学校这件事上。为此，我制订了一个计划。

第一步，我邀请朋友中的积极分子来参与这个计划，其中许多是"秘密社团"的会员。

第二步，编写并发表一份叫作《关于宾夕法尼亚青年教育的建议》的倡议书，并将这份倡议书免费发放给一些有地位的居民。一段时间之后，我想他们已经读了倡议书的内容，在思想上也有了准备，就开始为开办学校募捐。

捐款在5年中分5次缴纳。我认为这样分期的办法可以获得更多捐款。

事实证明我是对的，如果没有记错，当时的认捐总数不少于5000英镑。

我一贯不喜欢将自己视为公益事业的发起人，所以在倡议书的序文中我没有将这个计划归功于自己，而是将其归功于诸多爱国人士的帮助。

捐款人与我一样想尽快推行这个计划，他们从众多捐款人中推选了21个理事，并且指定我与当时的首席检察官弗朗西斯先生替学院起草相关的制度。

当这个规程拟定好时，校舍已经租到了，教师也到位了。在我的印象中，在当年（1749年）学校就正式开学了。

　　学生的数量增长很快，之前的校园很快就不够大了，于是我们物色了一块位置不错的地方，打算在那里修建校舍。这时奇迹出现了，上帝忽然赐给了我们一所完好的建筑，只要对其稍加修改就可以满足我们的使用需求。

　　这座建筑就是之前提到过的怀特菲尔德先生的听众们出资修建起来的教堂。

　　以下是我们获得这座建筑的过程：

　　我们记得这所教堂是由许多不同教派的教友出资建成的，所以在推选教堂房产的理事时，为了避免任何教派违背修建这所教堂的原意而将整幢房屋拨给某一教派单独使用，他们从每一教派中各选出一人作为理事，依次是："圣公会"一人，"长老会"一人，"浸礼会"一人，"联合兄弟会"一人，等等。

　　如果该名理事因为死亡而出现空额时，就由理事会在捐款人中推选一人补上这个名额。

　　碰巧来自"联合兄弟会"的理事与其他理事关系不睦，所以在他死后理事会决定不再选"联合兄弟会"的人做理事。但是他们面临一个新问题——如何避免在理事会中出现两个来自同一教会的理事。

　　因为这一问题的出现，几个候选人都被否定了。终于有一个理事提议由我来担任，他说我仅仅是一个诚实的人，也不属于任何教派，这个理由一下子说服了其他人，我就这样莫名其妙地成为理事之一。

　　如今，当年修建教堂的热情早已烟消云散了，理事会无法筹措捐款来支付地租和其他债务，这件事情让理事们焦头烂额。而我恰恰是两个理事会的理事，一边是教堂，另一边是学院。

　　因此，我的身份帮助我跟两方面迅速谈拢，最终达成了协议。

　　按照这项协议约定，教堂理事会将场地让给学院理事会，而后者负责清偿债务,遵照修建该教堂的宗旨,在建筑内要划出一个场地来应对传教士们的不时之需,并且开办一所免学费的学校,让穷人的子弟可以上学。

双方就此签订了合同,学院理事会还债之后就接管了房产。我们把这高大的教堂分成了上下两层,每层又隔成若干房间作为教室。

另外,学院又买了一些地,我们终于获得合适的场所,之后学生们终于搬进了这所大楼。

这一过程中,与工人签订合约、采购物资和监督工程等工作都落在了我肩上。

但是我非常愿意承担这些工作,何况它们对我自己的事业毫无影响。

因为在一年前我已经和能力超群、勤勉诚信的朋友大卫·霍尔先生合伙了。之前他为我工作4年,我对他知根知底,所以非常信任他。

他承担印刷所的一切工作,这样我就能够脱身去做其他事了,而他定期付给我们应得的利润。我们的合伙关系长达18年之久,双方都从中获益匪浅。

过了一段时间,学院理事会向总督申领了执照,收到了从英国寄来的捐款,领主们捐了一些土地,州议会也捐了不少钱,于是理事会获得了足够的基金,就此,费城大学终于成立了。

从一开始我就是费城大学的理事之一,迄今为止接近40年了。我看到许多年轻人在大学里接受了教育,在那里获得了卓越才能,成为栋梁之材,我感到莫大的欣慰。

如上所述,我已经从个人业务中脱离出来,当时我获得了数目有限的一笔资产,足以让我在未来的岁月中拥有足够的时间去研究哲学,并且安度晚年。

所以在斯宾塞先生来美洲讲学的时候,我买下了他的全部实验设备,开始着手做一些电学实验。

可是,当时社会上的公众看到我是一个有着大把时间的人,就开始拉着我为他们服务,甚至政府部门都要求我为其效劳。

总督让我负责治安,要我做治安推事。

市政府选我做市议会议员,不久以后我又被选为市参议员。

全体人民将我选为州议员。

最后一个职位颇受我的青睐,因为我早已经对枯坐在一旁听别人辩论感到厌倦了(议会的秘书没有参加辩论的资格,而那些辩论枯燥乏味,我只好在纸上不停地画数字方阵、圆圈或是一切可以解闷的东西),同时我认为当了州议员就可以做出更大的贡献。

我绝对没有表示过我对这所有的荣誉无动于衷,我对此感到非常荣幸。

对于出身卑微的我来说,获得这些社会地位已经是了不起的成就了。尤其让我感到欣慰的是,这不仅仅代表着我个人的努力获得了成果,更代表着社会的舆论导向。

履行政府工作的义务

治安推事的职务我只做了一部分,出过几次庭,也在开庭的时候听过诉讼。

但是我发现像我这样对基本法律都了解不足的人很难做好治安推事的工作。

所以我尽量回避这个工作,我常用的借口是我不得不在州议会中履行作为一名议员应尽的重要义务。

我每年都能够当选州议员,连续长达10年之久,但是我从来没有请求任何选举人为我投票,并且从不直接或是间接地表露想要当选的愿望。

在我当州议员的那段时间,我的儿子当了州议会的秘书。

第二年，我们要在卡莱尔与印第安人进行谈判，总督送了咨文给州议会，建议州议会从议员中选出几位议员与参议会中的一部分参事共同组成谈判委员会。

最后，州议会指定我和州议会的议长诺里斯先生一起到卡莱尔会见印第安人代表。

印第安人非常喜好喝酒，当他们喝得醉醺醺时就会异常聒噪，肆无忌惮地破坏社会秩序，所以我们严禁商人们卖酒给他们。每当他们因为买不到酒而抱怨时，我们就告诉他们如果他们在谈判期间不喝酒，那么谈判结束后我们就送给他们大量朗姆酒。因为在商店里买不到酒，他们就只好遵守了这个约定。

谈判在安静的氛围下进行，双方都得到了满意的结果。谈判结束了，他们向我们索要朗姆酒，我们就在下午如约给了他们。

他们男女老少将近100人，居住在城外临时搭建的四方形木屋里。傍晚的时候，从他们的住地传来了嘈杂的声音，谈判的委员们不明所以，赶紧跑出去察看。

我们看见四方形的木屋中间燃起了一堆篝火，无论男女老少都喝得大醉，聒噪地互相追逐打闹着。对于来自文明世界的我们来说，这里简直是一派地狱般的场景：他们赤身裸体，在昏暗的火光照射下，隐约可以看到他们淡黑色的皮肤；他们嘴里发出可怕的吼叫声，举着火把互相追逐打闹。

我们看到喧嚣的场面久久不能平息，只好回到我们的寓所去了。半夜的时候，有些印第安人狂砸我们的房门，索要更多的朗姆酒，但是我们没有理睬他们。

直到第二天他们才认识到自己做得出格了，不应该在夜晚打扰别人。

他们中的3个酋长来道歉，可是他们一开口就将全部责任推给了朗姆酒，之后还一直为朗姆酒辩解，他说："创造万物的神使万物各有用途，既然神指定了某种东西有用处，那么那件东西就应该按照这个用途来使用。神创造朗姆酒时，说道'这些酒造出来是为了让印第安人喝醉的'，所以我们必须执行神的命令。"

的确！假如上帝的旨意是要灭绝这些野蛮的人，给那些垦殖者让出空间，那么朗姆酒就是神所规定的手段和方法了，因为它已经消灭了曾居住在沿海一带的所有部落了。

第17章

做慈善
也要靠政治智慧

筹建慈善医院

　　1751年，我的一个朋友托马斯·邦德医生打算在费城开办一家医院，以便收容和救治那些穷苦无依的病人，不论他们是本州居民还是外地人。这是一个非常仁慈的计划，他热忱而积极地为这个计划募捐，有人曾说这件事情是我发起的，但是这件事最开始是他提起的。这件事在美洲从来没有过先例，人们对此缺乏认识，所以他的募捐活动很不顺利。

　　最后他找到了我，恭维我说他想要实现一个公益事业，但没有富兰克林就肯定会失败。他说："这是因为我去募捐时，人们常常问我：'你跟富兰克林商讨过这件事吗？或者富兰克林对此有什么意见？'当我告诉他们我还没有与你谈过（因为我觉得这事可能不是你的强项），他们就拒绝为此捐款，而只是告诉我他们会考虑考虑。"

　　我问了他有关这个计划的性质和可能的用途，得到了让我满意的解答。我不但为此捐了钱，而且热忱地帮助他向别人募捐。在我正式向人募捐前，我想办法在报上发表了有关这一计划的文章，为人们捐款做好铺垫，这是我一向使用的方法，而他不懂这样操作。

　　这样一来，人们的捐款就比之前多了，但是不久之后捐款又越来越少了，我知道如果抛开州议会的帮助而只是凭借募捐，那么完全不可能筹建一家医院。在这样的情况下，我建议他申请州议会的拨款，接着我们就这样做了。

　　开始，那些代表着乡村的议员们并不赞成这个计划，他们反对的理由是：医院只对城里人有益，应该由城里的市民捐资开办。即便如此，他们怀疑究竟会有多少市民赞成这个计划。与他们的意见相反，我认为医院会受到市民们的普遍欢迎，我毫不怀疑能够募到2000英镑的捐款。对此他们认为我的估计太乐观了，这完全就是一种不切实际的奢望。

我的计划就是建立在这样的基础上的,我请求州议会允许我提出一个议案,暂时同意捐款人的请求——允许他们成立一个法人团体,并且给出一张空白支票。我之所以提出这样的议案,是出于这样的考虑:如果议员们反对这样的提案,那么就可以将其否决。我将他们担心的重要条款当作条件提出,内容为"兹经本议会决定,当上述捐款人组织起来,选出理事和财务主管,募集基金若干(年息作为医院免费收治贫苦病人的伙食、看护、诊治和药剂的费用),并向州议会议长提出适当证明时,议长当依法责成州司库付与上述医院的司库2000镑,每年一次,两年付清,作为医院开办、修缮以及装修之用"。

这一条件促成了议案的通过,原来反对拨款的议员们认为自己可以不费分文就获得慈善家的美名,所以他们没有理由否决这个议案。之后再向人募捐时,我们就强调该议案中议会许下的诺言,这样人们就更乐于捐助。

我的这个附加条件在两方面都起了正面作用,因此收到的捐款总数很快就超过了议案中规定的数目,最后我们根据这一条件获得了政府的拨款,此举顺利地帮助我们完成了这一计划。不久之后,我们就建造了一幢实用而又美观的大楼。

从长远来看,这个医院为城市带来了巨大好处,直到今天它还非常兴旺。在我的记忆里,我毕生所有的政治策划中,没有一件事情的成功给我带来这么多的快乐,在我事后回忆此事时,我非常愿意原谅我自己为了这一善事而使用的政治手段。

大约在那时候,另外一个慈善事业发起人吉尔伯特·坦南特牧师来看我,要求我帮助他为兴建一所新教堂募捐。这所教堂将归他手下的长老会教友使用,他们曾经是怀特菲尔德先生的信徒。

我坚决地拒绝了他的请求,我不愿意过分频繁地向市民们募捐,这样会让他们对我有意见。他又向我要一份关于那些慷慨乐捐、热心公益的捐款人的姓名清单。但是我想，如果我接收了他们的捐款后还把他们的信息泄露出来，让他们饱受其他募捐人员的纠缠，那么我的做法实在太不道德了。所以，我拒绝为他提供这样的名单。最后，他要求我至少给他一些忠告。

"这个我倒非常愿意，"我说，"首先，我劝你先向那些愿意出钱的人募捐；之后，向那些你不知道究竟会不会捐钱的人募捐，并把已经捐钱的人的名单给他们看；最后，不要忽略那些你认为不肯出钱的人，因为你也许将他们看扁了。"

他笑着向我致谢，感谢我为他提供了可行的建议。后来他按照这个方法做了，向所有人募捐，最后获得了超出期望的捐款。他用这笔钱修建了拱门街那所宏伟而又华丽的教堂。

推动城市建设

我们的城市被修建得整齐美观，街道既宽又直，而且十字路口都呈直角。不幸的是，这些街道很长时间以来没有铺设路面，每当雨季到来时，沉重的马车轮将其压得不成样子，到处都是泥沼，让人寸步难行。而晴天的时候，风一吹就会尘土飞扬，让人难以忍受。

我过去住在原来的泽西市场附近，看到市民为了购买食物不得不忍受满地泥泞时，心里感到极为不安。后来，市场的中央有一段路铺上了砖，当市民们进入市场时，就可以"脚踏实地"了，但是市场外面的街道仍然泥泞不堪。

我跟许多人讨论过这件事，也曾为此事写过文章，这些努力换来了回报，通往市场的人行道铺上了石板。自此以后，人们终于可以不弄脏鞋子就能顺利地到达市场了。

但是这条街的其他路段没有铺设路面，每当马车从泥路走上石板路时，车轮上的泥土就会被震动下来，堆积在石板上。用不了多久，石板路上也变得泥泞起来，那个时候还没有清洁工，也就没有人去清扫这些污泥。

经过一番调查，我物色到一个贫穷但是很勤劳的人，他愿意做街道的清洁工作，每周清扫两次大街并且把每家门前的垃圾清理掉，为此每个家庭每月出 6 便士作为他的薪水。

接着我写了一张传单，介绍这一笔小小的清洁费可以为居民带来怎样的好处，比如，由人们脚上带进家门的泥土减少了，家里的环境更容易保持清洁；街道变得清洁后，更多的客人会被吸引进店铺来，而顾客数量的增多可以提升商店的营业额；起风的时候，灰尘也不致散落在货物上，等等。

我将传单印好，分发到每家每户，两天之后进行回访，看看究竟有多少人愿意签订这样的协议。毫无疑问，每个家庭都签了协议，在一段时期内我的计划进行得非常顺利。因为市场附近卫生条件变好了，全城的居民都感觉到了便利，大家都非常高兴。这个例子促使大家普遍要求将城市里所有的街道都铺设起来，而且他们也愿意为硬化路面而缴纳税款。

在这样的呼声下，我起草了一个替费城铺路的议案，并在州议会中提了出来。这件事情开始于 1757 年，恰好在我出发去英国之前，而直到我动身离开美洲后，这个议案才获得通过，但是当时在核定税额的方式上作了一些我认为不合理的变更，不过提案中增加了关于路灯的条款，这倒是一个很大的改进。

一个普通的百姓，已故的约翰·克里夫顿先生曾把一盏灯挂在他门口，他的实际行动表现了路灯的作用，他的做法让人们第一次有了全城各条街道挂满灯的念头。有人把首创这件公共事业的殊荣算在我头上，但是这件事归功于那位先生。我只是模仿了他的做法，在改进路灯的形状方面做了一点努力。

我们的路灯与伦敦的球状路灯是不同的。这些圆形的路灯有一些缺点，比如空气不能从下面进去，所以烟煤无法快速从上面散发出去，烟煤只能在圆球内打转，附着在内壁上，不久就会掩盖路灯发出的光线，而且每天需要擦拭灯罩，如果一不小心碰破了，整个灯罩就作废了。

因此我建议用四块平板玻璃拼凑成一个灯罩，在上面装一根长烟囱方便煤烟挥发，灯罩下面的缝隙可以让空气流通起来，加速煤烟上升。这样，灯罩就可以长时间保持干净，不至于像伦敦的路灯那样，几小时内就变得昏暗无光了，这样路灯就可以整夜保持光亮直到太阳升起来。即便偶然碰坏，一般情况下只会损坏其中一块玻璃，修复起来也很方便。

伦敦的沃克斯霍尔公园的球状灯下面也有一些开孔，我有时候很纳闷为什么伦敦的市民没有想到在他们的路灯底下也同样开几个孔呢？

后来我发现他们的路灯底下也有孔，但是这些孔洞是有其他用途的，那就是用麻线穿过这些孔洞而悬挂下来，这样火焰就能迅速地传递到灯芯。他们好像没有想到打开孔将空气放入灯罩内，难怪路灯亮了几小时以后，街上就变得昏暗了。

人的幸福感取决于身边的小事

提起这些改进，我想起在伦敦时曾向福瑟吉尔博士建议的一件事。福瑟吉尔博士是我认识的最优秀的人之一，他是公共事业的伟大创始人。我发现晴天的时候伦敦的街道从来没有人打扫，街道上尘土飞扬，如果赶上下雨天，尘土就变成了泥浆，而泥浆让整条街道泥泞不堪，除了由穷人开辟出来的一条小道外，甚至连穿越街道都无法做到。

这样过了几天以后，人们就会花费巨大的努力将泥浆清理出来，将其装进敞开的马车里运走。但是当马车在凹凸不平的马路上前进时，泥浆就会从车身两侧流出来，再次掉在路上，让路上的行人烦恼不已。我听说伦敦市民不扫除街上的尘土，是因为担心灰尘会飞进商店和住宅的窗户里。

而一件偶然发生的事情使我知道,清扫街道并不会花费太多时间。

一天早晨,我在克雷文街寓所的门口看见一个穷苦的妇人拿着一把桦树枝扫帚打扫我门前的人行道,她看上去是那么苍白,一副大病初愈的样子。我问她是谁雇用她来打扫街道的,她回答说:"没有人雇用我,因为我实在太穷了,我为富人打扫门前的空地,希望他们能够施舍我一些钱。"

我雇她把整条街扫干净,付给她一先令。当时的时间是9点整,到了12点她就来要钱了。我本来看她的动作很迟缓,无法相信她这么快就完成了这件事,所以我让仆人去验收,他回来告诉我整条街都被扫得一干二净,所有尘土都被扫到路中央的沟渠中了。下雨的时候,雨水就会把尘土冲走,无论人行道还是沟渠都变得非常干净了。

当时我就想,如果一个虚弱的妇人可以在3小时内打扫出这样一条街,那么一个强壮的男子也许只要一半的时间就能够完成这项工作。在这里我想说明一点,在狭窄的街道中,与其在两边靠近人行道的地方各开一条明沟,不如在街道中央开一条明沟,因为当整条街上的雨水全部流向这条沟渠时,就会形成一股足以冲刷所有泥土的急流,但是如果在两边各开一条沟渠,水流就会变得缓慢,无法冲刷掉两边的泥土,只会将泥土浸泡得更加松软,当马车路过时就会把泥浆泼溅到道路上,使人行道变得泥泞不堪,而且这些泥点也会飞溅到行人身上。

所以,我曾向这位善良的博士提出了下面这些建议:

为了更有效地保持伦敦和威斯敏斯特的街道清洁,可以雇用清洁工若干,在干旱的季节里打扫尘土,在雨季里清理污泥,每名清洁工负责几条大街小巷,他们要在固定的场所准备扫帚和其他清扫工具,用于扫街。

在干旱的夏季,在商店开始营业和居民打开窗户之前,每隔适当距离，将垃圾集成一堆，清洁工用密封的车子将其运走。

清理在一起的泥土不要堆积在街上，以免过路的车轮和马足又将它们再次散播。清洁工应备有若干车辆，车身不是装在车轮上，而是装在很低的滑盘上。车底不要密封，而是留有一些格子，上面铺些稻草，这样能够保证污泥被运走而水将从下面排出，泥浆的分量将会减轻。

这种车辆应放置在适当的地方，等到水分排干时用马匹将其运走。

不过，我对这个建议后半部的可行性产生了怀疑，因为有些街道很窄，泥车会占用很大地方，甚至可能阻碍交通，但是我仍然认为建议的前半部（主张在商店营业打扫干净垃圾并运走）在夏天是切实可行的。

一天早晨7点钟，我走过伦敦河滨街和佛里特街，那时天已经亮了，太阳也已经出来3小时了，可是还没有一家店铺开门。伦敦的市民更愿意在烛光下生活，而在白天睡觉，却一直抱怨烛税太高，蜡烛价格太贵，这真是荒唐。

也许有人认为这些小事不值得留意或详细叙述。虽然在刮风时灰尘落入人的眼睛或是吹进一家店铺是一件小事，但是如果他们如此考虑：在人口众多的城市里有千千万万的人遭受沙尘的袭击，而且这种麻烦常常发生，那么他们就不会觉得这是一件小事了，也就不会过分嘲笑那些留意这些微末小事的人了。

人类幸福感的产生，并非来自那些千载难逢的巨大幸运，而是来自每天发生在身边的细小变化。

所以如果你教会一个贫穷的年轻人如何自己修面，如何保养他的剃刀，那么你给他的幸福感也许要比给他一千金币还要大。钱财也许很快就花掉了，空留下用钱不当的悔恨。然而如果你教会他如何修面，他就可以避免经常等待理发师的麻烦，还可以逃离理发师那有时脏兮兮的手指、令人烦恼的呼吸以及迟钝的剃刀。他可以随时随地修面，每天享受用锋利剃刀修面的幸福。

在这种意识的支配之下，我冒昧地写下了前面这些内容，希望它们能够有一些启迪性。这些内容可能会对我热爱的城市（我在这里已经快乐地住了多年）、甚至对美洲的其他城市提供一些参考。

有一段时间，我受美洲邮政总长的委托担任他的会计检查员，负责管理若干邮政分局以及监督邮政系统的职员。

当他在1753年过世时，我和威廉·罕特受到英国邮政总长的委任而成为美洲的邮政总长，在那以前美洲的邮局从未向英国的邮局上缴过任何利润。

如果我们可以让邮局至少实现盈利600英镑，那么我们两个人的年薪就可以达到这一数字。为了达到这一目的，我们需要对美洲的邮局做一些改进工作，开始几项改革在初期不可避免地要花掉许多钱，所以在开始的4年中，邮局总共欠我们至少达900余英镑的薪水。

但是不久之后，邮局就能够支付我们的欠薪了。当英国政府的大臣们想尽办法地罢免我的职位时（我之后还要提到此事），我们已经每年向英国政府上缴3倍于爱尔兰邮局的利润了。自从他们异想天开地将我免职后，他们连一分钱的利润也没有得到过。

由于邮局的事务，我有一年到新英格兰旅行了一圈。我在新英格兰接受了剑桥大学主动颁发的文学硕士学位。之前，康涅狄格州的耶鲁大学也授给过我一个类似的学位。

虽然我没有接受过一天大学教育，但是获得了来自大学的宝贵荣誉。其实，授予我这些学位是为了奖励我在物理电学部分中所作的改进和发明。

关于建立联邦的计划

　　1754年，人们又开始担心再次与法国爆发战争，商务大臣命令各殖民地派出代表在奥尔巴尼召开代表大会，与印第安人6个部落的首领共同商讨防御我们彼此领土的大事。

　　汉密尔顿总督在接到这个命令后就通知州议会，并请州议会准备一些得体的礼品，准备在参加会议时赠送给印第安人。总督提议由我和议长（诺里斯先生）会同托马斯·潘恩先生和秘书彼得斯一起作为宾夕法尼亚的代表参会。虽然议员们不大同意到宾夕法尼亚州以外的地方进行谈判，但是州议会仍然通过了这个名单，并且准备了礼品，我们和其他州的代表大约在6月中旬在奥尔巴尼开会。

　　在赴会途中，我提出并起草了一份计划，要求所有殖民地按照防务和其他重大共同目标的需求将各殖民地联合起来，由一个共同政府领导。当我们途经纽约时，我把我的计划给詹姆斯·亚历山大先生和肯尼迪先生过目。这两位绅士对于政治有着深刻的见解，他们的支持给了我巨大的信心，于是我就大着胆子在代表大会中提出了这一计划。

　　当时，好几个代表都制订了类似的计划。一个先决问题被提了出来：是否需要组织成立一个联邦？结果，这个提议一致通过了。

　　之后，我们指定一个委员会负责筹备关于联邦的各种计划和报告，该委员会由每个殖民地派出的一名代表组成。委员会碰巧选择了我的计划，经过一番修改后，我的计划被提上了议程。

　　根据计划的内容，联邦政府将受到总统和一个大咨议会管辖，总统由英王委任并受到英王的支持，大咨议会由各殖民地的州议会中人民代表选举产生。

　　在代表大会中，各地的代表们一面讨论着印第安人事务，一面讨论着这个计划。大家提出了许多不同意见，最终一致通过了这个计划，并把抄本寄送商务部和各州议会。

不过，各地的州议会反对这个计划，因为它们认为联邦政府的权力太大，而英国方面也不同意这个计划，因为他们认为这个联邦政府过于民主了。商务部不赞成这个计划，所以没有提交英国国王批准。

这时有人提出另一个计划，认为它更符合各方面的要求。按照这种计划，各州总督和部分参议会的成员可以开会决定征募军队、修建炮台等事宜，产生的军需费用由大不列颠国库垫付，之后由议会向美洲殖民地征税来偿还。我的计划以及支持我计划的理由可以在我已经发表的政治论文集中找到。那年冬天，我在波士顿与谢利总督反复讨论这两个计划，我们之间在这一时间的一部分谈话也可以在这些政治论文中找到。

人们用各种不同的甚至相反的理由反对我的计划，可这样的情况让我更加相信我的计划非常折中。到现在我仍然认为假如当年我们采纳了那个计划，对大洋两岸都有很大的好处。按照我的计划形成联邦后，殖民地就拥有了足够的自卫能力，无须英国驻军了，当然向美洲征税以及因课税而引起的流血斗争都可以不再发生。但是这种错误并不新鲜，历史上有过无数的国家和帝王犯下过这样的错误。

环顾世界，那些认得清自己利益的，或是认清利益就奋起直追的人何其稀少！

执政的人总是因为事务繁忙，不愿意惹麻烦，不愿意考虑或是执行新的计划。因此大多数优秀的议案不是因为准备充分而通过，恰恰是因为形势所迫而被勉强接受。

当宾夕法尼亚的总督将我的计划送交议会时，他对此深表赞同："这一计划似乎逻辑严密，言之有理，因此值得州议会对此给予认真考虑。"

但是有一个议员使用了一个卑鄙的策略,他趁我偶尔缺席的时候向州议会提出了这一议案,而且根本不加考虑就仓促地否定了它。我对他采取这样的手段以及所造成的结果感到非常遗憾。

同年,我在前往波士顿的途中,在纽约遇见新总督莫里斯先生,那时他刚从英国抵达纽约,我们已经彼此熟识。他奉命来接替汉密尔顿先生的职位,汉密尔顿先生因为必须接受领主的命令而无法避免地与州议会发生了争执,他对此深感疲惫而辞职了。莫里斯先生问我,是否他也会像前任总督一样步履维艰,处处受制。

我答道:"不,恰恰相反,如果你不跟州议会发生矛盾,那么你的官路就能一帆风顺,称心如意。"

他愉快地说:"我亲爱的朋友,你怎么能劝我避免辩论呢?你知道我喜欢跟人争辩,辩论是我一生中最大的快乐。但是,为了表示我尊重你的劝告,我向你保证我将尽可能地避免与人辩论。"

他那么喜欢辩论是有一定理由的,他能言善辩,是一个精明的辩论家,总能在争辩中立于不败之地。在口才方面,他从小得到了训练,据说他的父亲在饭后会坐在桌旁,让孩子们互相争辩作为消遣,但是我认为这种做法非常不恰当,因为根据我的观察,凡是喜欢争论、对抗的人往往会在工作中受阻。尽管有时候他们获得胜利,但同时也获得了人们的憎恨,其实获得人们的支持远比战胜他们更为重要。后来,我们在那里分开了,他去费城,我赶去波士顿。

在归途中,我在纽约看到了议会决议,尽管莫里斯向我做了保证,但是我从这些议会决议中看出他已经和州议会水火不容。在他任职时期,他与州议会之间一直是刀兵相见,斗争不断。

此时,我也被迫加入进去,因为我刚回到州议会,议员们就要我参加各种各样的委员会,批驳他的演讲和咨文,而委员会总是指定我来起草这些文件。我们的答复和他的咨文常常尖酸刻薄,甚至有时相互谩骂。

他知道那些答复是我为州议会所写的,别人也许以为见面时我们也会争吵一番，但他是一个善良正直的人，这些事情没有影响我们的私人关系，我们还常常在一起吃饭呢！

巧施计，与各方周旋

有一天下午，我们在街上偶然遇见了彼此。他邀请说："富兰克林，请跟我一块儿到我家去度过一个晚上吧。有一些你肯定会喜欢的朋友要来做客。"说完，他就挽着我的胳臂，把我带到了他家。

餐后，我们一面喝着酒，一面愉快地聊天儿，他开玩笑地对我们说，他很喜欢桑丘·潘沙的理念，一旦有人提议让他组织政府，他就申请统治黑奴。如果他和他的人民意见冲突时，他可以把他们卖掉。

他的一个朋友一直坐在我旁边，对我说道："富兰克林，你为什么站在这些该死的贵格会教友一边？你把他们卖了不是更好吗？我们的领主愿意高价收买呢！"

我说："那是因为还没有把他们涂得足够黑！"

他确实在他所有的咨文中竭尽所能地把州议会涂成漆黑一片，但是总督刚把黑色涂上，州议会便飞快地把黑色擦去，之后回敬给他，又将他的脸涂黑，所以当他发现他自己将要彻底变成黑人时，如汉密尔顿先生一样，他也对争执感到疲倦，萌生退意了。

这些公务上争执的症结在于领主，我们这些世袭的领主总是在为防御他们的领地而需要承担费用，从而表现出令人难以置信的吝啬。他们训令自己的代理人不准通过任何必要的征税法案，除非在同一法令中明文规定领主的巨额财产拥有免征的豁免权。他们甚至要他们的代理人写下保证书来遵守他们的训令。州议会连续3年坚决反对这种不公正的行为，但最后还是屈服了。最后，继任莫里斯总督的丹尼终于敢于拒绝执行这些训令了，其中缘由将在下文中提及。

我推进故事的速度太快了，已经抢到事情前面去了，所以我还需要补充莫里斯担任总督时发生的几件事。

从某种意义上来说，对法国的战争已经打响，马萨诸塞政府准备进攻网关角，他们派遣昆西先生到宾夕法尼亚、鲍纳尔（后来成为鲍纳尔总督）先生到纽约求援。作为州议员，我熟悉议会里的情况，又与昆西先生是同乡，所以他请求我凭着在议会的影响力来帮助他。我向议会宣读了他对州议会的请求书，那次演讲非常成功，收到不错的效果。州议会通过了对其提供1万镑的援助，用来采购给养。然而总督拒绝批准州议会的议案（除了这笔援助的款项，还有其他动用英王财产的款项），除非议案中加入一条，豁免征收领主的财产以及所需的捐税。虽然州议会极力想给对新英格兰的援助赋予法律效力，但是不知如何推动。昆西先生数次敦促总督批准这一议案，但是他不为所动。

当时我想到了一个绕开总督的办法，那就是开出贷款局的贷票。按照法律，州议会有权开出该项贷票。事实上，当时贷款局并没有多少存款，因此我提议这些贷票应当在一年中兑现，并且支付五厘的利息。我原计划用这些贷票顺利地买到给养，因为州议会毫不犹豫地采纳了我的提议。

这些贷票立即印制出来，而我也被指定为签发并推销这些贷票的委员之一。收回这些贷票所用的经费是当时全州纸币贷款的利息与消费税，所有人用这两项收入收回贷票都绰绰有余，因此贷票立即获得了人们的信任，它们不但用来购买给养，甚至有许多手头富裕的有钱人将贷票视为不错的投资。他们发现这种投资有不错的回报率，因为这些贷票可以为他们生息，且与现金具有同样的流通能力。

就这样，通过我的谋划，这个难题终于得以圆满解决。在措辞文雅的致州议会的备忘录中，昆西先生对州议会表达了感谢，他返回时因为完成了自己的使命感到兴高采烈，从此他将我视为最为诚挚的朋友。

第18章

奔赴前线，统军边防

为将军筹措车马

英国政府不允许各殖民地按照奥尔巴尼的建议而建立联邦，更不愿意让这个联邦建立属于它们自己的防御体系，他们对殖民地的武装力量极其不信任，生怕殖民地意识到自己的力量。

这时候英国政府对各殖民地已经有了猜忌，派遣了布雷多克将军和两个团的正规军队来美洲驻防。他们在弗吉尼亚的亚历山大里亚登陆，待休整后，就开赴弗雷德里克。

我们的州议会得到消息，这位将军对州议会有着极大的成见，认为州议会不愿意为其军队服务。所以议会要我以邮务总长的身份而不是以议员的名义去拜访他，假意与他商量如何以最迅速且稳妥的方式传递他与各州总督之间的信件，因为他必然少不了与总督们通信联络。州议会为了示好，主动建议由他们负担邮递产生的费用。这一次，我的儿子随我前往。

我们在弗雷德里克找到了这位将军，他正在焦急地等着副官们回来，原来他派他们到马里兰和弗吉尼亚的边缘地区去征集车辆。我跟他在一起相处了几天，每天与他共同进餐，所以我有大量的机会解除他的全部成见，告诉他为了协助他作战，州议会在他到达前已经做了大量准备工作，而且现在仍然愿意竭力协助。

当我动身回程之际，关于已征集运货马车的统计数据送来了，根据这些统计数据显示，他们大概只征集到了25辆马车，而且其中有些因为破旧不堪而无法使用。将军和他的副官们显得焦头烂额，他们认为这次远征已经宣告失败了，他们埋怨英国政府愚昧无知而让他们在缺乏运输辎重的地点登陆，而他们至少需要150辆运货马车。

我对他们表示同情，说到他们应该在宾夕法尼亚登陆，因为那里几乎每个农家都有运货马车。那位将军马上接了我的话茬，说：

"那么，先生，你在那里是一个有地位的人，也许你有办法帮我们筹备这些车辆，我诚恳地邀请您来承办这件事。"

我首先向他询问愿意支付马车主人怎样的报酬，之后他让我将我认为可行的报酬写在纸上。他看了我写下的数字后，同意愿意支付这些报酬，于是马上为我准备了委托书和训令。我立即到兰开斯特登出了一则广告，广告中说明了征用马车的报酬。这个广告迅速产生了轰动性效果，所以这倒是一个有趣的文件，在此我将全文插入：

广　告

兹因英王陛下的军队将在威尔斯希集合，现需要150辆运货马车，鞍马或驮马1500匹，布雷多克将军授权于我订立雇用上述车马的合同。

故特此公告：我将从即日起到下星期三晚上在兰开斯特、从下星期四上午到星期五晚上在约克办理相关事宜。

在上述两地租用车辆、马匹的费用如下：

一、备有良马4匹和御夫1名的马车，每日每辆付与15先令，配有驮鞍一个或其他马鞍或者其他鞍具的健壮马匹，每日每匹付与两先令。没有鞍具的健壮马匹，每日每匹付与18便士。

二、各种车马的租费从加入威尔斯希驻军之日算起。车辆马匹必须在下个月（五月）20日之前到威尔斯希部队报到。除了规定的租金以外，还将支付往返旅途的空驶费用。

三、马车、牲口，均由物主与本人共同选定的公正人士对其评估价格，任何马车、牲口如在服役中遗失、损坏，按评估价照价赔偿。

四、自签约当日算起，如有必要，可向物主预支7天的租金，其余费用将由布雷多克将军或军需官在合同到期时或其他时间予以支付。

五、马车的御夫或照料马匹的马夫在任何情况下都无须履行士兵的职务或任何照料车马以外的工作。

六、凡由马车或马匹运抵军营的一切燕麦、玉米或其他饲料，超出饲养马匹需求的部分,由军队按照合理价格收购,以供军用。

备注——我的儿子威廉·富兰克林同样被授权在坎伯兰县与任何人订立此类合同。

本·富兰克林
1755年4月26日,兰开斯特

告兰开斯特、约克和昆布兰郡居民书

各位朋友、各位同胞:

前几天我偶然到了弗雷德里克军营,发现布雷多克将军和军官们竟然因为缺乏马匹和车辆而感到十分恼怒。他们本来以为宾夕法尼亚州是最有能力的,所以期待着本州为其提供这些便利,但是由于我们的总督和议会意见不统一,我们既没有拨款,也没有为此采取任何相关措施。

有人建议派出一支武装部队进入本州境内,按照需要强行征收最优良的车辆和马匹,并且打算强征一定数量的人来驾驭并照料车辆和牲口。

我担心一批军队带着这样的指令进入本州领地,特别是考虑到他们带有强烈的愤怒与怨恨,此举会使居民遭受到巨大的麻烦。因此我愿意不辞辛劳,尝试以公平合理的方式来解决这个问题。本州的边远地区居民最近曾向州议会表达他们缺衣少食,现在你们就有一个机会可以获得大量金钱了。

因为假如这次征讨服役期超过120天(看上去一定会这样),那么用于租用这些车辆和马匹的费用将超过3万镑,他们打算用英王的金银币来支付租金。

这种服役轻而易举,因为军队每天不会走超过20英里的路。这些运货马车和搬运行李的马匹所运输的东西是军队的必需品,所以马队必须跟着军队同走同休息,而且为了军队安全起见,无论行还是扎营,这些车马总是处于最安全的。

如果你们如我所想的确是英王陛下善良而忠实的人民，那么你们现在就有了一个尽忠的机会，而且做起来不那么困难。若是因为你忙于农务，无法单独提供一辆马车、四匹马和一位御夫，那么可以三四家联合起来，一家出车，另一家出一部分马匹，再找另外一家出一个御夫，租费你们可以按比例分得。

如果面对着如此优厚的待遇你们仍然不肯主动报效国家，那么他们就有理由怀疑你们的忠心了。王事必成，那么多勇敢的战士远赴千里来保卫你们，绝不能因为你们逃避自己应尽的义务而袖手旁观；车辆和马匹是必须征集的，因此他们极有可能采取强制手段，到了那时你们就会陷入孤立无援的境地，也没有人愿意同情你们了！

我与这件事没有任何利害关系，除了满足我行善的愿望外，我只付出辛劳而已。如果这一办法没有征集到所需的车辆和马匹，那么我只好在两星期内报告那位将军。我想那时轻骑兵约翰·圣克莱爵士就会带着一队士兵到宾夕法尼亚来强征车马。那时我在情感上会非常遗憾，因为我一直是你们最忠诚的朋友。

本·富兰克林

我从将军那里领到大约800镑作为付给车主的预租金，但是因为这笔钱不足以支付，因此我又垫付了200多镑。两星期之后一队由150辆马车和259匹马组成的车队向着军营出发了。

广告约定如果有车马受到损失，就照估价赔偿，但是物主们表示不认识布雷多克将军，或者他们不能确定布雷多克将军能够兑现他的条件，所以坚持要我亲自为他们担保，于是我就照做了。

将军自大导致了失败

一天晚上，我在军营里跟邓巴上校团里的军官们共进晚餐，邓巴上校表示他很替他的部下担忧，他说这些军官们大多并不富裕，在一个物价高昂的地区很难储备充足的日用品以应对旷野中的长途跋涉。

我对他们所处的境地表示同情，决定为他们排忧解难，但是我没有告诉他们我的这些想法。第二天上午我就给那些有权支配公款的委员会写了封信，请他们体会这些军官的苦衷，建议他们划拨一些食物和日用必需品。

我的儿子对于军营的生活和军官们的需求有过切实体会，于是他替我开了一张清单附在信里。委员会批准了我的请求，也许是因为我儿子做了推动，所以这件事办得非常迅速，当马车队到达军营时，这些日用品也由我的儿子押运送达了。

物品共计20包，每包装有以下物品：

塔糖6磅

上等砂糖6磅

上等绿茶1磅

上等武夷茶1磅

上等咖啡粉6磅

巧克力6磅

上等白饼干50磅

胡椒半磅

优等白酒醋1夸脱

格罗斯特硬干酪1枚

上等牛油1小桶（二十磅装）

白葡萄陈酿酒2打

葡萄干6磅

芥末粉1瓶

上等火腿2只

腌舌半打

大米6磅

牙买加酒 2 加仑

这 20 个包装严密的大包，由 20 匹马驮运。军官们千恩万谢地收下了这些礼物，两个团的上校都写信给我表示由衷的感谢。将军见我为他筹备了车辆等物非常十分满意，马上偿还了我的垫款，而且再三地向我道谢，并请求我继续帮他输送给养。

我接下了这个差事，一直为采办军粮东奔西走，直到我们听到他失败的消息为止。那时，我已经为他的军队垫付了 1000 多英镑，这些都是我私人的欠款，于是我寄了一张账单给他。好在他在那次会战的前几天就收到这张账单，当即寄回来一张汇单，命令军需官先付给我 1000 英镑整，剩下的余额合并到下次的账目中。

直到现在我还为能够收到这笔还款感到非常庆幸，因为从那以后我再没收到其余的欠款，这件事以后我还会提到。

我认为这位将军是一个非常勇敢的人，至少在欧洲的战争中他一定是一位优秀的军官，但是他过于自大，对正规军队的作战能力过于高估而对美洲殖民地的人民和印第安人则过于轻视。我们的印第安语翻译员乔治·克罗根带了 100 名印第安人参加了他的军队，如果他能对其合理使用，让他们帮其向导、侦察等，这对他的军队将大有用处，但是他瞧不起这些人，使得他们由于被冷落而逐渐离开了。

有一天，在我们交谈的时候，他向我透露了他的一些进军计划，他说："攻下迪尤肯堡以后，如果季节不至于太晚我就直捣尼亚加拉。因为我认为迪尤肯堡不会耽误我们太长时间，一旦荡平迪尤肯堡，就再也没有什么东西可以阻挡我挺进尼亚加拉了。"

我头脑中早就有了这样的场景，如果他的军队想要在森林中长途行军，就要开辟出一条羊肠小道来行军，那么队伍必然被拉得很长。我记得之前在书中读到过，有支 1500 人组成的法国军队在入侵易洛魁地区时遭到失败，因此我对他的计划有些怀疑和担忧。

但是我只能说："当然，将军先生，你带着一支配备这么多大炮的部队,一定可以顺利地进攻迪尤肯堡,因为那里的防御工事尚未完成,而且据说驻军人数也不多,所以一定可以很快攻克。但是我担心的是印第安人的埋伏可能会阻碍你的行军。因为印第安人一向习惯打伏击,他们精于伏击战,在掩护和偷袭方面都非常擅长。如果你的行军队列拉得几乎有4英里那么长,那么就很容易遭受到来自侧面的突然袭击,甚至可能被截成几段。由于距离太远,那么分割成小块的部分就无法相互驰援。"

他对我的愚见嘲笑了一番,回答说:"的确,这些印第安人对于你们这些未经训练的美洲殖民地民兵可能算是强敌,但是对于英王陛下训练有素的正规军来说他们不值一提。"

我觉得我没有资格再与一个职业军人争辩有关专业上的问题,所以我就不再坚持了。所幸的是敌人并没有像我担心的那样趁机攻击他那拉得很长的行军队列,他们放过了这支军队没有加以阻挠,直到离目的地9英里的地方。

在那里部队相对集中(部队刚刚渡河,先头部队停下来等待着全军),集结在一块比以前所经过的地方更宽广的林间空地上。就在这时,敌人从树丛后面向先头部队密集射击。这时将军才发现原来敌人近在咫尺。然而先头部队已经乱作一团,将军催促全军火速驰援,但是碍于马车、行李和牲口的阻挡,队伍的行进毫无秩序,而且不久就遭到侧翼敌人的炮火攻击。

军官们骑在马上,于是成为射击靶子,他们很快就被击落马下,而士兵们都挤在一起,无法接到军官们的号令,只是站在那里被敌人射击,直到三分之二的士兵都中弹牺牲,他们才落荒而逃。

赶车的车夫从牲口中拉出一匹马,慌忙地逃跑了,紧接着立刻有很多人仿效他们,就这样军队的所有辎重都留给了敌人。

战争遭遇了惨败

　　那位将军受了重伤，好不容易才被救了出来，而他的秘书薛力先生在他的身边中弹身亡。86名军官中，有63人死伤，而1100名士兵死了714名。这1100名士兵都是精英，其余的部队留在后方归邓巴上校统率，按照原计划押运大量的军火、粮草等辎重继续前进。

　　逃兵并没有受到敌人的追击，他们一路逃到邓巴的军营，他们的恐慌感染了邓巴上校和他的部下，士兵们乱作一团。虽然他们现在还有一千多人，而击溃布雷多克的敌人不过是400名印第安人和法国人。

　　邓巴上校非但没有继续进攻，反而销毁了全部辎重，以便丢开包袱轻装逃回殖民地。当时弗吉尼亚、马里兰和宾夕法尼亚的总督们请求他把军队驻扎在边境上，以便保护境内居民，但是他只顾着匆忙撤退，一路撤回费城，直到居民能够保护他，他才终于感到自己安全了。

　　这件事第一次让美洲人意识到：对英国正规军的勇武无端夸大是毫无根据的。除此以外，登陆以后他们在行军途中极尽抢劫之能事，无所不为，像强盗一样劫掠那些清苦人家的财产。遇到居民的反抗，他们就对其侮辱虐待，甚至将居民监禁起来。这些事情足以让我们厌弃这些所谓的保卫者，如果我们真的需要别人来保卫自己。

　　这与我们法国友人的做法如此不同。1781年，法国人从罗德岛开赴弗吉尼亚，穿越人口最稠密的地区，他们在近700英里的行军途中对百姓秋毫无犯，没有人因为失去一头猪、一只鸡甚至一个苹果而抱怨过。

　　布雷多克将军的一个副官奥姆上尉也受了重伤，他与将军一起被救了出来，并且一直与将军住在一起，直到几天后一命呜呼。奥姆上尉告诉我将军在第一天保持沉默,直到晚上才说了一句:"谁预料得到啊!"

第二天将军又沉默了,最终留下一句遗言:"下次我们就知道如何对付他们了。"

几分钟后他就死了。

秘书的文件全部落入敌人手里,里面包括将军的全部命令和信件。敌方挑选了一些,将其译成法文印了出来,向外界证实英国人早在宣战前就已经抱有敌意了。

在这些发表的文件中,我看见几封将军写给内阁的信,信中对于我向军队提供的服务赞誉有加。大卫·休谟几年以后做了赫特福德勋爵驻法公使任内的秘书,之后在昆威将军任国务大臣时,他又成为了昆威将军的秘书,他告诉我他也曾经在国务大臣的档案中看到过布雷多克将军的信件,他曾经大力举荐我。但是这次远征的失败,人们没有注意到我的协助有怎样的价值,因此这些推荐从来没有为我带来任何改变。

而对将军本人,我只提出了一个要求作为酬谢,就是请他命令他的部下不要再征募奴隶了,并且将已招的奴仆释放。他爽快答应了我,因此有几个奴隶在我的努力下回到了原来主人的身边。当军权被邓巴接手以后,他就不那么慷慨了。当他撤退或奔逃到费城时,我请求他释放兰开斯特乡村征收到的3个穷苦农民家的奴隶,同时提醒他的将军曾经对此有过命令。他只是向我承诺说,他的军队将要开赴纽约,途经特灵顿,如果那些奴隶的主人来见他,他就将那些奴隶归还给他们。于是这些农夫颇费周折地赶到了特灵顿,但是邓巴食言了,农夫们大失所望。

车辆和马匹损失的消息传播开去,所有物主都向我索取担保的赔偿金。他们的要求使我焦头烂额,我告诉他们赔偿款已经在军需官手中,但是必须由谢利将军下令付款。我向他们保证我已经向谢利将军发出申请,因为路途遥远,我们无法立刻收到命令。

但是，我的话无法满足大家的要求，有人开始对我提出诉讼。最后谢利将军终于使我摆脱了这种可怕的处境，他委派几个委员来审查各物主的要求和赔款额。最终赔款总数达到两万镑之巨，如果这笔钱算在我头上，那我一定破产了。

在我们接到失败的消息前，有两位邦德医生带着募捐册来拜访我，他们打算举办一次巨大的烟火晚会而向我募捐，以准备在我们收到攻克迪尤肯堡的捷报后狂欢。我当时冷着脸，告诉他们如果我们的确需要狂欢，那么等收到消息再筹备也不迟。

他们对我没有立即附和而感到惊讶，其中一个人说："你总不会以为这个炮台打不下来吧？"

"我并不认为我们攻不下这个炮台，但是我知道战争的胜败很难预料。"

我告诉他们我怀疑的理由，因此募捐没有进行。假如他们真的准备了烟火，那么他们一定会为这一举动悔恨交加！

后来在另一个场合，邦德医生说他不喜欢富兰克林的预见力。

在布雷多克遭受挫折之前，莫里斯总督与州议会始终纠缠不清，写下了许多咨文，企图强迫州议会通过防务经费中领主的财产税豁免权，他否决了所有州议会的议案，因为它们都没有豁免领主财产税的条款。

当时的形势越来越严峻，建立防务也更加迫切，所以他加紧了向州议会的攻势，以期达到目的。但是，州议会仍然坚定不移，因为他们相信正义站在他们一边，如果他们允许总督修改财政法案，他们的权限也将受到严重的侵犯。

的确，在一个拨款五万镑的议案中，总督只建议修改一个字。原来的议案说："一切动产和不动产都必须征收，业主的财产也一样。"总督把"也"改成了"不"，虽然修改不大，但是意义全然不同。

我们把州议会对总督咨文的回复信寄给了我们远在英国的朋友，当战争失败的消息传到英国后，这些朋友们集体指责领主不应该对总督发出这样无耻的、非正义的命令。有人甚至说他们既然阻碍了殖民地的防务，就应该交出他们对殖民地的权益。迫于舆论压力，他们要求征税主管，无论州议会通过多少防务经费，都额外再加5000英镑。

州议会接到这样的通知，就把这5000镑作为他们应缴捐税的代金，并且还提出一个新的豁免领主财产税的议案。根据这个决议，我被任命为处理该项经费的委员之一，处理了共达6万镑的拨款。

我积极地参与这一议案的起草工作，并促使它获得了通过。同时，我起草了一个建立和训练义勇军的议案，这个议案很快就在议会中通过，因为在议案中我们规定贵格会的教友可以保持自由。

为了促成民兵组织的成立，我写了一篇对话。在这篇对话中，我提出一切可能针对建立民兵组织的反对意见，并且对此一一进行批驳并推翻，后来这篇文章发表出来，我想这也许在一定程度上推进了这一事业。

到边疆巩固防务

当城市和乡村的几个民团正在筹建和训练的时候，总督请我接办西北部的边防。我接受这个任务，到那里去训练民团，修建一连串的炮台来保卫当地的居民。

虽然我自认为不够资格承担军事任务，但是我还是接受了。总督给我全权委托，并给了我一张空白的军官委任状，允许将其颁发给任何我认为合适的人。招募民兵没有给我带来麻烦，我一下子就招募了560名民兵。我的儿子曾经在攻打加拿大的战争中成为一名军官，这时他就成了我的副官，他是一名非常出色的副官。

当时，印第安人已经焚毁了吉内登哈特（这是一个联合兄弟派教友居住的村落），屠杀了当地的居民，我们认为这里是建筑炮台的最佳地点。

为了向吉内登哈特进军,我在联合兄弟派教友的大本营伯利恒集合了部队。出乎意料的是,我发现伯利恒的防御工事做得非常好,因为吉内登哈特的毁灭给了他们很大的警示。这里的主要房屋都用栅栏防卫起来,而且他们从纽约购进了一些枪支弹药,他们甚至在高大的石头房子的窗户之间堆了许多铺路石,用来让妇女们向企图入侵的印第安人的头上部投去。

武装起来的教友们轮流放哨,像驻防城市的军队一样有条不紊地休息。与他们的主教谈话时,我向他表达了惊讶之情,因为我知道他们获得了议会的特许而豁免了他们在殖民地的兵役,我原以为他一直是反对战争的。

他回答我说反对服兵役并非他们教条的原则之一,但是在获得议会特许时,有人认为他们的许多信徒反对服兵役。这次他们出乎意料地发现其实只有少部分人坚守了这个原则,所以他们不是在自欺欺人,就是在欺骗议会。当危险到来时,只有常识能够让人克服奇怪的念头。

我们一月初就着手修筑炮台了。我派了一个支队到米尼辛克,命令他们在那里修建一个炮台,又派了另一个支队带着类似的使命到地势较低的地区。最后我带着剩下的部队前往吉内登哈特,我们认为必须以更快的速度到那里修建一个炮台。那些联合兄弟派的教友替我找到5辆运输马车来搬运我们的器械、粮草等军备物品。

有11个农民被印第安人从农场上赶了出来。当时,我们刚要从伯利恒出发,他们跑来请求得到一些武器,打算回去抢回牲口。于是,我发给他们每人一支枪和一些子弹。

还没走几英里路,天就下起雨来,而且绵绵不绝。整条路上没有避雨的场所,傍晚我们到了一个德国移民家里,在他的库房里我们因为寒冷而挤成一团。好在我们没在路上碰到敌人,因为我们的武器已经受潮,很难发挥最佳性能。印第安人总能想出来保持枪机的干燥,而我们却束手无策。

当天，那些印第安人撞见了之前提到的那 11 个可怜的农民，击毙了他们中的 10 个。而那个幸运的人告诉我们，他和伙伴们的枪哑火了，因为枪管被雨淋湿了。

第二天终于放晴了，我们接着前进，终于到了杳无人烟的吉内登哈特。附近有一个锯木厂，旁边还堆着几堆木板，我们用这些木板建造了临时兵营，因为我们没有帐篷，所以在寒冷的季节里修建营房还是非常必要的。我最初的工作就是埋葬那些尸首，他们原来只是被一些乡下人简单收殓而已。

第二天上午我们设计了炮台，并选好了台基，炮台占地 455 尺，这就需要 455 根紧密排列的栅栏，每根栅栏都由直径一尺的树木做成。我们共有 70 把斧子，砍树的工作立刻开始了，我们的士兵都是伐木能手，所以效率非常高。当两个人开始砍伐一棵松树时，不出 6 分钟就把它砍倒在地了，这棵树足有 14 英寸粗，每棵松树可制成 3 根长达 18 英尺的栅栏。

进行伐木工作时，其他的士兵在四围挖了 3 尺深的壕沟，准备将栅栏插入土中。我们将马车拆掉，把前后轴连杆的钉子拔掉，将前后轮分开，这样我们就多出五辆马车，每辆马车由两匹马拖拉，将栅栏从森林运到工地。

栅栏立好之后，木工在内圈沿着栅栏用木板搭了一个搭脚，大约离地 6 尺，人们可以站在搭脚上从枪眼中射击。我们有一门能够调换角度的炮，打算把它装在一个角上，一经装妥我们就可以开炮，警告印第安人（假如他们在附近的话）我们有重武器了。这样我们的炮台（假如如此简陋的栅栏可以使用这样雄伟的名称的话）总算完成了，我们用了一个星期，因为每隔一天就会下雨，我们就得停下工作。

这件事让我发现，人们在工作时更容易得到满足，因为他们在工作的日子里感到愉快，日子过得很充足。而在没事可做的日子里，他们就惹是生非，争吵不息，挑剔食物并且脾气暴躁。

这使我想起一个聪明的船长,他总是让水手们保持忙碌的状态。有一次大副报告他说,他们的工作全做完了,现在他们没有任何工作可做了。

他答道:"哦,叫他们刷锚吧。"

我成为指挥官

尽管炮台非常简易,但是已经足够抵御没有大炮的印第安人了。当我们得以立足,而且有了退路之后,就开始大着胆子巡视邻近地区。我们没有碰到印第安人,但是我们在附近的山坡上发现了他们观察我们行动的证据。

值得一提的是,这些地方有一种巧妙装置,当时已经到了冬季,印第安人需要烤火,但是如果在地面上直接生火,无异于向敌人透露自己的位置。因此,他们在地上挖了直径三尺、深度三尺的洞,我们了解到他们用斧头从森林里烧焦的木头边上砍下木炭,然后用这些木炭在洞底生起小火;我们也发现他们的上半身躺在地洞四周的草地上,将腿挂在地洞里让脚取暖,这对他们是十分重要的。

用这种方法来生火,就可以不被敌人发现。所以,我们推断他们的人数并不多,即便偷袭我们,他们也难有胜算。

我们有一个热心的军中牧师,他是长老会的牧师贝蒂先生,他向我抱怨道,士兵们普遍不来参加祈祷会,也不来听他的训诫。当他们报名入伍时,我除了发给他们饷银和食物外,还答应每天给他们一及耳的朗姆酒。我们定时给他们发酒,上午发一半,晚上发另外一半,我发现他们领酒的时候都非常准时,所以我跟贝蒂说:"让你去管理一个发酒的事情的确有失身份,但是如果你在祈祷会后再发酒,我想他们都会来参加祈祷。"

他觉得这是一个好办法,就接受了这个职位。有几个人帮他发酒,祈祷会从未有过这样的盛况,大家都准时参加,我认为与其用军法来处罚那些不参加礼拜的人,倒不如用这种方法来鼓励他们。

这一工程结束时,我刚在炮台里储备了充分的粮草就接到总督的来信,信中说他召集了州议会,如果这里的形势不需要我,就让我回去参加会议,而我在州议会里的朋友们也写信来劝我尽量回去。

那时我们已经修好了三座炮台,既然居民们已经在炮台的保护之下安心留在农场里种地了,于是我就打算回去参加会议。

更高兴的是,一个新英格兰的军官、对与印第安人战争很有经验的克拉彭上校刚巧到我们这里访问,他同意担任指挥官。于是我在检阅驻军时向大伙宣读了对他的委任状,将他介绍给了全体士兵。我告诉大家这位军官有着出色的军事技能,比我更适合做他们的指挥官,我就这样说了几句劝勉的话就离开了那里。他们护送我到伯利恒,我在那儿休整了一番,当我躺在一张舒适的床上时整个人简直兴奋得无法入睡,因为这感觉与裹着一两条毯子睡在木屋地板的感觉有着天壤之别。

回到费城,我看到民团进行得非常顺利,除了贵格会教友以外的其他居民几乎全都加入了,他们按照新制度将自己组成许多中队,分别选出上尉、中尉和少尉等军衔。邦德医生来看我,告诉我他在宣扬有关民团的法律方面所做的努力,而且他宣称这种努力已经获得成效。在那以前,我一直以为是我的那篇《对话》促成了这一法律的推进,但是也许他说的也有道理,我就让他保持这一对自己的评价。我想,在这样的情况下,这是最好的办法了。

团练的军官们开会选举我做他们的指挥官,此时我接受了这一职位。我不记得当时一共组织了多少个中队,但是我记得当时有1200个雄赳赳的战士列队游行,此外还有一个中队的炮兵,他们拥有6门铜质野战炮,而且使用野战炮的技术非常纯熟,每分钟能发射12枚炮弹。

在我首次检阅部队后,炮兵们将我送到家,坚持要在我家门口放几个礼炮以示尊敬,结果炮弹把我电学实验设备上的几块玻璃都震碎了。事实上，我的新荣誉也与这些玻璃一样易碎，因为不久以后英国政府就废除了团练法，我们所有的军衔也被撤销了。

在当指挥官的那段时间，我去过一次弗吉尼亚。在我起程之前，团队的军官们认为他们应该护送我出城。当我上马的时候，我发现三四十个人全体穿着军服骑马来到我家门口。我事先并不知情，否则我一定会劝阻他们，因为我一向不喜欢在任何场合摆威风。但是他们就这样来了，我很懊丧，因为我无法让他们不去护送我。而且事情变得更加离谱，当我们出发时，他们拔出指挥刀，一路上骑马执刀而过。

有人把这件事报告给了领主，这使他很不悦。因为他在宾夕法尼亚也没受到过这么隆重的待遇，他的总督们也没有受到过。他说只有亲王才有资格受到这样的礼遇，这也许是真的，但是我对此毫不知情，无论过去还是现在，在礼节方面我都是个门外汉。

这件事极大地增加了领主对我的敌意，本来，因为我在州议会中发表过有关领主财产免税方面的言论，一直激烈地反对对他免税，而且我还严厉地斥责他的这种特权表现出卑鄙无耻的下流行为。他向内阁控告我，说我对英王的防务体系建立是一个巨大的障碍，还控告我通过操纵州议会而反对通过恰当的筹款议案；他还引用我与军官们列队游行的事情作为证据，说明我企图使用武力从他手中夺取当地的政权；除此之外，他还请求邮务总长艾佛兰德·弗纳克爵士免去我的职务。不过他的行为都是徒劳的，艾佛兰德爵士仅仅对我进行了一番委婉的训诫而已。

尽管总督与州议会之间口角不断，我作为一个议员一定会不可避免地参加争论，但是我与总督之间始终保持着一种谦恭有礼的关系，我们之间从未有过私人矛盾。有时候我想他之所以能够对我不抱怨或很少抱怨，可能是出于一种职业性习惯而已。他受过律师的训练，也许认为我们两个人只是诉讼中的双方律师而已，他代表着领主，而我代表州议会。因此，有时候他会到我家里友好地访问，要我对一些问题提些意见，虽然偶尔他也会劝我接受劝告。

后来，我们齐心协力为布雷多克的部队采购给养。当布雷多克失败的可怕消息传来以后，总督紧急召见我，与他共同商讨疏散边境居民的方法。现在我记不起提出了怎样的建议，但是我想我建议他给邓巴写信，让邓巴尽可能驻扎在边境线上，保护边区居民，而等到各殖民地的援兵赶到，才继续进行远征。

等到我从边区回来，邓巴和他的部队正忙于攻打其他地区，他命令我带领殖民地的民团去收复迪尤肯堡。

他提议委任我为将军。不过，我对自己军事才能的评价低于他对我的赞誉，但是也许他认为以我的名义可以有效地征集士兵吧，而且我在州议会的影响力有助于州议会为军饷拨款，或许还可以帮助为领主的财产免税打开缺口。最后他发现我没有像他预料那样热心时，这一计划就被放弃了。

后来他去世了，他的继任者是丹尼上尉。

第19章

科学成就享誉世界

我的电学实验

　　这位新总督任内做了很多政治活动，但是在叙述那些政治活动之前，不妨先叙述一下我在学术研究方面蒸蒸日上的声誉。

　　1746年，我在波士顿遇见了斯宾塞博士，当时他刚从苏格兰来到美洲。他向我展示了一些电气实验，因为他的技术不熟练，所以这些实验做得并不是很完美。即使这样，我还是非常兴奋，因为这对我来说是全新的领域。

　　回到费城不久，我们的图书馆就从伦敦皇家协会的一个会员科林森先生那里收到一根玻璃管作为礼品，一齐寄来的还有一份说明书，解释如何使用玻璃管做实验。

　　趁此机会，我满怀热情地重复我在波士顿看到的实验。经过无数次练习，我也能够熟练地做那些从英国寄来的书报中提到的实验，而且我尝试着做一些新实验。我说的多次练习是指那一段时间我家常常宾客满座，大家都是来看这些新鲜玩意儿的。

　　为了能与大家一起分享这一实验，我请玻璃厂制造了几根类似的玻璃管。这样，前来观看的朋友也能亲手操作，后来我们就有了好几个做实验的表演者。在这些人中间，主要有我的邻居金纳斯里先生，他很有才能，那时他正处于失业状态中，于是我就鼓励他表演这种实验来赚钱，并且替他写了两篇演讲稿，使实验的先后排列、讲解说明能够循序渐进、由浅入深地向人表达。为了实现这个目的，他买了一套漂亮考究的仪器，比起我原来自己制造的粗糙零件，这套装置已经做得非常漂亮了。

　　听他演讲的人很多，而且极为受用。过了一段时间，他开始周游各地，在各大城镇表演实验，大赚了一笔。不过在西印度群岛，他做这些实验可不太容易，因为那里的空气很潮湿。

由于科林森先生赠给了我们那根玻璃管和其他物件,我们对他非常感激,因此我觉得应当告诉他我们用玻璃管做实验获得了哪些成就,于是给他写了几封信,向他报告了我们所做的实验。他在皇家学会中宣读了我的报告,起初,皇家学会没有给予这些报告足够的重视,认为它们不值得在他们的社刊中发表。

我曾经为金纳斯里写了一篇论文,说明闪电与电是相同的物体,我将这篇论文寄给一个同为皇家学会的会员朋友——米切尔博士。他告诉我说,这篇论文已经在他们的学会中宣读过,但是除了嘲笑没有得到其他任何东西。

但是当有人把这些论文拿给福瑟吉尔,他认为这些论文很有价值,不应被埋没,他建议把它们印出来。后来科林森先生把它们交给了凯夫,要他发表在《绅士杂志》上,但是凯夫决定用小册子单独发表,福瑟吉尔还为此写了一篇序文。

看来凯夫的算盘打对了,因为加上后来寄去的文章,这本论文集早已变成一本厚厚的四开本,一共出版了五版,可是他连一分钱稿费也没有出过。

但是,这些论文在相当一段时期内在英国没有引起广泛的注意。一位驰名法国和全欧的科学家布丰爵士偶尔看到这本论文集,催促里巴尔先生将其翻译成法文在巴黎出版。

法文版的印行得罪了宫廷科学导师诺莱神父,他是一位很有才能的实验科学家,在那之前他就已经提出了一个关于电气的理论,他起初不相信这些论文出自美洲人之手,认为这一定是他的反对者们为了贬损他的学说而在巴黎捏造出来的。

后来,他知道了事情的来龙去脉,尽管他一度怀疑过在费城是否真的有一个叫富兰克林的人,但是,他还是写了一卷公开信,这些信主要是写给我的。在信里他替他的学说辩护,否认我的实验和从实验中获得的结论的真实性。

我有一段时间打算回信,并且已经写下了开头,不过后来考虑到我的论文只是描述了实验方法,任何人都能够重复我的实验,如果不能核实,那么辩论又有什么意义呢?何况,我的论文中提到的那些意见,仅仅是作为假设,并非武断的结论,因此我更没有必要去为自己辩护了。

而且,我认为两个人使用着不同的语言,他们之间的争辩可能会陷入翻译上的语法错误而形成的误解,而且这种误解可能会大大延长我们争论的时间。所以我认为与其为已经做过的实验辩护,不如把我多余的时间用于新实验。所以我从来不去回复诺莱神父的信,而且之后的事实也证明我不做辩护的做法是正确的。

我的朋友、皇家科学协会会员勒鲁瓦先生站出来为我辩护,驳斥了诺莱神父的论点。之后,我的论文集被译成意大利文、德文和拉丁文,我的学说也逐渐为欧洲的科学家们普遍采纳,最终他们抛弃了诺莱神父的学说。所以在诺莱神父去世前,他成为他的学说的最后信奉者,追随他的只剩下他的亲传弟子B先生了。

我的书籍声名鹊起,并且迅速、广泛地引起了人们的注意,是因为书中介绍的一个实验获得了成功,这个实验的目的在于将云中的雷电引到地下来。当时达利巴尔和德洛尔两位先生在马尔利完成了这个实验,这件事轰动一时,世人皆知。

德洛尔先生拥有一个实验室,讲授实验科学,他着手重复他所谓的"费城实验",在国王和王后面前表演过之后,巴黎所有好奇的人都蜂拥而至了。

我不想大篇幅地介绍这个实验的经过以及不久以后我在费城用一只风筝做的一个类似的实验(实验成功了,我也因此感到无限快慰),因为在电学史上记载着这两件事。

一个叫作赖特的英国物理学家,在巴黎的时候写信给他的朋友(一个皇家学会的会员),告诉他国外的学术界非常重视我的实验,而外国的学者不明白为什么我的著作在英国默默无闻。于是,皇家学会这才重新考虑之前在学会中宣读过的论文。著名的华生博士把过去我的论文和自那时以后我寄到英国的信件作了一个简要的报告，而且对我赞赏有加，而那个报告从那以后也发表在了他们的社刊上。

有一些在伦敦的会员，特别是聪睿的康东先生证实了用一个尖针就可以将云层中的雷电引到地下来，他们把结果报告给皇家学会。不久之后，皇家学会纠正了他们之前漠视我的错误，在我没有提出申请的情况下，主动将我选为皇家学会会员，而且经过投票一致决定我可以不用缴纳25枚金币的入会费，从此以后他们一直无偿赠送给我他们的社刊，同时还在1753年为我颁发了高佛里·克普利的金质奖章。在颁奖的典礼上，学会会长迈克尔·菲尔德还发表了一篇非常客气的演讲，言辞间对我非常推崇。

新总督来到费城

这个皇家学会的奖章由我们的新总督丹尼上尉替我带到了美洲，在费城为他举办的欢迎会上他把奖章交给了我。颁奖时他对我表达了他的敬意，说对我的品德早有耳闻，言辞非常客气。

宴会之后，参加宴会的其他人都在按照当时的习惯喝酒，他将我请到另外一间屋子里，告诉我说他在英国的朋友们劝他多与我交往，因为我能给他最好的忠告，而且能够辅佐他，让他的执政一帆风顺。他表示愿与我友好相处，无论何时何地他都愿意随时为我效劳。除此之外，他还对我说了许多关于领主对于宾夕法尼亚善意的话，他说如果从此以后对领主的各项措施放弃反抗，而使得领主与臣民言归于好，那么对大家特别是对我会大有好处。而且大家公认能够促成这种形势的人非我莫属，并且我还可以得到适当的酬谢和报答，等等。

宴会上的其他人看到我们迟迟不回餐桌，就让人送来了一瓶白葡萄酒。于是，总督开始喝起酒来，而他喝得越多，言辞就越诚恳。

我给了他如下回答：

感谢上帝赐予我良好的经济条件,我不需要领主给我任何恩赐,而且作为一名议员,我也无法接受业主的任何赏赐。并且,我和领主之间不存在个人恩怨,无论什么时候,只要他提出的公共措施看起来是符合人民利益的,那么我一定会比任何人都更热烈地赞成和拥护。

我过去反对领主,是因为他所提倡的措施显然只为自己的利益服务,而严重地损害了人民的利益。我十分感激总督对我的好意,他可以相信我将尽我最大的可能辅佐他执政,同时我也希望他没有像他前任那样带着什么不幸的指示而来,这样的指示曾经让他的前任遭遇过处处掣肘。

在这方面他没有作出过多解释。但是后来当他开始与州议会接触时,那个指示又再次出现了。双方又恢复到往日的争执,而我仍然像过去那样积极地抵制他,因为第一个要求总督把领主的指示告知的请求就是出自我的笔下,之后对这个意见的反驳也是由我起草。这两个文件可以在当时的议会决案和我后来发表的历史材料中找到。

但是我们私人之间并没有发生过矛盾,我们常常见面,他是一个游历过许多地方的学者,谈吐十分幽默,我们的谈话总是妙趣横生。他告诉我,我的老友詹姆斯·拉尔夫还活着,而且被公认为英国最卓越的政论家之一,他曾经受雇参与弗雷德里克亲王与国王的争论,因此获得一年300镑的年薪,而作为一位诗人仍然没有什么成绩可言,蒲柏在他的《愚人诗》中曾经攻击过他所作的诗,但是他的散文被公认为是第一流的。

此时,州议会终于发现领主顽固不化、执迷不悟地坚持用指示束缚着总督,而这种指示不但损害人民的利益,而且对英王的防务有极大的伤害,因此州议会一致通过要以上书请愿的方式让国王知道这些事情,而我被选为代表前去伦敦提出并完成请愿。

在这之前,州议会曾经给总督送去一个议案,这个议案建议拨款6万英镑给英王使用(其中1万英镑是给当时的将军劳登勋爵所用),但是总督按照领主的指示否决了这一议案。

第20章

出使英国，
不辱使命

拖延的将军

当时,我已经与一只纽约邮船的船主——查贝斯约好,坐他的船去英国。在我把物品送上船之后,劳登勋爵忽然来到费城,想要调节总督与州议会之间的矛盾。因此他要求会晤我和总督,这样他可以听到双方各自的陈述。我们见面讨论了这个问题。我代表州议会陈述了我们的理由,总督说曾收到领主的指示,否则他也无法担任总督这一职务,但是如果劳登勋爵劝他不要遵守这些指示,那么他可以冒险将领主的指示丢在一旁。可是劳登勋爵坚决不肯劝说总督,虽然有一段时间我以为几乎已经成功说服他,但是最后他宁可敦促州议会顺从总督的意见,还恳求我利用在州议会中的影响力来达到目的,他说无法分出英王的军队来为我们保卫疆土,如果我们自己继续不做防务,那么边境必然会遭受敌人的袭击。

我把当时的情形报告给了州议会,向他们提出我起草的议案,议案中申明了属于我们的权利,我们宣告决不放弃这种权利,虽然这一次是为暴力所逼,但是我们只是暂时停止行使这种权利,并且对这种暴力提出了抗议。最后州议会同意收回原来的议案,通过另外一个符合领主指示的议案。这个议案得到了总督的批准,接着我就可以继续渡海出国了。此时,之前约好的那只邮船已经载着我的行李起航了,这对我是一笔损失,而我唯一得到的酬劳是劳登勋爵的一些无关痛痒的感谢话,调解的功劳也归功于他。

他比我先动身去了纽约。这时港内只有两只船,而邮船出发的时间由他安排。他说其中一只船不久就要起航,我请他告诉我确切的日期,以免耽误了时间而误了船。他回答我道:"对外公布的时间是下星期六,我可以告诉你,你可不能告诉别人,最迟你可以在星期一上午到达码头,否则就来不及了。"由于发生些意外,我到达码头时已经是星期一中午了,我原本担心船已经开走了,不过后来我知道它还在港内,而且要等到第二天才起航,这才放下心来。

大家以为我马上就要动身到欧洲去了,我也这样认为,但是这是因为我当时还不清楚劳登勋爵优柔寡断的性格,那可是他性格中最大的特点之一。我将举一些例子来证明这一点。

我4月初就到了纽约,至少到6月底我们才得以起航。当时两只邮船在港内已经待了很久,却迟迟等不到这位将军的命令,他总是说信件第二天就会写好。这时第三只邮船来了,仍然被扣留下来,在我们起航之前,第四只邮船马上就要来了。我们的那只船最先出发,因为它留在港内的时间最久。那时,所有船只的舱位全都定好了,旅客们焦急地等待着马上动身,商人们也为他们替秋季货品保险的申请单担忧(因为这是战争时期)。然而他们的焦虑没有任何效果,劳登勋爵的信还没有写好。而去拜访他的人看见他整日伏在案头,手里拿着笔,都以为他要开始长篇大论呢!

一天上午,我亲自去拜访他,在他的会客室里看到从费城来的一个叫英尼斯的信使,他特地从费城赶来递交丹尼总督给将军的一个小包裹。他也交给我几封费城朋友的来信,我问他什么时候回去,还要再去什么地方,以便让他带几封信回去。他说将军命令他第二天上午9点来取给总督的回信,然后就立刻动身。我在当天就把信交给了他。结果两星期以后,我又在老地方遇见了他。"你怎么这么快就回来了,英尼斯?""回来了?不,我还没回去呢!""怎么会这样?""这两个星期,我每天上午都奉命到这里来取劳登勋爵的信,但是他的信息是还没有写好。""这怎么会呢?他是这样一个勤于动笔的人,我看他一直坐在案头写字啊!""的确,但是他就像广告上的圣乔治,永远骑在马上,却寸步不前。"

这位信使的说法颇有道理,因为我在英国时,就听到皮特打算撤换这位将军,他的理由之一就是陆军部长从未接到过他的信件,没人知道他在干些什么。由于时刻期待着起程,乘客们都坚守在船上，因为担心某天邮船突然接到起航的命令而将他们丢在岸上。

如果我没有记错，我们大概等了足足6个星期，最后船上的粮食都吃光了，只好让人再去买。舰队终于起航了，那位将军和他的军队都要坐船到路易堡去，打算围攻并夺取那里的要塞。所有随行的邮船都接到命令伺候将军坐船，等到他的公文一写好就可以立刻传递过来。我们又在海上等了5天，才接到一封准许我们离开的公文。我们的船终于离开了舰队，赶赴英国。其他两只邮船继续被他扣留着，后来它们被带到哈利法克斯，在那里停留了一段时间，因为将军要训练他的部队向模拟炮台进行攻击演习，后来他放弃了攻打路易堡的计划，带着全班人马包括两只邮船和船上的全体乘客又返回纽约了！就在他离开大陆期间，法国人和印第安人攻陷了纽约边境上的乔治堡，并且屠杀了许多已经投降的士兵。

后来，我在伦敦遇见了其中一艘游轮的船长——帮内尔船长。他告诉我，被扣留了一个月以后，他告诉劳登勋爵船底已经长满了海藻贝壳，会影响到航行速度，而这对邮船来说非常严重，因此请求勋爵给他一些时间将船拉起来清除船底。

将军问他需要多少时间，他回答说3天。将军说："如果你能够一天就清理完，我就答应，否则就不允许，因为后天我们就要起航了。"就这样，这位船长的请求从未获得批准，后来这只船足足被扣留了3个月。

越低的椅子越舒服

在伦敦我还遇见了帮内尔船长的一位乘客，因为劳登勋爵的欺骗，他长期被扣留在纽约，后来被带到哈利法克斯，又被带回纽约。这使他气愤极了，发誓要对此提出诉讼，要求赔偿损失。我不清楚他是否提出了诉讼，但是据他所讲，那些损失是非常巨大的。

总而言之，我非常疑惑为什么人们会把指挥大军这样的任务托付给这样一个人。但是随着我的阅历的加深,我渐渐熟悉了攫取职位的方法和封官赐禄的动机是怎样的,也就不再对此感到惊奇了。

在我看来,如果继布雷克多之后掌握军权的谢利将军不被免职的话,那么1757年的战绩一定会好很多,而劳登勋爵在这次战役中轻举妄动、铺张浪费,使我们的国家民族遭受到了难以想象的耻辱。

虽然谢利并没有受到过军事教育,但是他通情达理,非常睿智,能够接受别人的合理劝告,而且杀伐果断,执行计划时迅速敏捷。而劳登不用他的部队保卫殖民地,以致让人民遭受敌人的侵袭,他自己却悠闲地在哈利法克斯练兵,轻易地丢掉了乔治堡。

他扰乱了我们所有的商业活动,而且长期禁运粮食出口,使我们的贸易一蹶不振。虽然禁运粮食出口的理由是为了不使粮草陷入敌手,但实际上是为了打压粮价,以便军中的伙食承包人可以从中渔利,据说(可能这只是猜疑)他还接受承包人的贿赂呢!

最后当禁运令撤销时,因为忘了把这个通知送到查尔斯顿,卡罗来纳的舰队白白停留了长达3个月之久,船底受到了蛀虫严重的侵蚀,导致其中大部分船只在归途中沉没。对于一个不熟识军事的人来说,指挥一支大军一定是一个非常沉重的负担,因此我相信谢利被免职时,他自己也会感到庆幸。我参加了劳登勋爵接任将军时纽约市民为他举办的宴会,谢利虽然已经被免职,但是也出席了宴会。当时有很多军官和市民出席宴会,他们从邻居那里借来了一些椅子。其中有一把椅子非常矮,没想到谢利恰巧坐在那把上面。我看到这一幕,对他说:"先生,他们给你的座椅太矮了。"

他说:"没有关系,富兰克林先生,我觉得矮座位最舒适。"

之前在纽约期间,我收到了替布雷多克采办给养等物的各种账单,在这以前,其中有些账单我还没来得及从我所雇用的采办员那里收回,就把它们送到劳登勋爵处,请求他支付余款。他命令主管对这些账单进行彻底的审查,那位军官核对每一张付款凭单以后,证明账目和差额准确无误,劳登勋爵就答应给我一张支票。不过,他一再拖延，尽管我经常按照约好的时间去取，但是我一直没有拿到。

最后，在我动身前，告诉我他决定不把他的账款和他前任的账款混在一起。他对我说："当你到了英国，只要将账单呈送国库，他们马上就会把余款支付给你。"

后来，我提到由于被迫逗留在纽约，不得不支出一笔意外的费用，所以我要求立即对此付款。我还指出我办理采购并未支取佣金，因此他们需要偿还我为其垫付的款项，而不应该继续为我增添麻烦，也不应该一再拖延。听到这句话，他对我说："唉，先生，你不要以为你能让我们相信你没有从中渔利，我对这些内幕非常了解，我们知道所有与军队采办有关的人都有办法中饱私囊。"

我尽力解释我的确没有从中获取一分钱的好处，但是他显然不相信我的话。在那之后，我确实听说有人常常从类似的工作中发了大财，而他欠我的余款到今天都没有偿还，以后我还会提到这件事。

速度最快的帆船

在起航之前，我们的船长曾经夸耀他的船速度奇快。但是不幸的是，航行一开始，它就被证明了是96只帆船中速度最迟缓的一艘，这使得船长非常懊丧。船长关于船只行动迟缓的原因作了许多猜测，一次，我们靠近了另外一艘几乎跟我们一样慢的船，但是那只船追赶上了我们，这时船长命令全体人员跑到船尾去，尽可能地站在旗杆附近。连乘客在内，我们约有40个人。当我们全部站在船尾时，船的速度的确加快了，一会儿就把那只慢船远远地甩在后面了。此举证明了我们船长的猜想是正确的：船头装的东西太重了。

大桶的水之前都放在了船头，后来他下令把水桶搬到船尾。在那之后船的速度就恢复了，又成为船队中最优良的船。

船长说这艘船的速度曾经是每小时13海里。我们船上的乘客中有一位海军的肯尼迪上校，他力辩说这是不可能的，没有速度这么快的船,一定是船长把测线上的标度弄错了,也可能掷测线时出了问题。于是,他们两个就打了赌,等有足够风力的时候就可以分出胜负。肯尼迪仔细检查了那根测线,认为满意后就亲自动手来测量。几天后,风力很强时,船长帕特克说他认为当时的速度已经达到13海里,于是肯尼迪进行了测量,结果他承认自己输了。

上面这个故事是为了说明:一只帆船是否优良,要等到试航以后才能知道,即便是你严格地按照一只好船的模型仿造,新船也有可能非常迟缓。也许有一部分原因是水手们对于装货、扯帆和驾驶等方面有些不同,因为每个人都有自己的一套方法。即便是同一只船,在不同船长的指挥下也会发挥出不同的速度。而且,从来没有一只船是由同一个人制造、装备和驾驶的。有时一个人造了船身,而另一个人装了船帆,另外的人负责装货和驾驶。他们当中没有人能够完全了解其他人的思维和经验,因此当这些因素组合起来,就很难得到唯一正确的结论。

即使在海上进行简单的驾驶操作,而且风力并无变更,我也会看到在不同值班时间里那些不同船员的不同做法。有时候一个船员比另一个船员把帆篷扯转得多一些或少一些,所以他们没有固定的规律可循。但是我想或许可以做一系列的实验:

首先,决定最适合于速航的船身式样。其次,确定桅杆最合适的尺寸和放置位置;然后,确定帆篷的式样、数量,统一根据风向的不同的扯帆方法;最后,统一装货的方法。

现在是实验时代,我想多进行这样一系列设计精确的实验是大有好处的。因此,我相信不久的将来一些聪明的科学家会从事这项研究,我预祝他们获得成功!在海上,我们受到了几次敌人的追击,但是我们的速度非常快,不到30天我们就驶到浅水区了。

我们的航海测量非常准确,船长根据经验把我们带到距港口法尔莫斯非常近的地方,如果我们在夜里急行,那么早晨也许就能够停在港口了,而且夜航可以有效避开敌方私掠船的注意,因为它们常在海峡附近巡逻。于是，我们扯起所有的帆，那天风力很强，我们快速沿着直线行驶。船长在测量以后决定了航线，以为一定可以远远地避开锡利群岛，但是好像在圣乔治海峡里有时会有一股势头很强的向岸流，它经常迷惑海员，让他们上当，曾经就使得克劳利兹·肖威尔爵士的舰队覆没。

也许，这股海流就是让我们遭遇事故的原因。

有一个看守人留在船首，我们常向他叫喊"仔细看好前面的地方"，他回答得特别爽快，但是也许此时他正闭着眼睛打瞌睡。看守人有时候只是机械地回答，因为他甚至没有看见我们前面的灯。

那个灯被副帆遮挡得严严实实，所以掌舵人和其他值班人都看不到它，当船身偶然一偏，他们才看到那盏灯，于是大家惊慌失措，因为当时我们距离那盏灯已经非常近了，那片灯光看上去有车轮那么大。

正值午夜，船长正在酣睡，但是肯尼迪上校跳上甲板后看到了危险，他下令调转船头，所有风篷都扯动着，而这一动作对桅杆来说非常危险，但是这样一来我们才得以躲开礁石，幸免于难，因为当时我们正朝着装有灯塔的礁石驶去。这次脱险使我感到灯塔的重要作用，于是我下决心以后一定要提倡在美洲修建更多的灯塔，如果我还能生还的话。

到了早晨，通过锤测等方法，我们发现船已经驶近港口，但那时大雾弥漫，根本看不到陆地。

大约到了9点，大雾才渐渐地散了，那场景好像剧院里的帷幕被轻轻拉起来一样，雾气从水上升起来，我们在大幕下看到了法尔莫斯的城镇、船只和周围的田野。对那些除了单调的茫茫大海以外别无所见的人，这简直是最动人的景色，同时我们也因为没有被笼罩在战争的阴云下而感到庆幸。

和平解决争端

我和儿子立即出发到伦敦去,沿途我们只是为了参观索尔兹伯里平原上的史前石柱,在威尔顿的彭布罗克勋爵的公馆和花园稍稍逗留。我们在1757年7月27日到达伦敦。

查尔斯先生替我安排好了住所,我刚刚安顿下来就立刻去拜访了福瑟吉尔博士。

曾经有人向他大力推荐过我,同时人们也建议我去请教他关于诉讼的程序。

他反对直接向政府提出控告,而是主张在私下与领主们提出申请,经过朋友们的调停和劝导,领主们或许愿意协商解决此事。后来我去拜访了我的一个老朋友彼得·科林森先生,他告诉我弗吉尼亚大商人约翰·汉波里让他在我到达之后立刻通知他,这样他就能带我去拜访枢密院议长格兰维尔勋爵,这位勋爵希望能够尽快地见到我。

我同意第二天上午跟汉波里先生一起去。第二天,汉波里先生过来接我,我们坐他的马车去见那位勋爵。格兰维尔待我谦恭有礼,在询问并谈论了一些关于美洲现状的问题以后,他对我说:"你们美洲人对于你们的政体持有错误的看法。你们声称国王对总督的指令并非法律,总是以为自己可以自由决定遵守与否。但是,这些指令与公使出国时所带的礼仪袖珍指南不同,它们首先由熟谙法律的法官们起草,然后在枢密院里讨论、辩论或修改,最后才由国王签署。所以这些指令在你们看来就是法律,因为英国国王就是'殖民地的立法者'。"

我告诉格兰维尔勋爵我对这些前所未闻。

根据我们的状况,我曾经一度以为法律是由我们的议会制定的,当然这些都要呈请国王批准,但是一经批准之后,国王就再无权对其进行废除或是更改。

因此,没有国王的批准,议会不能制定永久性的法律,而如果得不到议会的同意,国王也不能单独立法。

听了我的发言,他认为我是完全错误的。

与格兰维尔勋爵的谈话使我担心英王政府可能对我们的想法有些疑虑,我一回到住处,就将这次谈话记录了下来。

我记得大约在20年以前,内阁向国会提出的议案中有一条就是:把国王的指令作为殖民地的法律。

众议院当时否决了这一条款,当时我们还因此而尊敬他们,以为他们是我们真正的、自由的友人。但是从1765年他们对我们的举动看来,他们拒绝给国王这个通知权,目的就在于他们想自己使用罢了。过了几天,福瑟吉尔博士与领主们提了这件事,他们同意在托马斯·宾先生的府中与我会面。开始时,谈话的双方都表示愿意寻求合理解决的办法,但是我想双方一定对于"合理"一词有着不同的解释。接着,我们开始逐项审议我所罗列的各项控诉。领主们尽力为自己辩解,我也替州议会辩护。

当时我们在各自的路上渐行渐远,双方的意见相差太远,几乎没有达成协议的希望,但是最终我决定将我们投诉的要点写成书面材料交给他们,他们答应加以考虑。但是他们把我们的控诉交到他们的律师费迪兰多·约翰·帕里斯手中,此人曾经为他们料理过与相邻的马里兰州领主巴尔的摩勋爵的大诉讼案中的一切法律事务,当时那件大诉讼案持续了70年之久。

此人生性傲慢,而且脾气暴躁。领主们与州议会争执中的所有文件和咨文都是由他执笔的。由于过去在州议会的回复文中我曾对他的文件严厉指责,因为那些文件事实上说理浅薄,而且措辞蛮横,所以我们结下了不解之仇,每当我们见面,他总是露出仇恨的表情。领主们提出要我和他单独讨论控诉的各项事务,这一要求遭到了我的拒绝,除了领主们本人以外我不打算与任何人谈判。

之后,根据帕里斯的建议,他们把我们的控诉交给了检察长和副检察长,要求他们提出意见和处理办法,这件案子已经在他们手里搁置了整整一年。在这期间,我屡次向领主们要求答复,但是他们总是说没有接到检察长和副检察长的意见。

最后我不知道他们接到了怎样的意见,但是他们写了一篇冗长的咨文(由帕里斯起草并签署)寄给州议会,里面提到了我的控诉书,指责我粗鲁无礼,而且措辞失当,同时也替他们自己做了一些浅薄的辩解,最后他们表示如果州议会派遣一个公正坦诚的人来跟他们谈判,那么他们愿意和解。言外之意,他们要的谈判者绝非我这样的人。所谓粗鲁无礼或是措辞失当,可能是因为我给他们的文件上没有写上那种过分的尊称,比如"宾夕法尼亚州真正、绝对的领主"。我之所以没有写这些,是因为我认为在这个文件中无须这种格式,文件的目的只在于把我口头所讲的话用文字书写下来。

在这期间,州议会怂恿丹尼总督通过一个议案,领主们的财产如同人民的财产一样必须纳税。这件事是争执中的焦点问题,而州议会没有对此事作出回复。当这个议案送到英国的时候,领主们根据帕里斯的建议,决定反对由国王批准。于是他们在枢密院向国王请愿进行一次审理,领主们雇用了两个律师反对这个议案,而我也雇用了两个律师支持这个议案。他们供述这个议案的目的在于让领主蒙受损失,让领主的财产负担过重的捐税以便减轻人民的负担。如果这个法律生效,那么人民对业主的反感将使业主们在捐税方面只能任由人民摆布,而他们注定会破产。我们辩解说这个议案不存在这样的企图,也绝对不会出现这样的结果。我们认为税款评估员都是诚实和审慎的人,他们立誓要公平合理地估税,如果他们企图增加业主们的税额而他们自己减轻捐税,他们在其中所获得的利益也微乎其微,所以他们绝不致因此而毁誓背约。

在我的记忆中,这是双方陈词的中心意思,此外,我们还特别指出了废除这一法律后的危险，因为我们已经发行了 10 万镑的纸币供给英王使用，同时也用于英王的防务所需，现在纸币已经在民间流通起来了，一旦废除此项法律，那么纸币就成为废纸，无数人会因此而破产，将来还会给拨款带来障碍。

我们指出领主们一贯损人利己的事实，他们仅仅因为担心财产受到过重的捐税而不惜给他人造成巨大的灾难。讲到这里，枢密院的一位大臣曼斯菲尔德勋爵站了起来，他向我招招手，在律师们正在辩论时将我拉到秘书室，问我是否真的相信在执行这项法律时领主的财产不会受到不公正待遇。我对此表示肯定。他说："那么你不会拒绝对此立约担保吧？"我说："我绝不拒绝。"

接着他把帕里斯叫了进来，经过一番讨论，双方接受了曼斯菲尔德勋爵的建议。枢密院的秘书起草了一份文件，我和查尔斯先生在上面签了字，不过查尔斯先生是宾夕法尼亚日常事务代理，然后曼斯菲尔德勋爵回到了枢密院会议室。最终，这项法律得到了批准。

不过后来有人提出了一些修改意见，我们也承诺将这些修正意见写进随后的法律条文里，但是州议会认为没有这个必要，因为在枢密院的命令到达之前，依据这项法律的第一年捐税工作已经完成。州议会指定了一个委员会监督税款评估员的工作，他们委任了几个领主们的密友作为委员。经过详细的调查后，他们一致签署了报告，证明估税工作完全做到了公平无私。

州议会调查了我所订立的契约的第一部分，认为这是我对宾夕法尼亚的一个重大贡献，因为它保障了流通在全国各地的纸币信用。当我返回时，他们对我表达了正式谢意。而领主们因为丹尼批准了这一议案而对他憎恨不已，接着他们就免去了他的职务，威胁要控告他，因为他违背了他立约遵守的指示。然而，他只是奉将军的指令而执行的，而且目的在于维护英王的防务军需，他在宫廷也认识一些有权势的人，所以他对这些威胁丝毫不在意。

富兰克林年表

1706 年

出生在波士顿,是家里最小的儿子。在老南教堂受洗,得教名本杰明。

1714 年

进入语法学校学习,因付不起学费在一年之后退学。之后又到乔治·布劳内尔学校学习,没过多久再次失学。

1716 年

跟父亲学习制造蜡烛,打理店铺,但是不甘心做这样的工作,之后尝试过一些其他行业,直到哥哥詹姆士回到波士顿。

1718 年

在哥哥詹姆士的印刷所当学徒。期间阅读了大量书籍,开始尝试独立写作。

1721 年

詹姆士独立承办报纸,富兰克林成为他的左膀右臂。尝试写作诗歌,向报纸匿名投稿,而且获得一致好评。后来为了省钱买书而成为素食者,期间与哥哥发生矛盾。

1722 年

报纸的文章触怒了当局,哥哥被拘押,富兰克林因为学徒身份被释放。之后成为总编,开始在报纸上抨击当局。哥哥被释放后,以富兰克林的名义继续办报,为富兰克林提前结束学徒契约埋下了伏笔。

后来与哥哥的矛盾升级,一怒之下离开了印刷所,之后离家到了费城,在凯末尔的印刷所谋到职位,认识了后来的妻子里德小姐。

1724 年

在总督的鼓动下,准备筹建自己的印刷所,同年带着总督写下的推荐信向父亲募资。父亲对总督的可信度表示怀疑,没有为他出资。空手返回费城后,总督许诺借钱给富兰克林,并让他到伦敦采办设备。到了英国之后富兰克林发现了总督对他的欺骗,支票无效,而且推荐信也被视为骗子的勾当。之后被迫留在英国,辗转各大印刷所,接触到了更多的书籍。

1726 年

在朋友德汉姆的劝说下回到美洲,并受雇于德汉姆。

1727 年

患上胸膜炎。之后德汉姆因病去世,只好离开就职的商店,再次回到凯末尔的印刷所。期间组织成立了社团——"政治促进会"。

1728 年

前往新泽西印刷纸币,后来与休·梅瑞迪斯创办印刷所。

1729 年

接手凯末尔的报纸,之后该报纸成为殖民地最有影响力的报纸。

1730 年

承接官方生意;与里德小姐成婚。
在朋友的帮助下,购回合伙人的股份,独立承办印刷所。

1731 年

成立美洲第一家会员制收费图书馆。

1732 年

出版《穷理查年鉴》,之后每年出一版,直到他逝世为止。

1735 年

筹建防火协会。

1736 年

当选宾夕法尼亚州议会秘书,建立费城联合消防队。

1737 年

开始履行费城邮政局长职责,改善邮政经营状况。

1742 年

发明了一种"敞开式壁炉"。

1743 年

在费城筹建学院,接触电学实验。

1746 年

为建立殖民地的防务系统奔走,同年访问英格兰。

1748 年

与合伙人结成合作经营,从此于私人事务中脱身;当选为议会议员。

1751 年

筹建宾夕法尼亚医院。

1752 年
设计实验,用风筝引下了雷电。

1753 年
在英国游历,接受哈佛大学和耶鲁大学授予的文学硕士学位;被任命为北美邮政管理副局长;因为电学实验方面的成就获得科普里奖章。

作为代表参加在奥尔巴尼召开的大会,并在会议中提出建立殖民地联盟,共同建立防务系统。

1755 年
帮助布雷多克的军队筹备军饷,支援他们进军迪尤肯堡。后来建立民兵组织,被选为指挥官。之后前往边陲巩固边防,修筑炮台,保护居民。

1756 年
在没有申请的情况下当选为皇家学会会员,并且免除会费。

1757 年
承担议会赋予的职责,在英国处理与领主们的税务争端。

1760 年
由于议会提交的法案被回绝,上诉枢密院,与领主唇枪舌剑,最终使得法案顺利通过,光荣回国。

1764 年
当选为宾夕法尼亚州议会议长。后来在竞选中遭到恶意的人身攻击,离开费城,履职州议会驻英国代表。

1766 年
在下议院为废止《印花税法案》演讲,同年赴德国,并当选为皇家科学院院士。

1767 年
出访巴黎,受到路易十五的接见。

1770 年
当选为马萨诸塞众议院代理。

1772 年
当选为巴黎皇家科学院外籍院士。

1774 年
被解除邮政局长的职务,因为汉钦森事件被指控,又被骗至英国受到猛烈的人身攻击,从此坚定殖民地独立的信心。
第一届大陆会议召开,远在英国的富兰克林为此上书请愿。

1775 年
返回美国,担任第二届大陆会议代表,在返美途中发现墨西哥洋流。

1776 年
当选《独立宣言》起草委员会委员;当选宾夕法尼亚州大会主席;当选大陆会议代表;后来出访法国参加谈判。

1778 年
参加巴黎和谈,获得法国的贷款并签订条约,与之建立防御同盟关系与和平通商关系。

当选驻法国全权大使。

1782 年

与英国谈判。

在法国停战协议上签字；当选为爱丁堡皇家学会荣誉会员。

1784 年

高龄的富兰克林拒绝了英国的挽留，向议会辞去代表职务，执意回到祖国。

1785 年

踏上故地，受到费城人民的热烈欢迎。之后当选为宾夕法尼亚总督，于第二年连任该职。

1787 年

筹建"政治研究会"，为废奴运动贡献余热。带头在通过的宪法文件上签字，推动了法律进程。

1788 年

辞去所有公职。

1790 年

4 月 17 日，在家人的陪伴下溘然长逝。费城两万人参加了出殡队伍，并服丧一个月以示哀悼。

其墓碑上刻着：印刷工人，富兰克林。

图书在版编目（CIP）数据

富兰克林自传 /（美）富兰克林（Franklin, B.）著；鹤泉译. —北京：中国华侨出版社，2013.10（2019.10重印）

ISBN 978-7-5113-4122-8

Ⅰ.①富… Ⅱ.①富… ②鹤… Ⅲ.①富兰克林，B.（1706~1790）—自传 Ⅳ.①K837.127=4

中国版本图书馆CIP数据核字（2013）第234198号

富兰克林自传

著　　者：［美］富兰克林
译　　者：鹤　泉
责任编辑：付改兰
封面设计：冬　凡
文字编辑：周水琴
美术编辑：汪　华
经　　销：新华书店
开　　本：680mm×980mm　1/16　印张：14　字数：218千字
印　　刷：三河市京兰印务有限公司
版　　次：2013年11月第1版　2021年3月第3次印刷
书　　号：ISBN 978-7-5113-4122-8
定　　价：36.00元

中国华侨出版社　北京市朝阳区西坝河东里77号楼底商5号　邮编：100028
法律顾问： 陈鹰律师事务所
发 行 部：（010）88893001　　　传　　真：（010）62707370

如果发现印装质量问题，影响阅读，请与印刷厂联系调换。